WILL BARON

ICH WAR EIN PRIESTER DES NEW AGE

ADVENT-VERLAG

Titel der englischen Originalausgabe: Deceived by the New Age
(Pacific Press Publishing Association, Boise, Idaho, USA)
Übersetzung: Martin Haase
Redaktionelle Bearbeitung: Günther Hampel
Einbandgestaltung: Studio A Design GmbH, Hamburg
Titelfoto: Bryant Eastman
Satz: EDP

Die Bibelzitate sind – falls nichts anderes vermerkt – der Bibelübersetzung Martin Luthers (Revision 1984) entnommen. Ansonsten bedeutet:

GN = Die Gute Nachricht

Gesamtherstellung: Grindeldruck GmbH, D-20144 Hamburg

ISBN 3-8150-1260-0

Inhalt

Einführung

Es ist schon eine merkwürdige Szene: In der Nähe von Los Angeles steht ein junger Mann am Strand und predigt über die Wiederkunft Christi. Angelockt durch ein großes Jesusbild, das er neben sich aufgestellt hat, kommen die Leute und hören zu. Die Reaktionen sind unterschiedlich, aber eins ist sicher: Der Mann scheint ein überzeugter Christ zu sein. Stimmt! Doch das war nicht immer so.

Dieser merkwürdige Strandevangelist heißt Will Baron. In einer deutsch-polnischen Familie groß geworden, war er viele Jahre hindurch Okkultist und aktiver Anhänger der New Age-Bewegung. Manchmal schaudert es ihn heute noch, wenn er auf diese Zeit zurückblickt und daran denkt, wie viele junge Menschen er auf einen verhängnisvollen Weg gelockt hat, indem er sie in das antichristliche New Age-Denken einführte.

Damals hatte er freilich kein schlechtes Gewissen, denn er war davon überzeugt, daß New Age der einzige Weg zum Heil ist. Wie die Filmschauspielerin Shirley MacLaine und andere prominente New Age-Anhänger glaubte auch er, daß er seinen Mitmenschen auf diese Weise zu einer engeren Beziehung zu Gott verhelfen könne. Doch als er hinter die Kulissen dieser Bewegung schaute, kamen ihm Zweifel.

Heute ist Will Baron begeisterter Christ. Er glaubt, daß seine Verwandten – vor allem seine Mutter – großen Anteil an seiner Bekehrung haben. Sie hatten viele Jahre hindurch für ihn gebetet. Ohne diese Fürbitte und das Eingreifen des Heiligen Geistes, wäre er wohl nie frei geworden von den okkulten Einflüssen und dem New Age-Denken.

Nachdem Will Baron sich von dem allen gelöst hatte, war ihm nichts wichtiger, als andere Menschen davor zu warnen, den gleichen verhängnisvollen Weg zu gehen wie er damals. Um zu zeigen, welcher Mittel sich die New Age-Ideologen bedienen, um Menschen unter ihre Kontrolle zu bringen und das Christentum zu unterwandern, schrieb er dieses Buch. Es gibt Erfahrungen wieder, die er mit Okkultismus und New Age gemacht hat, und enthält bemerkenswerte Schlußfolgerungen, über die nachzudenken sich lohnt.

1 Verführung für die Christen?

„Knie vor mir nieder!"

„Knie nieder! Ich bin Jesus Christus, ich werde dich heilen."

Bewegt lauschte ich dem Bericht von Muriel. Sie stand vor der Gruppe in unserem New Age-Zentrum und sprach über eine Erfahrung, die sie vor einiger Zeit mitten in der Nacht gemacht hatte.

„Ich sage euch die Wahrheit", fuhr Muriel erregt fort. „Er stand mitten im Schlafzimmer und befahl mir niederzuknien. Viele Menschen denken, daß Jesus von unscheinbarer Gestalt ist, aber das stimmt nicht. Er ist über 1,80 m groß, sieht gut und sehr würdevoll aus. Er ist eine unheimlich kraftvolle Erscheinung", betonte sie mit Nachdruck.

Langsam begann ich mich unbehaglich zu fühlen. Muriel war eine stattliche blonde Frau von ungefähr sechzig Jahren. In ihrem blauen Kleid wirkte die Gründerin und Direktorin unseres Zentrums verhältnismäßig schlank. Ihr Gesicht glühte vor Begeisterung, als sie beschrieb, was weiter geschah.

„Ich sprang aus dem Bett und kniete vor Jesus nieder. Er legte mir die Hände aufs Haupt und segnete mich. Dann drehte er sich um und ging durch die verschlossene Türe meines Hotelzimmers, als gäbe es sie gar nicht. Plötzlich war ich wieder allein."

Es war das zweite Mal, daß ich Muriels Geschichte vom Besuch Jesu in ihrem Hotelzimmer hörte. Aufgrund ihrer Erfahrung, so Muriel, würde es viele Veränderungen im „Erleuchteten Weg", unserer kleinen metaphysischen Organisation in Los Angeles, geben. Ich war ziemlich verwirrt. Die jetzt deutlich christlichen Akzente weckten in mir ein ungutes Gefühl.

Dabei war es nicht so, daß ich Muriel nicht glaubte. Ganz im Gegenteil, ich war davon überzeugt, daß stimmte, was sie uns erzählte. Schließlich war ich Mitglied des Vorstandes dieses Zentrums und kannte Muriel schon einige Jahre. Gewiß, sie war sehr spirituell veranlagt, aber ich hatte nie erlebt, daß sie übertrieb oder gar log. Was mich beunruhigte, waren die neue Ansichten bezüglich der Bibel.

Als Muriel in den frühen Sechzigern den „Erleuchteten Weg" gründete, war sie ein New Age-Channeler, ein spiritistisches Medium. Kurz nachdem „Jesus" sie 1985 besucht hatte, überbrachte sie eine Botschaft des „Heiligen Geistes", durch die ich aufgefordert wurde, alle meine okkulten Bücher zu vernichten und statt dessen die Bibel zu studieren. Ich befolgte ihren Rat und trennte mich von meiner geliebten esoterischen Literatur.

Seit fünf Jahren war ich nun Mitglied des „Erleuchteten Weges" und liebte seine metaphysischen Lehren. Im Laufe der Jahre hatte ich viele spirituelle Erfahrungen gemacht; einige davon waren für mich genauso bedeutungsvoll wie Jesu Erscheinen in Muriels Hotelzimmer. So wurde ich zum Beispiel ungefähr ein Jahr nach meinem ersten Besuch im „Erleuchteten Weg" ein Diener des hindubuddhistischen Guru Djwhal Khul. Nach vierjähriger Gefolgschaft in seiner Gruppe konnte ich nicht verstehen, warum ich plötzlich ein Jünger Jesu werden und alle meine okkultistischen Bücher weggeben sollte!

Muriel behauptete, daß die esoterischen Bücher nur Halbwahrheiten enthalten, die Bibel dagegen eine reinere Quelle göttlicher Weisheit sei. Dennoch war es mir widerwärtig, in das Gedankengut des Christentums hineingezogen zu werden.

Ich konnte mich nur schwer daran gewöhnen, daß jetzt Jesus unser Zentrum übernommen haben sollte und ich ihn als Meister akzeptieren mußte. Ich kaufte mir eine Bibel und besuchte die wöchentlichen Bibelstunden und Gebetsgruppen, die nun anstelle des metaphysischen Unterrichts angeboten wurden.

Die Lehren des „Erleuchteten Weges" wurden allmählich zu einer merkwürdigen Mischung aus New Age-Mysterien und christlichem Gedankengut. Wir betrachteten uns selbst als New Age-Christen. Ich erzählte den Leuten, daß ich ein wiedergeborener Christ sei. Schließlich hatte ich meinen hindu-buddhistischen Guru aufgegeben und akzeptierte jetzt Jesus Christus als Meister und Retter. Während meiner Meditationszeiten meinte ich zu spüren, daß Jesus Christus und der Heilige Geist mich durch die Stimme meines Unterbewußtseins genauso inspirierten, wie es früher bei Djwhal Khul gewesen war. Nach einer Weile gab ich mich völlig diesem Jesus hin. Er wurde für mich zum Lebensinhalt.

Mir wurde aufgetragen, regelmäßig christliche Versammlungen zu besuchen, um neue Freunde zu gewinnen und ihr Interesse an

Meditation und New Age zu wecken. Dabei sollte ich mich möglichst eng an den biblischen Sprachgebrauch halten.

Um Auseinandersetzungen zu vermeiden, beschränkte ich mich zunächst darauf, Denkanstöße und interessante Anregungen zu geben. Auf diese Weise fand ich einige Leute, die mir zuhörten und auf meine Vorschläge eingingen. Der Pastor einer evangelischen Gemeinde sagte mir, daß es eine gute Idee sei, in seiner Kirche eine Meditationsgruppe einzurichten. Er jedenfalls habe nichts dagegen, sofern ich einige Leute dafür begeistern könne.

Zwei Jahre nach dem geheimnisvollen Besuch Jesu im Hotelzimmer der Direktorin unseres New Age-Zentrums, erlebte ich eine dramatische Wende zum wahren Christentum hin. Ich entdeckte, daß der Jesus Christus, an den ich bislang geglaubt hatte, nicht der wahre Jesus, der Sohn des allmächtigen Gottes, war. Bestürzt stellte ich fest, daß ich als „New Age-Christ" fragwürdigen Propheten gefolgt war und angeblichen Offenbarungen der göttlichen Weisheit vertraut hatte.

Sie werden fragen, wer oder was denn damals Muriel erschienen ist. War alles nur Einbildung? Hatte sie die Erscheinung nur erfunden, um sich wichtig zu machen oder um religiösen Druck auszuüben? Oder war ihr ein dämonisches Wesen erschienen, das sich für Jesus ausgab?

Möglicherweise glauben Sie gar nicht an die Existenz „satanischer Engel" oder Dämonen. Als ich in das christliche Lager überwechselte, ging es mir auch so. Ich war fest davon überzeugt, daß Dämonen keine realen Wesen sind, sondern lediglich Phantasiegestalten, die in den Hirnen abergläubischer Menschen herumspuken. Deshalb kam es mir auch nicht in den Sinn, daß solche Wesen mein Fühlen und Denken beeinflussen könnten. Inzwischen ist mir klargeworden, daß damals mit der angeblichen Erscheinung Jesu eine dämonische Macht die Kontrolle über unser New Age-Zentrum an sich gerissen und auch mein persönliches Leben beeinflußt hatte. Ich war dazu bestimmt, eine tiefe und folgenschwere Erfahrung zu machen, bevor ich von den Fesseln der Finsternis befreit und in das Licht einer echten Beziehung zu Christus geführt werden konnte.

New Age – Versuchung für die Christen

Einige Monate nach meiner Befreiung vom New Age, berichtete ich anläßlich einer Zeltversammlung vor einer großen Gruppe von Christen über meine Erlebnisse. Ich schilderte, wie sehr ich im Netz des Betrugs gefangen war, das die okkulte New Age-Bewegung auswirft, indem sie fernöstliche Philosophien mit christlichem Gedankengut vermischt.

Anschließend kam ein Ehepaar mittleren Alters zu mir. Mit sorgenvollem Gesicht erzählte der Mann: „Unsere Tochter war immer ziemlich schüchtern und nervös. Vor kurzem begann sie, Yogastunden zu besuchen. Nun meditiert sie regelmäßig, um inneren Frieden und Entspannung zu finden. Sie sagt, daß es wirklich hilft. Jetzt interessiert sie sich immer mehr für weiterführende New Age-Ideen und hört überhaupt nicht mehr auf uns. Sie singt zwar noch im Chor mit, aber sonst beteiligt sie sich kaum noch am Gemeindeleben. Wie sollen wir uns verhalten?"

Vielleicht haben Sie auch Bekannte oder Verwandte, die mit New Age sympathisieren. Ich habe festgestellt, daß auch eine Menge Christen unter den Einfluß dieser Bewegung geraten. Schließlich war ich als Teenager selbst ein solches Opfer des New Age. Obwohl ich in einer christlichen Familie aufgewachsen bin und jede Woche zur Kirche ging, wurde ich von den Verlockungen der New Age-Bewegung, die Gesundheit, Glück und Selbstfindung verspricht, getäuscht. Ich geriet auf einen gefährlichen Weg und drohte in der Welt des Okkultismus zu versinken. Das kann wirklich jedem passieren – Ihnen, Ihrer Familie oder Ihren Freunden.

Mein aktives Mitwirken in der New Age-Bewegung begann beispielsweise, als ich mich einer international tätigen Organisation, mit Sitz in London, anschloß, die sich „Gesundheit durch New Age" nannte. Damals wußte ich nicht einmal, was New Age bedeutet. Mir ging es dabei nicht um spirituelle Führung oder okkulte Praktiken. Ich war einfach nur an Informationen über alternative Heilmethoden interessiert, weil es mir damals nicht besonders gut ging. Aber dieses naive Interesse führte letztlich in eine fatale Abhängigkeit von betrügerischen Mächten. Offensichtlich hatte die christliche Erziehung in meinem Fall versagt, denn eigentlich hätte ich vor diesem verhängnisvollen Weg gewarnt sein müssen.

Wissen, Erfolg und Einssein mit Gott, das sind die Versprechungen, mit denen die New Age-Bewegung ihre Opfer ködert. Tausende von gutgläubigen Menschen – Christen wie Nichtchristen – beißen an und verlieren damit ihre Freiheit. Oft sind gerade strenggläubige Christen, einschließlich einiger Geistlicher, für solches Gedankengut besonders anfällig. Sie schlucken die geschickt ausgelegten Köder und meinen auch noch, daß davon „gut zu essen wäre und daß er eine Lust für die Augen wäre und verlockend, weil er klug machte" (1. Mose 3,6).

Während meiner Zeit als „New Age-Christ", empfand ich es als wohltuend, daß manche christlichen Pastoren Standpunkte vertraten, die sich mit dem deckten, was ich in unserem New Age-Zentrum gehört hatte. Heute frage ich mich, woher sie ihre „Erkenntnisse" hatten: aus eigenen spiritistischen Erfahrungen oder aus esoterischem Schrifttum?

Die New Age-Lehren und -Praktiken sind inzwischen so weit verbreitet, daß selbst praktizierende Christen es nicht mehr vermeiden können, mit diesem Gedankengut in Berührung zu kommen. Oft merken sie es nicht einmal, womit sie sich eingelassen haben. Möglicherweise hatten auch Sie schon mit alternativen oder religiösen Heilern zu tun, ohne zu wissen, daß deren Methoden und Techniken aus dem Dunstkreis des New Age stammen.

Vielleicht befaßt sich in Ihrer Familie jemand mit Astrologie und hält das für ein harmloses Vergnügen, ohne zu wissen, daß Astrologie eine uralte Weissagungstechnik ist, die aus Babylonien stammt und in der Bibel ausdrücklich verboten wird.

Es ist auch möglich, daß Sie bei einem psychologischen Berater Hilfe gesucht haben, ohne zu ahnen, daß er ein New Age-Anhänger ist. Mitunter wird das Netz religiöser Täuschung gerade an solchen Stellen erfolgreich ausgeworfen.

Vielleicht haben Sie sich nach einer engeren Beziehung zu Gott gesehnt und wurden auf Meditationspraktiken aufmerksam gemacht, die den Menschen angeblich mit Gott einswerden lassen. Haben Sie schon einmal darüber nachgedacht, ob Meditieren wirklich der Weg ist, zur Übereinstimmung mit Gott zu gelangen?

Ich habe die New Age-Meditation zum ersten Mal in einer Gruppe des metaphysischen Zentrums des „Erleuchteten Weges" praktiziert. Deshalb wundere ich mich, daß man dieser Meditationsform heutzutage sogar in christlichen Kirchen begegnen kann. Ich denke in diesem Zusammenhang an Jean, eine junge Frau aus meinem Bekanntenkreis. Sie ist Sekretärin in einem großen christlichen Verlag. Während sie sich mit einem meiner Manuskripte befaßte, erschienen ihr einige ihrer kürzlich begonnenen Aktivitäten höchst fragwürdig.

Jean erzählte: „Ich besuche ein Bibelseminar, in dem der Lehrer uns aufforderte, ganz entspannt dazusitzen und auf die Stimme Gottes in uns zu lauschen. Jetzt frage ich mich, ob das der Anfang von dem ist, was du in deinem Buch beschreibst."

„Ich möchte wetten, daß es so ist", sagte ich. „Für mich hört es sich so an, als wenn dies ein klassischer Fall dafür ist, wie New Age-Praktiken in die christliche Gemeinde eingeschleust werden. Die

Bibel jedenfalls kennt diese Form der introspektiven Meditation nicht. Meiner Meinung nach ist diese Meditationsform unverkennbar ein Hindu-Ritual, das ich für ausgesprochen gefährlich halte!"

Okkulte Veranstaltungen in christlichen Kirchen

Soweit ich das aus Erfahrungen in meiner näheren Umgebung beurteilen kann, sind manche Kirchen ziemlich naiv in ihrem Umgang mit der New Age-Bewegung. Beispielsweise öffnete eine große Methodistengemeinde in der Gegend von Los Angeles bedenkenlos ihre Tore für eine New Age-Veranstaltung.

Der in den USA bekannte New Age-Propagandist Benjamin Creme hielt dort Vorträge über seine Sicht der Rückkehr Christi auf diese Erde. Creme ist Okkultist und hat im Jahre 1982 in den achtzehn größten Zeitungen der Welt ganzseitige Anzeigen aufgegeben, in denen er behauptet, Christus sei bereits zur Erde zurückgekehrt und lebe in London.

Mich wundert nur, daß Christen ihre Kirche für die Verkündigung solcher Botschaften zur Verfügung stellen. Wußten sie nicht, daß Jesus im Blick auf die Endzeit gerade vor solchen Irrlehrern warnt: „Wenn dann einer zu euch sagt: ‚Seht her, hier ist Christus!' oder: ‚Dort ist er!' – glaubt ihm nicht. Denn mancher falsche Christus und mancher falsche Prophet wird auftreten. Sie werden sich durch große Wundertaten ausweisen, so daß sogar die von Gott Erwählten getäuscht werden könnten – wenn das überhaupt möglich wäre. Denkt daran, daß ich es euch vorhergesagt habe." (Matthäus 24,23-25 GN)

Ist die New Age-Philosophie wirklich so gefährlich?

Zunächst war ich dankbar, in der New Age-Bewegung eine geistige Heimat gefunden zu haben. Viele meiner Fragen fanden eine Antwort. Das gab mir Halt in der Gegenwart und Hoffnung für die Zukunft. New Age schien alles zu bieten, wonach ich gesucht hatte. Ich fühlte mich als Teil einer Bewegung, in der sich Menschen dem Gedanken verschrieben haben, die Lebensqualität auf diesem Planeten zu verbessern und ihr Leben mit der Gottheit in Einklang zu bringen.

Ich begann zu glauben, daß meine Gaben und Fähigkeiten sich bis zur Perfektion steigern ließen und ich Erfüllung und Glück finden würde, indem ich mein Leben an den New Age-Lehren ausrichtete.

So hoffte ich beispielsweise, durch Meditationen besondere Erleuchtung zu erlangen. Während der Übungen spürte ich, daß es möglich ist, sich von einer inneren Stimme – im New Age-Sprachgebrauch als Stimme des „Höheren Selbst" bezeichnet, leiten zu lassen. Dabei hatte ich nicht das Empfinden, daß eine fremde Stimme zu mir sprach, sondern daß die Botschaften eher aus meinem Unterbewußtsein kamen. Das allerdings mit einer Ruhe und Klarheit, wie ich es bisher nie erlebt hatte.

Mein neu entdecktes Unterbewußtsein schien sich auf einer höheren Stufe der Weisheit zu bewegen, als das normale Denken. New Age-Jünger verstehen diese innere Stimme als Manifestation der Stimme Gottes, als Offenbarung des Heiligen Geistes, der auf diese Weise zum Menschen spricht. Ich war überglücklich, diese Quelle der „göttlichen" Weisheit in mir zu entdecken. Sie veranlaßte mich, viele notwendige Veränderungen in meinem Leben vorzunehmen

Bedauerlicherweise wurde das Hören auf die innere Stimme nach wenigen, scheinbar segensreichen Jahren, zu einem Alptraum. So endeten beispielsweise alle Bemühungen, meinen bescheidenen Wohlstand zu sichern, mit Schulden, weil mich mein manipuliertes Unterbewußtsein immer wieder aufforderte, große Summen für die Aufgaben des „Erleuchteten Weges" zu spenden.

Jeder Ungehorsam führte zu schweren Depressionen, in denen ich die Trennung von „Gott" deutlich zu spüren meinte, weil ich seinem Willen nicht gehorcht hatte. Sobald ich die Summe, die mir befohlen worden war, gespendet hatte, verschwanden die Depressionen. Dieses Szenario wiederholte sich mehrfach. Ich kam mir vor wie eine Marionette, die von einer fremden, erschreckenden Macht kontrolliert und gelenkt wird.

New Age ist wie jeder andere Kult auch. Es ist nämlich kein Unterschied, ob man von einer Stimme aus dem Unterbewußtsein versklavt, von einem spiritistischen Führer gegängelt oder von einer okkultistischen Organisation mißbraucht wird. Die Mechanismen der Einschüchterung und das Gefühl von Schuld und Ausgeliefertsein sind verblüffend ähnlich. Und dennoch: Die fortschreitende Irreführung war so fein dosiert, daß mir nie der Gedanke gekommen wäre, von dämonischen Mächten manipuliert zu sein.

Das Versprechen der Unsterblichkeit

Ich erhoffte mir vom „New Age-Christentum" Unsterblichkeit, das ewige Leben, wie es Christus versprochen hat. Dabei merkte ich nicht, daß Satan die New Age-Lehren dazu benutzt, die Lüge weiterzuentwickeln, mit der er schon die ersten Menschen betrogen hatte: „Da sprach die Schlange zum Weibe: Ihr werdet keineswegs des Todes sterben“ (1. Mose 3,4). Weil ich dieser Lüge glaubte, mußte ich die verdrehten Auslegungen der klaren biblischen Aussagen akzeptieren, daß der Tod zu „allen Menschen durchgedrungen“ ist, weil sie alle gesündigt haben (Römer 5,12), und daß der „Lohn der Sünde der Tod“ ist (Römer 6,23).

Ich dachte, daß die unterschiedlichen religiösen Wege letztlich alle zu Gott führen, gleichgültig ob es sich um den Hinduismus, den Buddhismus oder um andere Religionen handelt. Die Vorstellung, daß alle spirituellen Wege zu Gott führen ist übrigens einer der fundamentalen New Age-Lehrsätze.

Die Bibel äußert sich freilich ganz anderes: „Geht hinein durch die enge Pforte. Denn die Pforte ist weit, und der Weg ist breit, der zur Verdammnis führt, und viele sind's, die auf ihm hineingehen. Wie eng ist die Pforte und wie schmal der Weg, der zum Leben führt, und wenige sind's, die ihn finden!“ (Matthäus 7,13.14)

Erst als ich mich vom New Age löste, wurde mir klar, daß ich in Wirklichkeit auf der Straße der Verdammnis unterwegs gewesen war, obwohl ich betete und im Namen Jesu predigte. Sie denken vermutlich, daß ein Mensch unmöglich im Namen Jesu predigen und beten kann, wenn er von Mächten der Finsternis kontrolliert wird.

Christus sah das viel realistischer, denn er sagte voraus, daß es falsche Lehrer geben werde, die in seinem Namen predigen: „Am Tag des Gerichts werden viele zu mir sagen: ‚Herr, Herr! In deinem Namen haben wir Weisungen Gottes verkündet, in deinem Namen haben wir böse Geister ausgetrieben und viele Wunder getan.‘ Und trotzdem werde ich das Urteil sprechen: ‚Ich habe euch nie gekannt. Ihr habt versäumt, nach Gottes Willen zu leben; fort mit euch!‘„ (Matthäus 7, 22.23 GN)

Ich möchte an dieser Stelle näher auf meine früheren Aktivitäten eingehen, denn in diesem Augenblick machen andere genau das Gleiche, was ich damals tat. Ich hoffe, daß dadurch manchem die Augen geöffnet werden, so daß er die fragwürdigen Praktiken des New Age erkennt, bevor er in die Irre geführt worden ist.

Der Weg in die Gottlosigkeit

Im Jahre 1949 wurde ich in eine christliche Familie hineingeboren. Bei uns war es üblich, regelmäßig die Gottesdienst unserer Kirche zu besuchen. Mein Vater, ein ehemaliger Soldat der deutschen Wehrmacht, war damals Laienprediger in einer kleinen Kirchengemeinde in England. Er stammte aus Schlesien, wurde aber während der Offensive der Alliierten in der Normandie von den Briten als Kriegsgefangener nach England gebracht. Nach Kriegsende blieb Vater in England und lernte dort meine Mutter kennen, die aus der Nähe von Berlin stammte. Wenige Jahre später wurde ich geboren.

Als Kind glaubte ich selbstverständlich, daß Jesus der Sohn Gottes ist. Aber ganz allmählich wurde mir der christliche Glaube gleichgültig. Manchmal denke ich, daß die Umwelt, in der ich aufgewachsen bin, diesen Prozeß gefördert hat: eine kleine Industriestadt in Nordengland, deren Fabrikschornsteine unaufhörlich Rauch in den wolkenverhangenen Himmel bliesen. Alles in allem ein tristes Bild.

Im Freundeskreis wurde kaum über Religion geredet, es sei denn, man machte sich über den Glauben lustig. Ich kann mich auch nicht erinnern, in der Schule jemals etwas über Gott gehört zu haben. Er war kein Feind, den man bekämpfte, sondern ein Niemand, den man überhaupt nicht erwähnte. Jedermann schien recht gut ohne Religion auskommen zu können.

Obwohl in einem christlichen Elternhaus geboren, übernahm ich mehr und mehr die weltlichen Wertvorstellungen meiner Freunde. Ich wollte sein wie sie. Zuerst waren es nur Kleinigkeiten: gelegentliche Zerstörungswut, Rauchen und das Stehlen von Alkohol aus dem Keller meines Onkels. Bedenklicher war schon die Tendenz, immer weniger an Gott oder Jesus und an die Bedeutung, die sie in meinem Leben hätten haben sollen, zu denken.

Während ich mich immer mehr mit meinen gottlosen Freunden einließ, stufte ich Religion als etwas ein, das mit meinen Eltern zu tun hatte, aber nicht mit mir. Obwohl ich an die Existenz Jesu glaubte, hatte ich keine persönliche Beziehung zu ihm. Und doch war ich mir merkwürdigerweise sicher, daß ich nach meinem Tod in den Himmel kommen würde.

Auf der High school verstärkte sich meine Abkehr von den christlichen Werten noch. Im Unterricht faszinierten mich die Ideen der Evolutionstheorie, und meine Lehrer machten mich mit dem Gedanken der Reinkarnation und mit übersinnlichen Wahrnehmungen bekannt.

Ich erinnere mich besonders an einen Dozenten aus meiner späteren Studienzeit: Mr. Harding. Ich schätze, daß er damals Anfang dreißig war. Er war mittelgroß, etwas untersetzt, mit rotbraunem Haar. Irgendwie war er anders als die anderen. Offenbar war er ein

Einzelgänger, denn man konnte ihn häufig allein in einem der Cafés sitzen sehen.

Obwohl ich Naturwissenschaften studierte, fand ich seine zweiwöchentlichen Philosophievorlesungen höchst interessant. „Freud sagt", war eine der geläufigen Einleitungen von Mr. Harding, wenn er uns die Theorien des berühmten Psychoanalytikers Sigmund Freud vorstellte.

„Freud sagt, daß das Unterbewußtsein im Leben des Menschen eine große Rolle spielt", erläuterte Mr. Harding. „Er glaubte, daß jede persönliche Eigenart in unseren Absichten und Gefühlen irgendwie mit dem Unterbewußtsein zu tun hat."

Ich hatte an den Ausführungen von Mr. Harding ein tiefes, persönliches Interesse. Auf Grund dieser Tatsache überkam mich oft in seinen Vorlesungen, aber auch in anderen Unterrichtsfächern, ein schwer zu beschreibendes Gefühl von Unruhe oder Angst. Manchmal überfiel mich die Angst wie ein düstere Welle und zwang mich, ohne ersichtlichen Grund den Raum zu verlassen. Ich wußte, das dieses Gefühl jenseits jeder Vernunft lag und konnte mein Verhalten nicht verstehen.

Als ich sechzehn Jahre alt war, hatte mich dieses Angstgefühl zum ersten Mal überfallen. Während einer Schülerversammlung in der Aula wurde ich plötzlich von Panik ergriffen. Wahrscheinlich lag es daran, daß sich Spannungen und Streß über Monate hin angestaut hatten. An diesem Morgen schien die Spannung in einem Anfall von Platzangst zu explodieren. Ich konnte mich nur mühsam unter Kontrolle halten. Mein Brustkorb schien in ein Stahlband gepreßt zu werden, das immer enger wurde. Die Luft wurde knapp, und ich fürchtete, ohnmächtig zu werden. Um einen klaren Verstand ringend, fühlte ich mich wie unter den Wolken eines hereinbrechenden Unwetters. Jedes Quentchen Willenskraft mobilisierend, bekämpfte ich den Drang wegzurennen und zwang mich, äußerlich ganz normal zu wirken, bis die Versammlung vorbei war.

Nach diesem ersten panischen Anfall war nichts mehr wie früher. Meine letzten Teenagerjahre waren von fortgesetzten Angstzuständen überschattet. Unser Familienarzt verschrieb mir Beruhigungsmittel und empfahl, alles nicht so schwer zu nehmen. Ich war enttäuscht, daß er nicht in der Lage zu sein schien, für meinen Zustand eine einleuchtende Erklärung zu geben.

„Warum fühle ich so?" fragte ich ihn.

„Ich glaube, du hast zuviel gearbeitet", erwiderte er zerstreut. Diese Vermutung ließ seine Diagnose wenig überzeugend wirken. Zugegeben, durch übertriebenes Studium verschlechterte sich mein

Befinden weiter, aber ich konnte nicht glauben, daß darin die Ursache meines Zustandes liegen sollte. Irgendwie spürte ich, daß sich während der Entwicklungsphase irgend etwas in meinem Nervensystem verändert haben mußte, aber ich wußte nicht, wie ich damit umgehen sollte.

Während ich Mr. Hardings Philosophievorlesungen zuhörte, fragte ich mich, ob meine Angstgefühle etwas mit dem Unterbewußtsein zu tun haben könnten, wie es Sigmund Freud in seinen psychoanalytischen Theorien beschreibt. Vielleicht könnten Freuds Erkenntnisse Aufschluß über meinen merkwürdigen Zustand geben.

Das war Anlaß genug, mich intensiv mit den Werken des österreichischen Psychoanalytikers zu befassen. Im Laufe der Zeit gewann ich den Eindruck, daß alle menschlichen Probleme mit Funktionsstörungen im Unterbewußtsein erklärt werden könnten. Ich dachte, daß wahrscheinlich auch Religion eine Art Neurose ist, ein Zustand geistiger Schwäche oder auch ein Ersatz für fehlende Reife. So jedenfalls schien es Freud zu sehen.

Solche Überlegungen ließen mich schließlich daran zweifeln, daß Satan tatsächlich existierte. Hingen Versuchungen wirklich mit einer übersinnlichen, bösen Macht zusammen, die – wie es die Kirchen lehren – mit ihren Opfern psychologische Spielchen treibt? Freud war da ganz anderer Meinung. Er machte die Aktivitäten des Unterbewußtseins für den Streit der Gefühle und Triebkräfte verantwortlich. Seiner Meinung nach ist unvernünftiges und unsoziales Verhalten weitgehend eine Folge unbewußter Erinnerungen und seelischer Verletzungen aus frühester Kindheit.

Nach und nach stimmte ich mit Freuds Ansichten überein und hielt Satan lediglich für eine Phantasiegestalt, durch die symbolisch die innere Zerrissenheit und Triebhaftigkeit des Menschen dargestellt werden soll. Um mit meinen Angstzuständen fertig zu werden, so meinte ich, bedurfte es also lediglich eines besseren psychologischen Verständnisses.

Nachdem ich einige von Freuds Büchern durchgearbeitet hatte, konzentrierte ich mich auf die akademischen Studien. Meine Ängste und Beklemmungen hatten sich verringert und mein Interesse an der Psychologie ließ langsam nach. Dennoch hatten Freuds Theorien meine Einstellung zur Religion tief beeinflußt.

„Will, gehst du heute Abend mit zur Herrenparty der Neuankömmlinge“, fragte mich Brian im Aufzug, während er seine schwarz umrandete Brille abnahm. Brian war ein freundlicher Bursche, der ebenfalls neu war an der Universität. Er wohnte im selben

Stockwerk des Studentenheims wie ich. Es war meine erste Woche an der Hochschule, die mit dem Grundkurs für Physik angefangen hatte.

„Was ist ein Herrenabend?“ fragte ich neugierig, da ich mit diesem Begriff nichts anfangen konnte.

„Oh, das ist eine Striptease-Show mit viel Sauferei. Die Studentenvereinigung hat eine besondere Show für die Neulinge organisiert. Warum kommst du nicht einfach mit?“

Ich wußte, daß es für mich fragwürdig war, dort hinzugehen. Eigentlich war ich von diesem Vorschlag auch nicht sonderlich begeistert, aber dann dachte ich, daß ein bißchen Abwechslung nicht schaden könne. Zumindest würde der Abend mich von meinen Sorgen und Belastungen ablenken.

„Ja, ich komme mit; es wird sicher ein lustiger Abend werden“, antwortete ich mit einem Kloß im Hals. Ich beruhigte mich mit dem Gedanken, daß es für einen Studenten einfach dazugehört, seinen Horizont zu erweitern. Dabei durfte man wohl auch einen Blick in das Nachtleben der Großstadt Manchester riskieren. Da ich mich gerade in einer Phase der Rebellion befand, wollte ich mich durch nichts und niemanden davon abbringen lassen, etwas zu erleben – schon gar nicht vom Protest meines altmodischen Gewissens.

Aus Neugierde schaute ich mir einige Wochen später im Kino mehrfach pornographische Filme an. Sie waren abstoßend oder langweilig, aber ich redete mir ein, Unabhängigkeit zu beweisen, wenn ich nach neuen Reizen suchte, die Abwechslung in das sonst recht eintönige Studentenleben brachten.

Meine Aufmerksamkeit galt jetzt an den Wochenenden den Bars und Rock-Shows. Allerdings wurde auch das bald langweilig, es sei denn, ich hatte einige Gläser Bier getrunken, die mir halfen, locker zu werden. Je berauschter ich war, desto weniger moralische Skrupel plagten mich. Alkohol versetzte mich in die Lage, Brian und die anderen Kumpel mit anzüglichen Witzen zu unterhalten.

Welche Beziehung zu Gott ich auch gehabt haben mochte, nun war sie völlig zerbrochen, obwohl ich nach wie vor jede Woche zur Kirche ging, um meine Familie nicht zu enttäuschen. Notgedrungen führte ich ein Doppelleben. In der Kirche mimte ich den Andächtigen, ansonsten führte ich ein lockeres, unchristliches Leben.

Als ich die Universität verließ, hoffte ich in einer beruflichen Karriere und in der Freizeit ein erfülltes Leben zu finden. Bei einem großen Hersteller für Textilmaschinen bekam ich eine Anstellung als Maschinenbauingenieur. Ich war sehr damit beschäftigt,

Geld zu verdienen und es wieder auszugeben. Mein scheinbar unstillbares Verlangen nach Abenteuern und neuen Reizen versuchte ich mit Motorrädern und Autos, durch Reisen, in Bars und auf Parties zu stillen.

Mit vierundzwanzig Jahren entschloß ich mich, den Kontakt zur Kirche abzubrechen, obwohl ich Angst hatte, daß mich meine Familie wie einen „verlorenen Sohn" behandeln würde. Es war nicht einfach, die Kirche zu verlassen, zumal mich ganz tief im Innern die Angst quälte, die christliche Botschaft könne doch wahr sein, und mein Leben würde letztlich in der Verdammnis enden. Nach Wochen quälender Überlegungen entschied ich mich aber doch für einen Bruch mit der Kirche.

Das Leben ohne Religion schien wirklich besser zu sein, da ich nun keine Frömmigkeit mehr vorzutäuschen brauchte. Jetzt stimmte mein Leben endlich mit dem überein, was ich glaubte – genauer: was ich nicht glaubte. Plötzlich konnte ich ohne schlechtes Gewissen fluchen und mich unanständiger Ausdrücke bedienen. Endlich konnte ich tun und lassen, was mir gefiel, ohne Rücksicht auf irgendwelche frommen Leute nehmen zu müssen.

„Iß, trink und sei glücklich; denn morgen sind wir tot!" Das war hinfort der Leitspruch meines Leben. Aber irgendwie funktionierte das nicht lange. Ich starb zwar nicht, aber es wurde immer schwieriger glücklich und zufrieden zu sein, wie sehr ich mich auch ins gesellschaftliche Leben stürzte oder nach neuen Vergnügungen Ausschau hielt.

Mein Leben gewann nicht an Qualität, sondern wurde nur hektischer. Der einst zurückgezogen lebende junge Mann versuchte plötzlich, überall mitzumischen: von Motorradgangs bis zum Bergsteigen, von rauchigen Bars bis zu Rockfestivals. Aber all das konnte nicht verhindern, daß in mir wieder das Gefühl des Überflüssigseins hochkroch.

In jener Zeit erhielt ich einen Brief von meiner älteren Schwester. „Warum kommst du nicht nach Kanada und lebst bei uns?" schrieb sie. „Du kannst in diesem Land ein ganz neues Leben beginnen." Einige Jahre zuvor war sie mit ihrem Mann und seiner Familie nach Toronto ausgewandert. Die Einladung hörte sich verlockend an.

Mir schien, daß ich wirklich einen „Tapetenwechsel" brauchte, um aus dem alten Trott herauszukommen. So befolgte ich den Rat meiner Schwester und floh in ein „vielversprechendes" neues Leben. Doch der Wechsel in ein anderes Land bewirkte noch keine Veränderung meiner Gefühlslage. Außerdem vermißte ich sehr bald meine Freunde und das alte Leben. Deshalb kehrte ich einige Monate später nach England zurück.

Jetzt wurde ich mir mehr und mehr meiner Unzufriedenheit und der schleichenden Depression bewußt. Die krankhaften Ängste und der Druck, dem ich mich als Teenager ausgesetzt sah, hatten mich bisher nie ganz verlassen. Dabei wollte ich so gern entspannt und zufrieden leben. In dieser Situation erinnerte ich mich wieder an die Begeisterung meines Lehrers für Freud und beschloß, mich erneut der Psychologie zuzuwenden, um Lösungen für meine Probleme zu finden.

Ich las, was mir an psychologischen Werken in die Hände kam, und hoffte, daß die konsequente Anwendung der Psychologie Ruhe und Frieden in mein Leben bringen würde. Die Theorien in den Büchern schienen diese Hoffnung zu nähren. Besonders ein dünnes Bändchen, das ich in einem Regal der Bibliothek fand, hatte es mir angetan.

2 Im Griff übersinnlicher Mächte

Der Psychotherapeut Peter Blythe, ein dynamisch aussehender Mann mit schwarzgelocktem Haar, veränderte mein Leben vollständig. Nicht, daß ich ihm irgendwo begegnet wäre oder mit ihm telefoniert hätte. Er weiß nicht einmal, welchen Einfluß er auf mich ausgeübt hat. Ich habe nämlich nur ein Buch von ihm gelesen: „Stress Disease“ (Krank durch Stress). Ich werde diesen harmlosen Titel nie vergessen.

Haben sie es schon einmal erlebt, daß ein Buch ihr Leben umgekrempelt hat? Ich vermute, daß so etwas nicht sehr häufig vorkommt, aber ich habe es erfahren. Die Lektüre von „Stress Disease“ zog tiefgreifende Veränderungen nach sich: Meine berufliche Laufbahn nahm einen anderen Verlauf als geplant, ich siedelte auf einen anderen Kontinent über und geriet schließlich in die Fänge eines satanischen Kults. Bücher bewirken mitunter mehr, als man sich vorstellen kann – im guten und im schlechten Sinne.

Anfangs sah es so aus, als ob mir „Stress Disease“ helfen könnte, meine Angstgefühle zu bewältigen. Zunächst erschien mir das Büchlein bei der Suche nach Heilung, Sinn und Harmonie für mein Leben sehr hilfreich. Doch bald erwies es sich als eine Darlegung der Grundsätze von Krankheit und Heilung aus Sicht des New Age. Peter Blythe führte geschickt in das ganzheitliche New Age-Konzept ein, das Körper, Verstand und Geist als untrennbare Einheit versteht. Vollkommene Gesundheit könne es deshalb nur dort geben, wo diese drei Bereiche in absoluter Harmonie zueinander stehen, hieß es an mehreren Stellen.

Die Idee der ganzheitlichen Gesundheit hörte sich überzeugend an. Und die Forderung, Körper, Verstand und Geist völlig in Einklang miteinander bringen zu müssen, überzeugte mich. Ich glaubte, hier wertvolle Ratschläge gefunden zu haben, die ich auch gern meinen Freunden weitergeben wollte.

Die letzten Kapitel des Buches beschäftigten sich mit alternativen Therapietechniken für allgemeine Erkrankungen. Da ich bisher nur schulmedizinische Untersuchungen kannte und mit entsprechenden Medikamenten behandelt worden war, interessierte es mich, etwas über Behandlungsmethoden wie Akupunktur, Homöopathie, Psychische Chirurgie, Chakra Balancing, Rebirthing, Primal Therapie, Reiki, Kristalle und Bioenergetik zu lesen. In den Beschreibungen dieser Heilmethoden tauchten immer wieder Begriffe auf wie: Energie, Ausgeglichenheit und Ganzheit.

Es war das erste Mal, daß ich den Begriff New Age hörte. Was dahinter steckt, wußte ich damals nicht. Ich hatte nicht die Absicht, mich in okkulte Praktiken einführen zu lassen, sondern war lediglich auf der Suche nach besserer Gesundheit und mehr Zufriedenheit.

„Stress Disease" erwähnte eine in London ansässige Organisation, die sich „Gesundheit für New Age" nannte. Da ich mehr über alternative Heilmethoden erfahren wollte, wurde ich Mitglied und vereinbarte ein Treffen mit dem Gründer dieser Organisation.

Der neue Schamanismus

Eines Tages saß ich Colonel Marcus McClausland gegenüber. Er verkörperte den Typ des pensionierten britischen Armeeoffiziers: groß, drahtig und mit einer Tweed-Sportjacke bekleidet. Seine kerzengerade Haltung erweckte den Eindruck, als stünde er unentwegt auf Wache.

„Ich bin beeindruckt von deinem Wissen und deinen Ideen", sagte er und bezog sich dabei auf unser Gespräch. Er, seine Frau und ich saßen in ihrem Haus und diskutierten aktuelle psychologische Theorien und Veröffentlichungen, die aus Amerika nach England „herübergeschwappt" waren. Ich hatte das Ehepaar besucht, um ihre Meinung zu dieser Thematik zu hören. Marcus war der Direktor von „Gesundheit für New Age", jener Organisation, der ich kurz zuvor beigetreten war. Er sprach interessant und sehr einfühlsam, gleichzeitig schwang in seinen Worten aber eine gewisse Bestimmtheit mit, die ich seiner militärischen Vergangenheit zuschrieb.

„Ich muß noch viel lernen", schwächte ich das Lob meines Gastgebers bescheiden ab.

Die Organisation, der Colonel McClausland vorstand, fungierte als internationales Netzwerk, um Daten von alternativen Therapien, die in das Denkschema des New Age passen, zu sammeln und zu verteilen. Das spezielle Interesse des Colonels war die Krebsforschung und -heilung.

„Marcus, ich bin sicher, daß Will all diese Theorien gekannt hat, bevor sie in sein jetziges Leben kamen", äußerte Mrs. McClausland, während sie die Arme hob und sich streckte. Diese Feststellung von einer attraktiven, hochgebildeten Frau zu hören, überraschte mich.

„Willst du damit sagen, daß ich schon einmal gelebt habe?" fragte ich zweifelnd. „Aber ja. Da bin ich völlig sicher", antwortete Marcus im Stil einer militärischen Lagebesprechung. „Wir alle haben schon viele Leben gelebt. Zweifellos hast du eine Menge von deinem psychologischen Wissen aus dem vorigen Leben mitgebracht."

„Will", unterbrach Mrs. McCausland „du erlernst jetzt nur noch einmal, was du eigentlich schon gewußt hast."

Ich war sprachlos. Obwohl ich schon vorher über die Reinkarnation nachgedacht hatte, war ich noch nie jemanden begegnet, der mit solcher Bestimmtheit über das vorangegangene Leben sprach. Da Mrs. McClausland eine angesehene Psychologin war, fiel es mir nicht schwer, diese umwerfenden Behauptungen ernst zu nehmen. Sie wissen ja, wie das ist: Man neigt dazu, Fachleuten ziemlich unbesehen zu glauben. Ich verließ das Haus der McCauslands innerlich erregt und war begierig, mehr über mein früheres Leben zu erfahren. Irgendwie hoffte ich wohl, daß hier ein ungenutztes Potential für künftige Erfolge in meinem Leben liegen könnte.

Das Hineingezogenwerden in die New Age-Bewegung war ein stufenweiser Prozeß. In den folgenden Jahren pflegte ich intensive Kontakte mit anderen New Age-Anhängern und verschlang alle mögliche Literatur, in der New Age-Theorien erläutert wurden. Es scheint ein gängiger Weg zu sein, durch das eigentlich harmlose Interesse an alternativen Heilverfahren in das New Age-Denken verstrickt zu werden.

Offenbar ist dies die erfolgreichste Methode, deren sich New Age-Anhänger bedienen, um neue Mitglieder zu werben. Sie nutzen bestimmte Notsituationen, um den Menschen Beratung und Hilfe anzubieten. Dabei wecken sie geschickt das Interesse ihrer Klienten an der Philosophie, die mit ihren Praktiken verbunden ist. Häufig sind es schwerkranke Menschen, die ihre letzte Hoffnung in den New Age-Heilmethoden sehen. Das sind optimale Voraussetzungen für Verführung, Scharlatanerie oder gar Betrug.

Davon ahnte ich damals allerdings nichts. Wenn mir jemand gesagt hätte, daß mich meine Suche nach dem Sinn des Lebens und nach Lösung meiner körperlichen und seelischen Probleme in die

Fänge dämonischer Mächte führen würde, hätte ich ihn für verrückt erklärt. Aber genau das geschah.

Von der Psychologie zur Mystik

Die New Age-Philosophie an sich interessierte mich zunächst kaum, ich suchte lediglich nach Wegen, meine Zweifel und Probleme loszuwerden. Ich dachte, wenn es mir gelänge, inneren Frieden zu erlangen, würde sich das positiv auf meine berufliche Laufbahn und meine persönlichen Beziehungen auswirken. Deshalb besuchte ich – angeregt durch Peter Blythes Buch – einige Jahre lang Begegnungsgruppen und nahm an Seminaren und Workshops über Grenzgebiete der Psychologie oder zu Fragen der Gruppendynamik teil. Allerdings war das Angebot an solchen Veranstaltungen in England recht begrenzt. Nach allem, was ich gelesen hatte, schien Los Angeles der geeignete Ort zu sein, um tiefer in diese Materie einzudringen. Deshalb entschloß ich mich Ende der siebziger Jahre, nach Kalifornien überzusiedeln.

Mein Engagement für eines dieser psychologischen Zentren in Los Angeles erwies sich zunächst als nützlich. Aber nach knapp einem Jahr wurde es geschlossen, weil die Gründer sich hoffnungslos zerstritten hatten. Ich war tief enttäuscht und begann an meinen spirituellen und mystischen Erfahrungen zu zweifeln. Jedenfalls wurden die Erwartungen, die das Buch „Stress Disease" in mir geweckt hatten, nicht erfüllt. Ich hatte gehofft, hier den Weg zum Einklang zwischen Körper, Seele und Geist zu finden, doch tatsächlich erlebte ich ganz simplen Streit und höchst unerquickliche Auseinandersetzungen.

Ich erinnere mich an einen Tag, an dem ich sehr bedrückt in meinem Ingenieurbüro saß und nicht wußte, wie es weitergehen sollte. Während ich Konstruktionsunterlagen kopierte, hörte ich tief im Inneren eine Stimme fragen: „Was ist mit deiner Seele?"

Es war, als spreche die Stimme meines Gewissens klar und deutlich zu mir. Ich war sehr betroffen, denn ich spürte, daß hier mein eigentlicher Defekt – eine gähnende innere Leere – aufgedeckt wurde. Dennoch änderte ich meinen unchristlichen Lebensstil nicht. Allerdings bedrängte mich immer wieder die Frage, was die Stimme wohl mit *Seele* gemeint haben mochte. Hatte Gott zu mir gesprochen, um mich wieder zum christlichen Glauben zurückzurufen? Wollte er gar meine Seele vor der Verdammnis retten?

Da ich wußte, daß viele Psychologen nur eine begrenzte Ausbildung und eingeschränkte Möglichkeiten hatten, die spirituellen

Dimensionen der menschlichen Motive und Erfahrungen zu verstehen, widerstrebte es mir, bei ihnen Hilfe zu suchen. Ihre Theorien und Schlußfolgerungen hörten sich in den Vorlesungen zwar gut an, hielten aber häufig der Praxis nicht stand. Nachdem notwendige Veränderungen des Verhaltens und der Lebensweise eingeleitet worden waren, schienen mir weitere Konsultationen bei Psychologen vorwiegend dem menschlichen Kontakt zu dienen. Diesen Dienst können einem aber gute Freunde ebenso erweisen; jedenfalls braucht man dazu keinen Psychotherapeuten.

Zwar hatte die Stimme in mir das Wort *Seele* gebraucht, aber ich wollte mich durch sie auf keinen Fall wieder in ein religiöses System hineinzwängen lassen. Dabei merkte ich nicht, daß ich längst auf dem Weg war, immer tiefer in das New Age hineingezogen zu werden.

Durch das Interesse an meinem „vorherigen Leben" geriet ich bis an den Rand des Abgrunds. Ich wollte mein Leben nicht selbst in die Hand nehmen, sondern suchte nach jemandem, der mir genau sagen konnte, was ich tun müsse, um meiner Bestimmung in diesem Leben gerecht zu werden.

Unbewußt hielt ich Ausschau nach einem Schamanen, einer Person mit viel Macht, großer Weisheit und umfassendem Wissen – nach einem Menschen, der auch die Tiefen meiner Psyche auszuloten verstand. Ich wollte jemanden finden, der mir etwas über meine Seele sagen könnte, jenen Teil meiner selbst, auf den mich die geheimnisvolle innere Stimme aufmerksam gemacht hatte. Vielleicht, so dachte ich, würde ich diesen weisen Ratgeber in einem New Age-Zirkel in Los Angeles finden.

Die übersinnlichen Kräfte der New Age-Propheten

Eines Tages erregte eine Anzeige in geradezu zwanghafter Weise meine Aufmerksamkeit. Es war, als würde mir tief im Inneren jemand befehlen, die in der New Age-Illustrierten angekündigte parapsychologische Fachmesse zu besuchen. Ich dachte, daß eine solche Veranstaltung eine Gelegenheit sein könnte, jemand kennenzulernen, der über die Fähigkeit verfügte, mir mein Schicksal zu deuten.

Die Messe sollte in einem metaphysischen Zentrum stattfinden, das sich „Erleuchteter Weg" nannte. Weil ich den Parapsychologen grundsätzlich mißtraute, beschloß ich, diese Begegnungsstätte erst einmal unverbindlich zu überprüfen. Sollte sie mir zusagen, würde ich mich nach den Möglichkeiten erkundigen, an einer privaten spirituellen Sitzung teilzunehmen. Ich hatte kein Interesse an einem zweifelhaften Treffen mit billigen Amateurwahrsagern. Wenn ich mich schon auf solch eine Sache einlassen würde, dann mit einem wirklichen Spezialisten.

Am ersten Tag der Messe fuhr ich nach Pacific Palisades, einem der vornehmen Vororte von Los Angeles. In den Palisades Highlands, dem wunderschönen Tal, tief in den Bergen von Santa Monica gelegen, hatte der „Erleuchtete Weg" in einem prunkvollen Gebäude Quartier bezogen. Da ich nie zuvor eine parapsychologische Veranstaltung besucht hatte, war ich gespannt, was mich erwarten würde.

Als ich durch das geöffnete Tor eintrat, wurde meine Ankunft feierlich von leise klingenden tibetanischen Glocken angekündigt. Sie schienen mich in der neuen, bezaubernden Welt der östlichen Mystik willkommen zu heißen.

Regale mit exakt geordneten Büchern standen an den Wänden des ersten Raumes. Als ich durch die Buchzone in den Hauptraum ging, fiel mein Blick auf den Fußboden. Er war mit einem kostbaren, grünen Teppich ausgelegt, dessen fluoreszierender Schimmer mich geradezu in den Raum hineinzuziehen schien. Diese außergewöhnliche Atmosphäre zog mich an und weckte in mir ein seltsames Gefühl des Friedens. Hinzu kam, daß im Raum das süße Aroma von frisch verbranntem Weihrauch hing, was dem ganzen einen Hauch von Heiligkeit verlieh.

In diesem Raum saßen vier parapsychologische Deuter. Jeder hatte seinen eigenen Tisch, an dem sich jeweils ein oder zwei Klienten beraten ließen. Ich schaute mich unauffällig um, da ich vermeiden wollte, daß jemand bemerkte, wie fremd mir das alles war.

Am Empfang stand eine schlanke Frau mittleren Alters. Sie trug ein geblümtes Kleid, hatte modern gestyltes blondes Haar und trug dekorativen Schmuck.

„Hallo, ich würde gerne mit dem Direktor sprechen."

Die Dame lächelte mich freundlich an: „Ich bin der Direktor. Mein Name ist Muriel. Was kann ich für Sie tun?"

Beeindruckt von ihrer direkten, selbstsicheren Art, musterte ich sie genauer. Sie schien nicht der Typ einer verträumten Mystikerin zu sein. Sie machte auch nicht den Eindruck eines geldgierigen Scharlatans.

„Ich bin an einer tiefenpsychologischen Beratung interessiert. Könnten Sie das einrichten?" fragte ich vorsichtig.

„Ja", sagte sie, „kann ich mit Ihnen einen Termin für die nächste Woche vereinbaren?"

Bevor ich antwortete, zögerte ich kurz. Ich war etwas mißtrauisch geworden und fragte mich, was für eine Einrichtung diese Organisation eigentlich sei. Irgendwie beunruhigte mich die mehr oder weniger religiöse Atmosphäre des Hauses. Ich suchte den Zugang zu übersinnlichen Kräften, war aber nicht an religiösen Veranstaltungen interessiert. Deshalb fragte ich: „Ist dies eine Art Religionsgemeinschaft?"

„Nein, wir sind keine religiöse Institution", antwortete Muriel. „Wir haben eine spirituelle Ausrichtung."

Eigentlich wußte ich nicht so recht, was der Unterschied zwischen religiös und spirituell ist, dennoch beruhigte mich ihre Versicherung, so daß ich mit ihr einen Beratungstermin vereinbarte.

Beratung durch ein New Age-Medium

Zur vereinbarten Zeit fand ich mich mit großen Erwartungen im „Erleuchteten Weg" ein. Obwohl ich nicht wußte, woran ich erkennen konnte, ob die Leiterin des Zentrums wirklich mit übersinnlichen Kräften begabt war, hielt ich sie nicht für eine Schwindlerin. Während ich auf Muriel wartete, fiel mein Blick auf ein Master's-Degree-Diplom der Pepperdine Universität, das gerahmt an einer Wand hing. Gleich daneben hing eine vom Staat Kalifornien ausgefertigte Zulassung für die Durchführung von Familien- und Eheberatungen.

Muriel begrüßte mich und ging mit mir zu einer kleinen Sitzgruppe. Sie setzte sich mir gegenüber. „Wie kann ich dir helfen?" fragte sie. Mühsam versuchte ich zu schildern, wie wichtig es für mich sei, ein lohnenswertes Ziel für mein Leben zu finden. Ich erzählte ihr, daß ich bisher in allem, was ich tat, keine wahre Erfüllung gefunden hatte.

Muriel hörte mir aufmerksam zu. Dann nahm sie einen Stoß Tarot-Karten und legte ihn vor mich auf den Tisch.

„Muriel", unterbrach ich sie „eigentlich geht es mir um den Kontakt mit übersinnlichen Kräften aus dem kosmischen Bereich. Es tut mir leid, aber vom Kartenlegen halte ich nichts."

„Oh, ich benutze die Karten nur, um den Äther zu öffnen und die Akashischen Aufzeichnungen aufzudecken", erwiderte Muriel. Da ich nicht verstand, was sie meinte, schaute ich sie fragend an.

„Das sind Protokolle, die im Himmel abgelegt sind", erklärte sie. „Sie beschreiben jedes Vorkommnis, daß sich jemals ereignet hat und enthalten das vollständige Wissen. Sie sind wie ein gigantisches kosmisches Computergedächtnis. Die Karten leiten nur den Prozeß ein, der mir diese Protokolle zugänglich macht, so daß ich sie spiritistisch lesen und die Meister ausfindig machen kann."

Die Meister? fragte ich mich und dachte darüber nach, wer das sein könnte.

„Eigentlich brauche ich die Karten nicht", versicherte Muriel. „Wenn sie bei dir Unbehagen auslösen, werden wir sie nicht benutzen."

„Mir wäre es lieb, wenn du darauf verzichten würdest", antwortete ich. Die Sitzung wurde also ohne Karten fortgesetzt. Es ging um ganz bestimmte Phasen in meinem Leben. Ab und zu schloß Muriel die Augen und schien sich intensiv zu konzentrieren, so als lausche sie einer inneren Stimme, die sie mit Informationen versorgte. Manchmal beschrieb sie Menschen oder Szenen, und ich hatte das Gefühl, daß sie die Personen bildlich vor sich hatte, während sie von ihnen redete.

Im Verlauf der Sitzung befaßte sich Muriel auch mit einigen interessanten und verwirrenden Gesichtspunkten im Charakter meiner Eltern. Ich war verblüfft, wie zutreffend die Einschätzung war. Ich hatte dieser Frau gegenüber meine Eltern nie erwähnt, dennoch redete sie von ihnen, als wären es gute Bekannte. Mir trat der Schweiß auf die Stirn und floß schließlich in Strömen über mein Gesicht, obwohl der Raum angenehm kühl war. Ich hatte so etwas noch nie zuvor erlebt und fand keine Erklärung dafür.

Gebannt hörte ich zu, wie Muriel das Wesen und die Beweggründe einiger Freunde von mir beschrieb. Ich war erstaunt über das Ausmaß ihrer Wahrnehmungen und den Einblick, den sie in das Wesen von völlig fremden Personen hatte. Außerdem brachte sie Ereignisse miteinander in Verbindung, die für mich bisher in keiner Beziehungen zueinander gestanden hatten. Sie schien aus einer schier unerschöpflichen überirdischen Informationsquelle schöpfen zu können.

Dann stellte ich Muriel einige Fragen über meine Arbeit. Sie erhielt Einblick in meine berufliche Qualifikation und erfuhr einiges über mein Verhältnis zu den Arbeitskollegen. Ich stellte ihr Fragen über persönliche Dinge, die mich seit langem quälten. Beispielsweise wollte ich wissen, wo die Ursachen für das gestörte Verhältnis zu meinen Eltern liegen könnten.

„Ich sehe ein vergangenes Leben, in dem du der Vater eines kleinen Mädchens bist", beschrieb Muriel. „Dieses Mädchen ist in deinem jetzigen Leben deine Mutter."

Ich beugte mich interessiert vor. Muriel hatte die Augen geschlossen, als sähe sie weit in die Vergangenheit zurück. „Im vorherigen Leben hast du als indianischer Medizinmann gelebt. Ich sehe, wie du gerade deine wunderschöne Tochter umarmst. Viele Konflikte und dein Karma blieben in jenem Leben ungelöst. Darum hast du dir bei der Wiedergeburt deine jetzige Mutter ausgesucht."

Ich war merkwürdig berührt und dachte: Wie kann sich ein Mensch seine Mutter aussuchen?

„Ich sehe, daß sich euer Verhältnis zueinander bessert", fuhr Muriel fort. „Du wirst deiner Mutter Briefe schreiben und viele Mißverständnisse aufklären."

Muriel schwieg einen Augenblick, um dann fortzufahren: „Bald wirst du erkennen, welche Bestimmung deine Seele im jetzigen Leben hat."

Plötzlich war ich hellwach, denn das paßte genau zu der inneren Stimme, die kürzlich meine Seele erwähnt hatte. Ich begann mich zu fragen, ob die Sitzung mit Muriel möglicherweise längst in der kosmischen Welt vorbereitet worden war.

Während ich mir den Schweiß vom Gesicht wischte, informierte mich Muriel weiter über meine angebliche Bestimmung.

Diese Sitzung dauerte etwa anderthalb Stunden. Zum Schluß reichte mir Muriel eine kleine Broschüre und lud mich ein, an einigen ihrer Abendkurse teilzunehmen. Ich verließ das Zentrum mit einem Gefühl, das zwischen Aufregung und Interesse schwankte. Selbstverständlich war ich angetan von den neuen Perspektiven und Versprechungen für meine persönliche Zukunft.

Das Gespräch war auf einer Kassette festgehalten worden, die ich zu Hause mehrmals abhörte. Für mich hatte die Sitzung zwei faszinierende Aspekte. Zum einen war ich davon überzeugt, daß Muriel übersinnliche Kräfte besitzen mußte. Niemand hätte das Wesen meiner Eltern und den Charakter von Menschen aus meinem Bekanntenkreis so zutreffend beschreiben können, ohne sie genau zu kennen. Aber Muriel kannte sie nicht und wußte doch über sie Bescheid.

Darüber hinaus war ich erstaunt über meine körperliche Reaktion während der Sitzung. Meine Schweißausbrüche ließen sich weder mit der Raumtemperatur noch mit Nervosität erklären. So kam ich zu dem Ergebnis, daß dafür eine starke, kosmische Energie verantwortlich gewesen sein müsse.

Ich war beeindruckt von Muriels spiritistischer Fähigkeit, die Akashischen Aufzeichnungen einsehen zu können, und mir daraus Aufschluß über Einzelheiten meines früheren Lebens zu geben. Der Gedanke an Reinkarnation und frühere Leben hatte mich schon oft bewegt. Solche Theorien schienen mir Antworten auf bestimmte Lebensfragen geben zu können:

Warum werden Menschen geboren und dann mit Krankheit und Leid geplagt, während anderen Gesundheit, Liebe und Geborgenheit im Überfluß in die Wiege gelegt wird? Hat bei der Geburt tatsächlich nur der Zufall die Hand im Spiel oder gibt es einen plausiblen Grund für diese scheinbare Ungerechtigkeit? Verkehrt sich womöglich das Glück aus früheren Existenzen ins Gegenteil, um einen Ausgleich für die Seele zu schaffen, deren Dasein ja auf viele Leben verteilt ist? Die Theorien der Reinkarnation hörten sich für mich jedenfalls logisch an.

Diese erste parapsychologische Sitzung öffnete mir die Tür in die Welt des Mystizismus, der östlichen Religionen und des Okkultismus. Ich war davon beeindruckt, wie Muriel die Kräfte des Heilens für sich in Anspruch nahm und außerdem den Eindruck machte, als besäße sie das gesamte esoterische Wissen. Wenn es mir gelang, diese Fähigkeiten ebenfalls zu erwerben, würde ich sie in diesem und womöglich auch im nächsten Leben in ungeahnter Weise nutzen können. Nicht zuletzt würde es mir gelingen, die eigentliche Bestimmung für meine Seele zu finden.

Immer wieder kreisten meine Gedanken um meine vorangegangenen Leben. Konnte Muriel mir noch mehr über jenes tief verborgene Reich im Inneren meiner Seele sagen? Würde mir das Sichtbarmachen von Konflikten aus meinen früheren Leben helfen, die gegenwärtigen Probleme zu lösen? Vielleicht waren wirklich viele meiner irrationalen Ängste und Sorgen auf ungelöste Konflikte und seelische Verletzungen in früheren Leben zurückzuführen. Wie würde ich körperlich, seelisch und geistig wachsen und gesunden, welche Leistungssteigerung erleben, wenn ich mir aller Blockaden aus früheren Leben bewußt würde!

Ich dachte über die Möglichkeit nach, intuitive Fähigkeiten zu entwickeln. Was wäre alles möglich, wenn jemand immer die richtigen privaten und geschäftlichen Entscheidungen treffen könnte, indem er seine unbewußten Kräfte mobilisiert!

Der Köder war klug ausgelegt worden – und ich hatte ihn geschluckt. Da ich mehr von diesem geheimen Wissen sammeln und weitere Erfahrungen mit Muriels übersinnlichen Fähigkeiten machen wollte, besuchte ich die metaphysischen Kurse. Mit ihrer geschickt vorgetragenen Demonstration hatten mich die spiritistischen Mächte in ihren Bann geschlagen.

3 Die Kunst des Channeling

Die Broschüre des „Erleuchteten Weges“ bot Kurse zu interessanten Themen an: Astrologie, ägyptisches Tarot, die Wissenschaft der Zahlen und über Psychosynthese. Was Astrologie ist, wußte ich, aber die anderen Gebiete waren mir unbekannt.

Muriel, die Direktorin des Zentrums, hatte mir empfohlen, mit dem Kurs über Psychosynthese zu beginnen. Dieser Begriff erweckte in mir den Eindruck, es könne sich um eine allgemeine Einführung in die Psychologie handeln. Daran war ich nicht sonderlich interessiert, denn mit diesem Fachgebiet hatte ich mich seit Jahren eingehend befaßt. Ich wollte etwas über die esoterischen Philosophien und die übersinnlichen Fähigkeiten, die Muriel zu beherrschen schien, erfahren.

Dennoch folgte ich ihrem Vorschlag und belegte diesen Kurs. Ich war auch begierig, von Muriel zu hören, wer die Meister sind, jene geistigen Führer, mit denen sie angeblich Kontakt aufnahm.

Endlich war der Eröffnungsabend gekommen. Ich kämpfte mich durch den abendlichen Verkehr von Los Angeles und erreichte den „Erleuchteten Weg“ etwas verspätet. Der Kurs hatte bereits begonnen. Etwa ein Dutzend Teilnehmer saßen im Kreis in demselben Raum, in dem meine spirituelle Sitzung mit Muriel stattgefunden hatte.

Während ich leise auf einen leeren Stuhl zuging, musterte ich die anwesenden Personen. Dabei fiel mir auf, daß das Alter der Kursteilnehmer etwa zwischen fünfundzwanzig und fünfzig Jahren lag. Einige Leute sahen aus wie junge Manager, andere könnten Sekretärinnen, Handwerker oder Hausfrauen gewesen sein.

Muriel trug Jeans und eine Bluse mit leuchtenden Farben. „Das New Age wird ein goldenes Zeitalter der Liebe, des Lichts und der Freude sein“, sagte sie. „Wir befinden uns schon jetzt in dem neuen Zeitalter des Wassermanns. Mächtige und unbekannte spirituelle

Energien ergießen sich über unseren Planeten. Die Menschheit wird ihr Selbstbewußtsein viel schneller entwickeln, da diese kosmischen Energien jeden Menschen persönlich erreichen werden.“

Gern hätte ich von Muriel weitere Erklärungen zu diesen Energien gehört, aber ich wollte sie nicht unterbrechen. Alle in der Runde schauten sie gebannt an und hingen geradezu an ihren Lippen.

Sie fuhr fort: „Das Bewußtsein des Menschen nennt man auch Persönlichkeit oder Über-Ich. Es befaßt sich vornehmlich mit Fragen der Selbsterhaltung und der Suche nach Freude und Glück. Man könnte auch sagen: Es macht sich Gedanken darüber, wie man zu Geld kommt, um zu überleben – und wie man möglichst gut lebt. Es beschäftigt sich damit, Freunde zu finden, um der Einsamkeit zu entgehen und sich in der Gesellschaft sicher zu fühlen. Es ist bemüht, den Fortpflanzungstrieb zu befriedigen und eine Familie zu gründen. Es beschäftigt sich mit pädagogischen und intellektuellen Errungenschaften, um unsere Zivilisation zu verstehen und erfolgreicher in unserer Welt zu funktionieren.“

Ich wollte auf die kosmischen Energien zurückkommen. „Muriel“, unterbrach ich sie, „du hast diese kosmischen Energien erwähnt. Könntest du genauer erklären, was das ist und woher sie kommen? Meinst du eine Art Weltraumstrahlung oder ähnliches?“

„Nein, Will“, erwiderte sie, „diese Energien haben eine viel höhere Schwingung als alles, was der Naturwissenschaft bekannt ist. Die kosmischen Energien erreichen uns aus dem äußeren Weltraum und entstehen in verschiedenen Sterngruppen, hauptsächlich aufgrund astrologischer Konstellationen. Es handelt sich um einzigartige Kräfte, die letzten Endes von Gott kommen. Diese Kräfte sind fein dosiert und trotzdem überaus wirkungsvoll. Sie aktivieren die spirituelle Natur des Menschen und beeinflussen durch Chakras das physiologische System.“

„Was sind Chakras?“ fragte ein anderer Kursteilnehmer.

Erleichtert stellte ich fest, daß ich nicht der einzige Unwissende in diesem Kreis war. Doch über Muriels Gesicht huschte ein Hauch von Ungeduld.

„Chakras sind die Nervenzentren der körpereigenen Energien“, erklärte sie. „Fünf dieser Zentren befinden sich an der Wirbelsäule, beginnend mit dem Basis-Chakra am unteren Ende. Die vier anderen Chakrazentren liegen an ganz bestimmten Punkten des Rückgrats. Das sechste Chakra ist von besonderer Bedeutung. Es heißt „Zentrum des dritten Auges“ und hat seinen Sitz hinter deiner Stirn.“

Muriel berührte ihre Stirn und zeigte uns die genaue Position. „Das siebte Zentrum befindet sich auf deinem Kopf, es wird als Kronen-Chakra bezeichnet."

Ich wollte wissen, wie die kosmischen Kräfte diese Chakras beeinflussen. Glücklicherweise begann Muriel mit der Erklärung, bevor ich sie danach fragen konnte. „Jeder New Age-Schüler kann diese kosmischen Energien durch Meditation empfangen. Sie führen zu einer enormen Bewußtseinserweiterung. Während die Energien der Chakras aufgenommen werden, kommt es in den menschlichen Gehirnzellen zu physiologischen Veränderungen. Die Chakras werden kräftiger und der Mensch wird sich mehr und mehr der eigenen Charakterstärke bewußt. Außerdem entwickeln sich Fähigkeiten und Qualitäten, die es nicht gäbe, wenn sich der Mensch nur auf dem Niveau der eigenen Persönlichkeit bewegen würde."

Interessant, dachte ich. Das ist also der Grund, warum östliche Gurus regelmäßig meditieren. Vielleicht nehmen sie wirklich umgewandelte kosmische Energie auf, die ihnen Weisheit verleiht. Vermutlich sollte ich der Meditation doch mehr Aufmerksamkeit widmen.

Dann sprach Muriel von der Notwendigkeit, Gott unser Leben zu übergeben, weil dadurch die Persönlichkeitsentwicklung in ungeahnter Weise beeinflußt werde. Die eigene Ziele würden dann nämlich durch das Verlangen ersetzt, Gott zu erkennen und sich seinem Willen unterzuordnen.

„Gott spricht durch unser Höheres Selbst zu uns", sagte sie. „Wenn wir dafür nicht empfindsam werden und dieses Selbst nicht weiterentwickeln, können wir keinen Kontakt mit Gott aufnehmen und schon gar nicht mit seinem göttlichen Bewußtsein eins werden. Jeder Mensch verfügt über ein Höheres Selbst, aber bei den meisten schlummert es im Unterbewußtsein. Um Verbindung mit diesem Bewußtsein aufzunehmen, das wissender ist als der normale Intellekt, müssen wir eine Brücke vom unteren Ich zum Höheren Selbst bauen. Der Besuch unserer Kurse und tägliche Meditation, wird euch befähigen, diese Brücke zu Gott zu schlagen. Das Symbol für diese Verbindung ist der Regenbogen."

Ich hatte schon oft über die Stimme Gottes, die zu den Menschen spricht, nachgedacht, und fragte mich, wie sie wohl klingen mochte. Jetzt fragte ich Muriel ganz direkt danach.

„Erwarte keine Stimme, die du mit deinen Ohren hören kannst", erklärte sie. „Es ist ganz anderes. Das Höhere Selbst spricht durch den Verstand zu dir, sobald du dich darauf eingestellt hast.

Darüber hinaus kann Gott auch durch seine Botschafter, die Meister, zu dir sprechen. Sie benutzen in solchen Fällen ebenfalls dein Höheres Selbst als Kanal, um mit dir in Verbindung zu treten. Sie sprechen durch dein Gewissen. Mit etwas Übung wirst du bald erkennen, was aus den höheren Sphären kommt."

Natürlich wollte ich wissen, wer diese Meister sind, die Muriel bereits mehrfach erwähnt hatte.

„Die Meister können uns Dinge befehlen, die wir selbst nicht tun wollen", fuhr sie fort. „Das alte Ich, die eigene Persönlichkeit, rebelliert. Gott weiß am besten was getan werden muß. Wenn du den Weg der Bewußtseinsentwicklung weitergehen willst, muß sich der niedere Wille deiner Persönlichkeit dem höheren Willen Gottes beugen. Nur im Gehorsam kannst du das Christusbewußtsein erlangen, jene herrliche Vereinigung mit Gott."

Muriel beschrieb, wie die Meister sie oft beauftragten, Dinge zu tun, die starken Glauben und großes Vertrauen erforderten. Ich gewann den Eindruck, daß die Meister so etwas wie geistige Führer sein mußten, mit denen Muriel Verbindung aufnehmen konnte. Sie veranschaulichte ihre Ausführungen mit einem praktischen Beispiel.

„Der Meister Koot Hoomi befahl mir, diese Wendeltreppe bauen zu lassen", sagte Muriel und wies auf die hintere Wand des Zimmers. Erst jetzt fiel mir die wunderschön verzierte Wendeltreppe auf, die offenbar zu einem Dachzimmer hinaufführte. „Mir war nicht klar, warum ich diesen Raum ausbauen sollte", fuhr sie fort. „Ich wußte nur, daß es sehr viel Geld kosten würde, ihn nach den Wünschen des Meisters herrichten zu lassen. Dennoch tat ich, was mir befohlen worden war, weil ich darauf vertraute, daß Gott einen Grund dafür haben würde, mich mit diesem Projekt zu beauftragen. Gott hat mich immer gesegnet. Oft wußte ich nicht, warum ich bestimmte Dinge tun sollte, aber ich vertraute ihm und befolgte seine Befehle. Später begriff ich dann, daß Gott wußte, was er tat. Letztlich wendete sich immer alles zum Guten. Du mußt lernen der Stimme Gottes zu vertrauen, wenn du sie während deiner Meditationen vernimmst."

Muriel machte eine Pause, als ob sie überlegte, was sie als nächstes sagen sollte. Ich fragte mich, ob ich ihr noch eine Frage stellen sollte, ohne sie aus dem Konzept zu bringen. Aber dann dachte ich: Wenn ich schon einmal hier bin, sollte ich versuchen, so viel wie möglich zu lernen.

„Muriel, warum sind wir eigentlich in einem neuen Zeitalter?"

„Wenn du den Nachthimmel betrachtest, kannst du die astrologischen Konstellationen am Firmament erkennen, zum Beispiel den

Stier oder den Widder. Wenn du diese Konstellationen ein Jahr lang beobachten würdest, könntest du feststellen, daß sich ihre Position vor dem Hintergrund des Universums geringfügig verändert. In den verflossenen zweitausend Jahren haben sich die Sternbilder auf ihrem Kreisbogen um ein Zwölftel verschoben, etwa so, wie sich der Uhrzeiger von drei auf vier Uhr bewegt."

Eigentlich hatte ich schon immer Interesse an der Astrologie gehabt. Vielleicht belege ich einen entsprechenden Kurs, dachte ich, während Muriel weitersprach.

„In den vergangenen zwei Jahrtausenden befanden wir uns im Tierkreiszeichen der Fische, deshalb sprechen wir vom Fisch-Zeitalter. Kürzlich sind wir in das Zeichen des Wassermanns eingetreten; seitdem sprechen wir vom Zeitalter des Wassermanns. Jedes Zeitalter löst neue kosmische Energien aus, die das Bewußtsein der Menschheit beeinflussen. Aber genug davon, es wird Zeit für unsere Meditation."

Sie ging hinüber zu einem altarähnlichen Tisch am anderen Ende des Raumes und zündete zwei Kerzen und etwas Weihrauch an. Auf dem Altar entdeckte ich mehrere eingerahmte Bilder von verschiedenen Personen; einige von ihnen trugen einen Turban. Ich vermutete, daß es sich um Abbildungen der Meister handelte.

Das Licht im Raum wurde gedrosselt. Muriel kehrte auf ihren Platz zurück. Wir schlossen die Augen und legte die Hände in den Schoß.

Muriel sagte: „Setzt euch bequem, aber in aufrechter Haltung hin. Entspannt euch und habt Frieden in der Gegenwart Gottes."

In der nun folgenden absoluten Stille fühlte ich mich sehr unwohl. Ich hoffte nur, nicht in einen religiösen Kult gelockt worden zu sein. Der abgedunkelte Raum und die Grabesstille ließen mich schaudern. Ich konnte dem allen nichts Positives abgewinnen, sondern spürte eher den Hauch einer unsichtbaren Gefahr. Rein vom Empfinden her dachte ich, daß ich hier nicht auf Dauer bleiben würde. Aber nun war ich einmal da und beruhigte mich mit dem Gedanken, daß ich diese Dinge einfach nicht gewöhnt war und diese Gruppe in Wirklichkeit ganz harmlos sei. Im übrigen meinte ich, den Kurs jederzeit abbrechen zu können, wenn mir irgend etwas verdächtig vorkam. So begann ich mich weiter zu entspannten.

Nach einer Weile durchbrach Muriel die Stille. „Stellt euch einen goldenen Lichtstrahl vor, der direkt von der Sonne kommt. Stellt euch vor, wie er euch anstrahlt. Atmet langsam tief ein. Nun stellt euch vor, wie das Licht aus eurem Kopf hervorquillt, wie eine

Lichtdusche. Dieser Lichtstrahl soll die drei äußeren Blütenblätter des Herz-Chakras öffnen.“

Das Herz-Chakra, so behaupten die New Age-Anhänger, ist ein wichtiges Nervenzentrum der Energie. Es liegt an der Wirbelsäule in der Nähe des Herzens. Im Hinduismus wird es symbolisch durch eine zwölfblättrige Lotusblüte dargestellt.

Es war mir nicht möglich, mich völlig auf die Vorstellung des Lichtstroms zu konzentrieren. Meine Gedanken schweiften immer wieder ab zu anderen Dingen. Muriel fuhr fort und gab Schritt für Schritt Anweisungen für die Atemtechnik, für die Visualisierung des Lichts und das Sprechen von kurzen Anrufungsgebeten. Zum Schluß stellten wir uns vor, in einem schönen Garten, dem Garten der Seele, unter einem Baum zu sitzen.

Diese Techniken sollten dazu dienen, den Verstand, den Körper und die Gefühle in Einklang zu bringen. Darüber hinaus sollten sie uns darauf vorbereiten, durch das Höhere Selbst mit den Meistern zu kommunizieren.

Nach ungefähr fünf Minuten stiller Meditation redete Muriel weiter. „Wir laden die Gegenwart und die Energie unseres geliebten Meisters Djwhal Khul ein.“

Djwhal Khul? Wer ist das? dachte ich verwundert.

„Geliebter Djwhal Khul, wir fühlen uns durch deine Anwesenheit geehrt. Wir bewundern dein opferbereites und liebevolles Wesen. Wir bitten dich, in unsere Gruppe zu kommen und zu uns zu sprechen, auf daß wir an deiner großen Weisheit teilhaben können. Wir sind dankbar dafür, heute abend dein Medium zu sein.“

Unvermittelt begann Muriel in einer Weise zu sprechen, die sich sehr von ihrer üblichen Rede unterschied.

„Es freut mich, heute abend hier sein zu dürfen“, sagte sie. „In den vergangenen Wochen ist mehr Licht in diese Gruppe gekommen. Wir in der Hierarchie sind sehr glücklich über die Hingabe der Mitglieder dieses erleuchteten Kreises. Doch es gibt noch viel zu tun.“

Es schien so, als spräche der spirituelle Führer Djwhal Khul durch Muriel hindurch, um unserer Gruppe seine Gedanken mitzuteilen. Ich hörte weiter interessiert zu, fragte mich aber doch, ob Muriel möglicherweise nur aus ihrem eigenen Unterbewußtsein heraus redete. Vielleicht war dieser Djwhal Khul nichts weiter als eine Phantasiegestalt, um einen ganz bestimmten Eindruck zu erwecken.

„Benutzt nicht eueren Verstand, um die großen Geheimnisse der göttlichen Sphären zu entdecken“, ließ uns der Meister durch Muriel wissen. „Es ist besser für euch, einfach in dem augenblicklichen Licht zu meditieren und den Prozeß göttlicher Eingebung und Erleuchtung zuzulassen, der euch Wissen und Weisheit bringt. Wenn ein Schüler zu sehr seinen Intellekt gebraucht, behindert das die Entwicklung seines höheren Bewußtseins. Geht direkt zur Quelle allen Wissens und aller Weisheit. Hört auf die Stimme Gottes."

Für einen Augenblick schwieg Muriel. Mir war aufgefallen, daß ihr sprachlicher Ausdruck sich auf einer höheren Ebene als sonst üblich bewegte, sobald Djwhal Khul durch sie sprach. Ansonsten erschien mir ihre Stimme mehr oder weniger natürlich.

Sie bat Djwhal Khul um einige Kommentare. „Geliebter Meister. Wir möchten heute abend über die Liebe reden. Wir fragen uns, ob du uns etwas über diese wunderschöne Eigenschaft mitteilen möchtest."

Nach kurzem Schweigen fuhr Muriel fort, Djwhal Khul wiederzugeben. „Vergeßt niemals, daß die Liebe die größte Macht des Universum ist. Liebt alles um euch herum. Bewahrt die Worte meines Mitbruders, des Meisters Jesus, in euren Herzen. Als er vor zweitausend Jahren über die Erde ging, forderte er, daß wir sogar unsere Feinde lieben sollen."

Interessant, dachte ich. Offenbar beansprucht Djwhal Khul für sich, daß Jesus Christus sein Bruder ist. Mußte man daraus nicht schließen, daß Jesus einer der Meister ist?

„Sobald sich die Energien des Neuen Zeitalters auf unserem Planeten weiter gefestigt haben", setzte Muriel fort, „werdet ihr bemerken, daß die Menschen aller Gesellschaftsschichten sich in brüderlicher Liebe begegnen werden. Das wird wahrhaft das goldene Zeitalter der Liebe sein; es wird die Errichtung des himmlischen Königreiches auf Erden sein, wie es der geliebte Jesus versprochen hat. Meditiert jeden Tag. Lebt ein Leben voller Mitgefühl und Liebe. Ich sage euch Lebewohl."

Es folgten einige Augenblicke tiefen Schweigens. Dann gab Muriel bekannt: „Wir werden jetzt nacheinander in unserem erleuchteten Kreis den Meister Jesus durch uns sprechen lassen."

Mir wurde immer unbehaglicher. Das Ganze bekam mehr und mehr den Charakter einer religiösen Handlung.

„Ich möchte, daß ihr euch entspannt", wies sie uns an. „Wenn ihr mit dem Channeling an der Reihe seid, formuliert genau die Gedanken in Worte, die ihr gerade in euerem Sinn habt. Seht es als den Beginn einer Entwicklung an, während der Meditation die Gedanken des Höheren Selbst wiederzugeben. Wir werden mit Larry anfangen und dann rechtsherum im Kreis weitergehen."

Ich überlegte, was geschehen würde, wenn ich an der Reihe war. Da ich noch nie zuvor etwas ähnliches erlebt hatte, fürchtete ich, besessen zu werden, oder noch schlimmer, daß sich bei mir gar nichts tat und ich absolut nichts zu sagen wüßte. Ich wollte vor der Gruppe auf keinen Fall in eine peinliche Situation geraten.

Muriel begann das Gruppen-Channeling mit einer kurzen Anrufung der Gottheit. „Wir sehen Larry von einem goldenen Licht umgeben und seinem Höheren Selbst zugewendet", sagte sie. „In der Kraft unseres geliebten Meisters Jesus bitten wir darum, daß Larry uns eine Botschaft der Wahrheit übermittelt."

Larry überbrachte seine Mitteilung in der gleichen Weise, wie das Muriel zuvor getan hatte, nur das die Botschaft ein wenig kürzer war.

Muriel ging der Reihe nach von einem Gruppenmitglied zum nächsten. Sie wiederholte die Anrufung der Gottheit und gestattete dann jeder Person, eine Mitteilung weiterzugeben, die angeblich vom Meister Jesus war.

Jedesmal wenn ein Gruppenmitglied eine Botschaft weiterleitete, leuchtet plötzlich an der Innenseite meiner Stirn ein helles Licht auf. Es war, als ob jemand in meinem Gehirn eine elektrische Glühlampe eingeschaltet hätte. Zuerst vermutete ich, daß vielleicht jemand die Zimmerbeleuchtung betätigt hatte. Deshalb öffnete ich die Augen, doch der Raum war nach wie vor abgedunkelt. Also schloß ich die Augen wieder.

Das helle Licht war immer noch da. Unmöglich, daß ich mir das nur einbildete. Es schien so, als habe in meinen Gehirnzellen wirklich eine physiologische Veränderung stattgefunden, die für den Schein hinter meiner Stirn verantwortlich war. Ich fühlte mich angenehm entspannt und voller Frieden. War dieser mystische Effekt möglicherweise das Ergebnis kosmischer Energie, die auf mein Chakra des dritten Auges, das angeblich seinen Sitz in der Stirn hat, fiel?

Schließlich war die Reihe an mir. Muriel wiederholte die Anrufung. Für einige Augenblicke saß ich schweigend da und fragte mich, was ich sagen sollte. Ich zögerte zu reden, weil ich fürchtete, etwas Falsches zu sagen. Alles was mir in der Not einfiel, waren die Worte: Habt einander lieb!

Also sagte ich: „Habt einander lieb."

Muriel gab sofort an die nächste Person weiter. Schließlich hatte jeder in der Gruppe einmal gesprochen.

Einige Augenblicke war es still, dann sprach Muriel erneut: „Wenn ihr diese Woche zu Hause meditiert, bitte ich euch, in den

Garten euerer Seelen zu gehen und euch unter einem fliederfarbenen Baum der Stärke zu setzen. Wenn ihr unter ihm meditiert, wird euere Willenskraft gestärkt."

Es folgte eine weitere Pause. Dann meinte Muriel, wir sollten uns vorstellen, wie sich das kosmische Licht von unserem Zentrum aus über ganz Amerika ausbreitet: zum Präsidenten und den Regierungsbeamten in Washington, zu den Vereinten Nationen in New York und schließlich über den ganzen Planeten.

„Laßt uns nun zusammen drei ‚Om's' sprechen", kündigte Muriel an.

Einstimmig erklangen in der Gruppe drei lange Töne, jedesmal wurde vorher tief eingeatmet: „Oooooooommmmmmmmmm."

Das Geräusch war ziemlich laut. Ich fragte mich, ob uns jemand in den Büros nebenan hören könnte, und wenn ja, was die wohl denken würden? Nach dem abschließenden „Om" sprachen alle Muriel ein Gebet nach, das als die große Anrufung der Gottheit bekannt war. Da ich den Text nicht kannte, schwieg ich.

Als ich anschließend nach Hause fuhr, war mein Kopf voller Fragen. Wer sind diese Meister, deren angebliche Botschaften wir weiterleiteten? Lebt Jesus Christus tatsächlich noch irgendwo? Wie viele Meister gibt es? Handelt es sich um Menschen – etwa noch lebende Gurus – oder sind es körperlose Geistwesen? In welcher Beziehung stehen die Meister zu Gott? War Jesus tatsächlich einer aus der Gruppe der Meister?

Die Tatsache, daß Muriel von Gott und Jesus Christus sprach, irritierte mich. Ich wollte nicht in einen religiösen Kult hineingezogen werden. Mein Verstand sagte mir, daß die Meister vermutlich nur in Muriels Phantasie existierten; daß sie in Wirklichkeit aus den Tiefen ihres Unterbewußtseins heraus sprach. Aber das geheimnisvolle Licht, das plötzlich hinter meiner Stirn geleuchtet hatte, ließ sich damit nicht erklären. Wie sollte ich das einordnen? Ich war sicher, mir das nicht eingebildet zu haben. Woher kam also dieses Licht? Inwiefern würde es mich beeinflussen? Die Neugier veranlaßte mich schließlich, auch in den folgenden Wochen den Kurs im „Erleuchteten Weg" zu besuchen.

Bei der nächsten Sitzung war die Zusammensetzung der Gruppe ähnlich wie in der Woche zuvor. Erstaunlicherweise leuchtete zu einem bestimmten Zeitpunkt während der Meditation wieder das Licht hinter meiner Stirn auf. Es war, als würde in meinem Kopf wieder eine Glühlampe eingeschaltet. Dieses Mal rief Muriel die Gegenwart und Energie des Meisters Maitreya (buddh.: Der Liebende) an. Sie nannte ihn den Christus. Ich hatte immer angenommen, daß Jesus der Christus war, aber anscheinend trug auch Maitreya diesen Titel, was immer er bedeuten mochte.

Als ich an der Reihe war, Worte dieses Meisters zu übermitteln, wiederholte Muriel die Anrufung: „Wir sehen Will in der Sphäre des goldenen Christuslichts. Er wird zu seinem Höheren Selbst ausgerichtet, um eine Botschaft voller Weisheit des Meisters Maitreya weiterzugeben."

„Die Energien des New Age sind jetzt auf unserem Planeten viel stärker", sagte ich stockend. „Die Veränderung der Zivilisation wird schneller stattfinden. Das wird einen Aufruhr auslösen und andere schlimme Folgen haben, aber am Ende wird die Menschheit gesegnet und in das goldene Zeitalter hineingeführt werden."

Ich bemerkte, daß ich diesmal fähig war, eine längere Mitteilung als in der Woche zuvor zu übermitteln. Mit einer einzigen kleinen Idee im Kopf hatte ich angefangen. Ich wußte nicht, wo sie herkam, aber als ich zu sprechen begann, schienen die Worte nur so aus mir herauszufließen. Aber dann brachen sie plötzlich ab.

Nachdem jeder im Kreis einmal mit dem Channeling an der Reihe gewesen war, kündigte Muriel an: „Wir werden uns nun in kleine Gruppen aufteilen und ein sogenanntes Dreierchanneling praktizieren. Leitet die übersinnlichen Mitteilungen, die ihr jetzt von euerem Höheren Selbst empfangt, aneinander weiter."

Die Leute in dem erleuchteten Kreis teilten sich in Dreiergruppen auf. Muriel stellte mich zwei Frauen vor, mit denen ich zusammen arbeiten sollte. Rosie, die eine der beiden, war eine hübsche, sympathische Frau Mitte Zwanzig. Wir saßen im Dreieck auf dem Teppichboden. Wir vereinbarten, daß Rosie anfangen und mir eine Mitteilung weitergeben sollte.

Wir schlossen die Augen zur Meditation. Die andere Frau sagte: „Wir sehen Rosie in der Mitte eines Dreieckes aus goldenem Licht. In diesem Christuslicht wird Rosie zu ihrem Höheren Selbst ausgerichtet und befähigt, eine Botschaft voller Weisheit an Will weiterzuleiten."

Ich öffnete die Augen und entspannte mich, während Rosie meditierend in sich versunken zu sein schien. Als sie zu sprechen begann, flossen die Worte sehr langsam und schwerfällig, so, als ob sie sich anstrengen müsse, die Nachricht in ihrem Verstand wahrzunehmen. „Du hast kürzlich an eine bestimmte Frau gedacht", sagte Rosie. „Sie hat in der Vergangenheit einen starken Einfluß auf dein Leben gehabt. Ihr Name ist Jenny ... Jenny ... Jenny James ..."

Ich war überwältigt. Was Rosie gesagt hatte, war verblüffend genau. Als ich noch in England wohnte, hatte ich eine Frau gekannt, die Jenny James hieß. Jenny war Psychologin und eine persönliche Freundin, die mein Leben tatsächlich stark beeinflußt hatte.

Rosie fuhr fort. „Sie trägt langes schwarzes Haar. Deine Beziehung zu ihr war keine Liebesaffäre, sie war rein freundschaftlicher Art, aber dennoch stark und prägend."

Ich wußte nicht, was ich sagen sollte. Alles, was Rosie gesagt hatte, stimmte. Ich hatte seit etwa drei Jahren keinen Kontakt mehr zu Jenny gehabt, aber immer noch spürte ich ihren Einfluß auf mein Leben. Sie war eine New Age-Anhängerin und hatte mich in die Astrologie eingeführt.

Ich wartete gespannt, was Rosie weiter sagen würde. Schließlich begann sie wieder zu sprechen: „Du wirst nie wieder Kontakt zu ihr haben."

Erregt erzählte ich den beiden Frauen, daß alles, was Rosie weitergeleitet hatte, den Tatsachen entsprach.

Nach Ende des Unterrichts eilte ich in den Aufenthaltsraum, um mit Rosie zu sprechen. „Praktizierst du diese Art des Channeling schon lange?" „Nein, überhaupt nicht", antwortete sie, „das ist der erste Kurs, den ich besuche."

Ich war überrascht; denn ich hatte angenommen, sie sei ein erfahrenes Medium. „Willst du damit sagen, daß du noch nie Botschaften weitergeleitet hast, bevor du heute abend in diese Klasse gekommen bist?" fragte ich. „Ja, genau das meine ich! Es ist das erste Mal."

„Kaum zu glauben", rief ich aus, „du scheinst wirklich übersinnliche Fähigkeiten zu besitzen."

Nach diesem Gespräch ging ich in den Buchladen des Zentrums, um mir Literatur über das neue Wissen zu besorgen. Ich wollte mehr über diese Kräfte erfahren und herausfinden, wer die Meister waren, jene Geistwesen, mit denen der „Erleuchtete Weg" in engem Kontakt zu sein schien. Schließlich verließ ich das Zentrum mit einem Stapel Bücher unter dem Arm. Ich war durch das, was ich an diesem Abend erlebt hatte, innerlich ziemlich aufgewühlt.

Meine anfängliche Skepsis über die Techniken des Channeling brach an diesem Tag zusammen. Für mich waren Rosies Botschaften der Beweis dafür, daß es durch Meditation möglich ist, in Gebiete des Bewußtseins und Wissens vorzudringen, die dem Menschen normalerweise unzugänglich sind.

Rosies Botschaften hatten mich weit mehr beeindruckt als Muriels übersinnliche Fähigkeiten. Während unserer spiritistischen Sitzungen hatte Muriel niemals den Namen einer Person erwähnt, die mit mir bekannt war. Es war also unmöglich, ihre Aussagen konkret zu überprüfen. Rosie dagegen hatte das Aussehen und den Charakter meiner Freundin Jenny völlig zutreffend beschrieben. Das war geradezu umwerfend!

Wäre ich in Gedanken bei Jenny James gewesen, während Rosie ihre Nachricht an mich weiterleitete, hätte ich annehmen können, daß Rosie meine Gedanken lesen konnte. Schon das wäre eine bemerkenswerte Leistung gewesen. Doch an diesem Abend hatte ich nicht an Jenny gedacht. Ich folgerte daraus, daß das Höhere Selbst, was immer darunter auch zu verstehen sein mochte, Zugang zu dem verborgenen Wissen der kosmischen Welt haben mußte.

Das merkwürdige Leuchten hinter meiner Stirn während der Meditation und bei Rosies Botschaften trugen entscheidend dazu bei, daß ich das Wissen und die Ideen der esoterischen Bücher von da an ziemlich kritiklos hinnahm. Ich studierte die Literatur eingehend, um immer tiefer in die aufregende New Age-Lehre einzudringen.

4 Das „Höhere Selbst"

Ich wußte nicht, wie ich es Cathy beibringen sollte. Als ich neben ihr saß, war ich verlegen und nervös. Das gelockte braune Haar fiel ihr anmutig auf die Schultern, und in ihren blauen Jeans und dem rosa Sweatshirt sah sie hübsch aus. Cathy und ich waren seit einigen Wochen eng befreundet. Heute wollten wir eigentlich gemeinsam an den Strand gehen.

Wie sollte ich ihr die Sache nur erklären? Das alles war so unvermittelt über mich hereingebrochen. Es geschah unmittelbar nach dem Aufwachen am Morgen. Eine innere Stimme gab mir klare und eindeutige Anweisungen.

Erst dachte ich, mein Gewissen rege sich, aber dann spürte ich, daß mein Höheres Selbst zu mir sprach. Zunächst glaubte ich, daß nicht wahr sein könne, was ich da hörte, doch dann begriff ich, daß es bitterer Ernst war.

Während ich die Stimme vernahm, verkrampfte sich alles in mir; denn die Befehle betrafen Cathy und mich. Ich merkte, daß ich der Stimme nicht entgehen konnte, nahm mir aber vor, die ganze Sache hinauszuschieben und eine günstige Gelegenheit abzuwarten, ehe ich mit meiner Freundin darüber sprach. Doch die Stimme war unerbittlich: „Nein, du mußt es ihr erzählen, sobald du sie triffst."

Als Cathy kam, drehte sich in meinem Kopf alles.

„Eh, ... Cathy ..." Meine Kehle war wir zugeschnürt. Ich bemühte mich, den Kloß im Hals loszuwerden, schluckte und setzte erneut an.

„Cathy, hör mir mal zu."

„Was ist los?" fragte sie ahnungslos.

„Ich habe schlechte Nachrichten für dich."

Sie rührte sich nicht.

„Es ist Schluß, wir werden uns nicht mehr wiedersehen."

Endlich war es heraus, und ich wunderte mich, wie leicht die Worte plötzlich gesprudelt kamen. Cathy antwortete nicht. Ob sie mich nicht verstanden hatte?

Plötzlich schrie sie: „Was?“ Sie drehte sich ruckartig um: „Was sagst du da?“

„Es ist Schluß mit uns beiden. Du mußt gehen. Ich kann es dir nicht erklären.“

Cathy sah mich verständnislos an.

„Es hat nichts mit dir zu tun“, versuchte ich sie zu beruhigen. „Es ist irgend etwas in mir. Ich kann es nicht beschreiben, aber als ich heute morgen aufgewacht bin, wußte ich, daß wir uns trennen müssen.“

Cathy konnte das alles nicht begreifen. Sie hielt mir vor: „Gestern abend hast du mir von all dem nichts erzählt. Ich glaubte, daß wir miteinander eine wunderschöne Zeit erleben könnten.“

Was sollte ich darauf antworten. Ich stand da, als wäre ich von einem Augenblick auf den anderen stumm geworden.

„Will, bist du sicher, daß du noch ganz dicht bist?“ fauchte sie mich an.

„Cathy, ich bin in Ordnung. Glaube mir, das hat überhaupt nichts mit dir zu tun. Du hast nichts falsch gemacht. Ich fühle nur, daß ich etwas Abstand brauche, etwas Zeit um... um... zu... zu..., um meine religiösen Bücher zu studieren.“

Mit war nicht wohl in meiner Haut, denn ich spürte, wie lahm diese Begründung war. Ich stotterte, meine Kehle sei völlig ausgedörrt, ich müsse dringend ein Glas Wasser trinken. Um Zeit zu gewinnen, stürzte ich aus dem Zimmer und rannte in die Küche. Dabei rief ich mir noch einmal ins Gedächtnis zurück, was am Morgen passiert war.

Kein Zweifel, die innere Stimme hatte unüberhörbar und unmißverständlich zu mir gesprochen: „Beende deine Beziehung mit Cathy. Sie muß gehen. Du brauchst mehr Zeit, um die esoterischen Bücher zu studieren.“

Natürlich fiel es mir schwer, die Verbindung zu Cathy mir nichts dir nichts abzubrechen. Ganz abgesehen davon, daß die Begründung dafür keinem normal denkenden Menschen einleuchten konnte. Schon gar nicht Cathy, denn sie wußte nichts von meinen metaphysischen Interessen.

Mir war klar, daß sie mich für verrückt halten mußte. Ich versuchte mich mit dem Gedanken zu trösten, daß die Meister mir sicher gestatten würden, meine Freundin zu heiraten, sobald die Zeit dafür reif war.

Als ich ins Wohnzimmer zurückkehrte, saß Cathy da und weinte. Nun fühlte ich mich erst recht elend. Einige Augenblicke stand ich bewegungslos da und wußte nicht, was ich tun sollte. Dann setzte ich mich zu ihr und legte meinen Arm um sie.

„Cathy, es tut mir so leid. Ich bin genauso traurig wie du. Glaube mir, ich habe nichts an dir auszusetzen und bin auch nicht böse auf dich."

„Warum willst du dann unsere Beziehung nicht fortsetzen?" fragte sie mit erstickter Stimme.

„Das ist nun einmal meine Bestimmung", antwortete ich.

Sie schwieg und bewegte sich nicht, sie saß einfach nur da und starrte in den Raum. Ich war verlegen, aber zugleich auch davon überzeugt, richtig zu handeln. Meine Entscheidung war endgültig. Ich spürte irgendwie, daß ich keinen anderen als diesen Weg gehen durfte.

Ich stand auf und fragte Cathy, ob ich ihr eine Tasse Kaffee machen solle. Sie schüttelte weinend den Kopf. Wieder vergingen einige Minuten des Schweigens. Schließlich ging ich zur Haustür. Cathy folgte mir. Ich drehte mich zu ihr um und drückte sie fest an mich. So nahmen wir Abschied voneinander und gingen fortan getrennte Wege.

Seit ich begonnen hatte, die Kurse des „Erleuchteten Weges" zu besuchen, waren einige Monate vergangen. Inzwischen nutzte ich jede freie Minute, um mich durch die gekaufte Literatur hindurchzuarbeiten. In einem der Kurse war das Buch „Eine Abhandlung der Weißen Magie" von Alice Bailey Pflichtlektüre. Es beschreibt, wie das Medium Djwhal Khul seiner Jüngerin Alice Bailey auf telepathischem Wege die Grundsätze der Weißen Magie diktiert hat.

Diese Frau lebte in Amerika und begann ihre schriftstellerische Karriere damit, daß sie 1919 niederschrieb, was ihr der spirituelle Meister Djwhal Khul auf geheimnisvolle Weise mitgeteilt hatte. Der „Erleuchtete Weg" verfügte über etwa zwanzig verschiedene Titel, deren Inhalt Alice Bailey angeblich auf demselben Wege von Djwhal Khul empfangen haben wollte.

Während ich diese Bücher studierte und an den Kursen des „Erleuchteten Weges" teilnahm, verdichtete sich bei mir der Eindruck, daß ich nicht rein zufällig mit dem New Age-Zentrum in Berührung gekommen sein konnte. Offenbar gehörte das zum Plan überirdischer Mächte, die sich vorgenommen hatten, mein Leben in eine ganz bestimmte Richtung zu lenken. Nach und nach war ich mir sicher, daß ich dazu bestimmt war, ein Teil der New Age-Bewegung zu werden, der großen Offenbarung „Gottes" und seiner Pläne für den Planeten Erde.

Ein paar Wochen nachdem ich mich von Cathy getrennt hatte, streikte der Motor meines grünen Ford Pinto. Der Kolben hatte sich festgefressen. Da ich eine Zeitlang als Automechaniker gearbeitet hatte, entschloß ich mich, den Motor selbst zu reparieren. Ich stand also an einem Samstag sehr früh auf. Den nötigen Flaschenzug hatte ich mir ausgeliehen, und in der Garage hatte ich Platz geschaffen, um ungehindert arbeiten zu können.

Für das Frühstück nahm ich mir nicht viel Zeit, denn ich wollte den „chirurgischen Eingriff" möglichst schnell hinter mich bringen. Normalerweise meditierte ich regelmäßig nach dem Frühstück. Aber an diesem Morgen ließ ich die Meditation ausfallen.

Während ich meinen Mechanikeroverall überzog, meldete sich plötzlich die innere Stimme und forderte mich auf, zu meditieren. Da ich die Reparatur nicht aufschieben wollte, tat ich so, als hätte ich nichts gehört. Aber die Stimme gab keine Ruhe. Schließlich gab ich nach und beschloß, mir wenigstens ein paar Minuten Zeit zu nehmen.

Ich setzte mich im Schlafzimmer mit gekreuzten Beinen auf den Teppichboden. Nachdem ich die Anrufungs- und Visualisierungsrituale hinter mich gebracht hatte, tauchte ich in die Stille der Meditation ein.

Meine Gedanken ordneten sich. Die innere Stimme sprach: „Mit der Reparatur des alten Autos vergeudest du nur Zeit. Du bewegst dich immer noch in den alten Verhaltensmustern, aus denen du längst herausgewachsen sein solltest. Verschrotte das Wrack und kaufe dir einen fabrikneuen Wagen."

Offenbar wollte mein Höheres Selbst nicht zusehen, wie ich meine kostbare Zeit mit der Reparatur alter Autos verschwendete. Ich solle, so drängte die Stimme, meine Zeit lieber zur Meditation, zur Verinnerlichung und zum Studium von New Age-Literatur nutzen. „Du mußt noch ein viel tieferes Verständnis für die Bücher von Alice Bailey bekommen", sagte die Stimme.

Ich staunte, wie klar und logisch mein Denken durch die Meditation wurde. Es schien, als täten sich völlig neue Wege der Wahrnehmung vor mir auf. Deutlich erkannte ich die Torheit meines alten Denkens und meines bisherigen Verhaltens. Obwohl es meinen Ehrgeiz befriedigte, wenn mir knifflige Reparaturen gelangen, war mir plötzlich bewußt, daß ich damit wertvolle Zeit und Energie verschwendete.

Andererseits sagte mir der gesunde Menschenverstand, daß meine finanzielle Lage den Kauf eines neuen Autos gar nicht zuließ. Ich solle mich also gefälligst an die Arbeit machen, denn sonst bekäme ich nicht einmal genug Geld für eine Anzahlung zusammen.

„Dein Denken bewegt sich immer noch in längst überholten Bahnen", warf mein Höheres Selbst ein. „Laß dein altes Ich los. Deine beschränkte und kleinkarierte Einstellung hindert dich nur am geistigen Wachstum und in der charakterlichen Entwicklung. Verschrotte dein Auto und vertraue auf Gott. Laß ihn deine finanziellen Angelegenheiten in die Hand nehmen."

Widerstrebend entschied ich mich, dieses Wagnis des Glaubens einzugehen. Ich beendete die Meditation mit dem Aufsagen des großen Anrufungsgebets, zog den Overall aus und rief einen Abschleppdienst an, um die Verschrottung des alten Autos zu organisieren.

Die Prozeduren der Meditation bewegten sich bei mir nicht nur in metaphysischen Bereichen, sondern hatten durchaus praktische Bezüge. Jedenfalls war ich erstaunt, wie folgerichtig mein Höheres Selbst mir klargemacht hatte, daß die Reparatur des alten Wagens töricht sei.

Durch das Hören auf die innere Stimme konnte ich mein altes Denkschema und die gewohnten Verhaltensweisen tatsächlich durchbrechen. Jetzt endlich verstand ich, was Muriel meinte, wenn sie den Prozeß der Veränderung erklärte, der schließlich zu mehr Weisheit des Höheren Selbst führt. Ich sah, daß es unmöglich sein würde, mein Ich, mein Bewußtsein und mein Handeln zu verändern, ohne die Verbindung zu meiner alten Persönlichkeit abzubrechen.

Immer wieder betonte Muriel die Notwendigkeit, daß das Höhere Selbst die Kontrolle über die Persönlichkeit bekommen müsse. Das Niedere Ich, mit seinen Verhaltensmustern und seinen unwirksamen Methoden und Funktionen mußte fallengelassen werden. Und Muriel hämmerte uns ein, daß nur ein Weg zu dem überlegenen Bewußtsein des Höheren Selbst führt: regelmäßige Meditation.

Die Ratschläge, wie ich mit meinem Ford Pinto umzugehen habe, zeigten mir, daß sich in mir noch vieles verändern mußte. Wenn ich darüber nachdachte, welche ungeahnten Möglichkeiten mir die Meditation bot, wurde ich ganz aufgeregt. Vermutlich konnte ich weise werden und möglicherweise einen untrüglichen Instinkt für vorteilhafte Geschäfte entwickeln. Vielleicht würde ich auch Fähigkeiten entwickeln, von denen ich bisher keine Ahnung hatte.

Jedenfalls nahm ich mir vor, den kosmischen Strom der Weisheit so oft wie möglich anzuzapfen, um auch beruflich auf Erfolgskurs zu gehen. Wer weiß, vielleicht wartete sogar eine politische Karriere auf mich, in der es mir möglich sein würde, den Willen der „Meister" auszuführen.

Im Laufe der Woche erhielt ich während der Meditationen den Auftrag, ein bestimmtes Automodell zu kaufen. Die innere Stimme befahl: „Hole dir einen Plymouth Champ. Das ist das ideale Auto für dich. Die Meister möchten, daß du einen Champ besitzt."

Ich konnte nicht verstehen, warum ich ausgerechnet dieses Modell kaufen sollte. Wenn ich selbst zu bestimmen gehabt hätte, wäre meine Wahl nie auf solch ein Auto gefallen. Ich hielt das für überzogen und machte mich deshalb auf den Weg zu einem VW-Händler, um mir einen Scirocco anzusehen – ein Auto, mit dem ich schon längere Zeit geliebäugelt hatte.

Unterwegs redete die innere Stimme erneut auf mich ein. Sie war genauso deutlich wie in der Meditation: „Kaufe einen Plymouth Champ. Du verschwendest nur Zeit, wenn du den Volkswagenhändler besuchst. Also los, kaufe einen Plymouth Champ; das ist das beste Auto für dich."

Ich war überrascht, wie eindringlich und bestimmt die Stimme zu mir sprach. Ich ärgerte mich darüber, daß sie sich ständig in meine Entscheidungen einmischte. Wenn ich schon ein neues Auto kaufte, dann wollte ich den Wagen auch selbst aussuchen. Ich fragte mich während der Fahrt, ob hier wirklich mein Höheres Selbst sprach, oder lediglich irgendwelcher Gedankenmüll aus dem Unterbewußtsein aufgestiegen war.

Die innere Stimme bewußt ignorierend, setzte ich den Weg zum Volkswagenhändler fort. Ich machte eine Probefahrt mit dem Scirocco und stellte fest, daß er eine wunderbare Straßenlage hat. Aber plötzlich war die Stimme wieder da: „Du verschwendest nur Zeit. Die Meister möchten, daß du einen Plymouth Champ kaufst. Gehorche deinem Höheren Selbst. Wir wissen, was für dich gut ist. Vergiß den Volkswagen und kaufe dir einen Plymouth Champ." Der Volkswagenhändler versuchte sein Bestes, um mir den Scirocco zu verkaufen, aber er ahnte natürlich nicht, daß er gegen einen unsichtbaren Konkurrenten kämpfen mußte.

Ich verließ den Händler in gereizter Stimmung und machte mich auf den Weg zu einer Toyota-Vertretung. Ich wollte die Entscheidung über die Wahl eines neuen Autos immer noch nicht der inneren Stimme überlassen. Auf halber Strecke begann sie wieder zu reden: „Warum hörst du nicht? Wir haben dir doch schon erklärt daß der Champ das beste Auto für dich ist. Du verschwendest nur Zeit, wenn du zum Toyota-Händler fährst. Kaufe einen Plymouth Champ."

Entnervt fragte ich mich, wer wohl mit dem „Wir" gemeint sein mochte? Redeten etwa die Meister durch das Medium meines Höheren Selbst zu mir?

Die Stimme war so deutlich, daß ich von der Landstraße abbog und den geliehenen Pick-up parkte. Um mir Klarheit zu verschaffen, begann ich an Ort und Stelle zu meditieren. Nachdem ich die üblichen Gebete gesprochen und die metaphorischen Rituale durchlaufen hatte, entspannte ich mich zur Meditation. Sofort meldete sich wieder die innere Stimme. „Nimm den Plymouth Champ", riet sie „es ist das richtige Auto für dich. Es wird dir gefallen."

Ich fragte mich, ob es wirklich vernünftig gewesen war, meinen alten Pinto zu verschrotten. Doch plötzlich hatte ich den Eindruck, daß mein Einkommen ausreichen würde, um ein neues Auto zu kaufen. Meine Vernunft protestierte zwar dagegen und wies mich auf den derzeitigen Kontostand hin, aber wenn das Höhere Selbst anderer Meinung war, mußte doch wohl alles seine Richtigkeit haben.

Nun endlich war ich entschlossen, das Experiment zu wagen, indem ich tat, was die Stimme befahl. Sollte sich dabei herausstellen, daß der Champ doch nicht das geeignete Fahrzeug für mich war, würde ich wenigstens wissen, daß das Höhere Selbst in technischen Angelegenheiten kein zuverlässiger Ratgeber ist.

Ich kehrte also um und fuhr zu einem Plymouthhändler. „Na endlich", meldete sich die Stimme, „du machst das Richtige. Laß dich nicht ablenken und vergiß die anderen Fahrzeuge. Nimm den Champ."

Ich staunte, wie ausdauernd die innere Stimme war. Sie schien meine Gedanken lesen und sich jederzeit in meine Überlegungen einschalten zu können. Dabei dachte sie mitunter völlig anders, als ich es normalerweise tat. Ich schlußfolgerte daraus, daß es sich um mein Höheres Selbst handeln müsse, das sich sowohl während wie auch außerhalb der Meditation zu Wort melden konnte. Offenbar war es den Meistern – oder gar dem „Geist Gottes"? – möglich, durch diese Stimme direkten Kontakt mit mir aufzunehmen.

So gelangte ich allmählich zu der Überzeugung, daß ich mit dem Segen „Gottes" rechnen konnte, solange ich der Stimme meines Höheren Selbst gehorchte. Schließlich war ich davon überzeugt, daß diese innere Stimme mir dazu verhelfen würde, die Freuden des New Age zu erfahren, materiell gesegnet zu sein und zur eigentlichen Bestimmung meines Lebens zu gelangen.

Je mehr ich meditierte, desto besser gelang es mir, die innere Stimme wahrzunehmen. Darüber hinaus wurde es immer leichter, ihre Botschaften während der Gruppensitzungen wiederzugeben. Das Geheimnis schien darin zu liegen, durch Übung und Ausdauer die Fähigkeit zu entwickeln, die Stimme des Höheren Selbst von den natürlichen Eingebungen und Überlegungen der Vernunft zu unterscheiden.

Ich leitete die Gruppen als Medium, indem ich die Gedanken meines Höheren Selbst formulierte. Sobald ich zu sprechen begann, erlangten meine Worte ihr eigenes Leben, so daß ich lange Mitteilungen weitergeben konnte. Ich verstand den Dienst als Medium immer so, daß der Meister durch mein Höheres Selbst sprach und die Gruppe leitete. Es befriedigte mich, von den Meistern als Mittelsperson gebraucht zu werden, um ihren „göttlichen Dienst" auszuführen.

Während meiner Meditationen hatte ich das Empfinden, daß der übernatürliche goldenweiße Lichtstrahl jetzt oft an der Vorderseite meiner Stirn leuchtete. Manchmal war der Schein auch lila oder violett gefärbt.

Eines Tages erkundigte ich mich bei Muriel nach der Bedeutung dieses Lichts. Sie erklärte, daß es durch das Zentrum des dritten Auges, eines bedeutenden Chakras, das in der Nähe der Zirbeldrüse im vorderen Teil des Gehirns liegt, verursacht wird.

Sie führte aus, daß durch die Meditation physiologische Veränderungen in den Gehirnzellen ablaufen würden, weil der Lichtstrahl umformend und verändernd wirke. Durch mein Studium der metaphysischen Bücher erfuhr ich, daß das Zentrum des dritten Auges angeblich eine Energiezentrale ist, oder ein „Chakra", daß psychische Fähigkeiten und spirituelle Eingebung miteinander verbindet. In den Büchern wurde behauptet, daß durch Meditieren tatsächlich kosmische Energie in die verschiedenen Chakras geleitet würde, um deren Energieniveaus zu erhöhen und das Wirken der „göttlichen Kraft" zu fördern.

Muriel erklärte, daß man durch die Entwicklung des Zentrums des dritten Auges ätherische Visionen empfangen und Zugang zur spirituellen Welt bekommen könne. Wenn dieses Zentrum voll entwickelt sei, könne man sogar Ereignisse, die an weit entfernten Orten geschehen, körperlich miterleben. Außerdem sei man fähig, die Gegenwart von Engeln oder anderer Wesen wahrzunehmen. Natürlich reizte mich das, und ich setzte alles daran, diese Fähigkeit zu erlangen.

Es schien so, als ob das eigentliche Ziel der Kurse des „Erleuchteten Weges" darin bestand, Menschen zu befähigen, ihr Höheres Selbst zu entdecken und es als Quelle der Orientierung und Weisheit zu nutzen. Immer wieder betonte Muriel, daß man sein Höheres Selbst nur durch gewissenhafte Meditation aktivieren könne. Außerdem wies sie nachdrücklich auf die Notwendigkeit hin, eine Brücke zwischen dem Tieferen Ich (Verstand) und dem Höheren Selbst (Seele oder Gott) zu bauen.

Im New Age-Sprachgebrauch nennt man diese Brücke Antaskarana. Sie wird durch einen Regenbogen symbolisiert und gewöhnlich als „Regenbogenbrücke“ bezeichnet. Das erklärt, warum der Regenbogen das gängige New Age-Symbol ist. Natürlich hat er nicht die gleiche Bedeutung wie sein biblisches Gegenstück, von dem im Vertrag Gottes mit Noah die Rede ist.

Es wurde mir beigebracht, daß sich das Bewußtsein und der Lebensstil eines Menschen völlig verändern müssen, wenn er wünscht, daß sein Denken und Wollen ganz unter die Herrschaft der Geister kommt.

Hätte ich meinem Höheren Selbst nicht gehorcht, als es mir befahl, die Beziehung zu Cathy abzubrechen, wäre die Entwicklung meines Bewußtseins beeinträchtigt worden, unabhängig von der Intensität meiner Meditation. Muriel betonte, daß dem Höheren Selbst gegenüber strikter Gehorsam geboten sei, wenn man das göttliche Bewußtsein erlangen wolle.

Die Trennung von Cathy, die Verschrottung des Pinto und der Kauf des Champ waren für mich die ersten Schritte auf einem Weg, der dahin führen sollte, daß die Stimme meines Höheren Selbst die absolute Kontrolle über mein Leben übernahm. Immer wieder empfing ich beim Meditieren spezielle „Anweisungen“, die zu drastischen Veränderungen in meinem Leben führten.

5 Der Meister erscheint

Stellen Sie sich einen einsamen Ort vor. Plötzlich steht eine von goldweißem Licht umstrahlte Gestalt vor Ihnen, deren Glanz Sie blendet. Eigentlich sollten Sie auf solch eine Erscheinung erschrocken reagieren, aber das ist merkwürdigerweise nicht der Fall. Von der Lichtgestalt geht ein wohltuender Einfluß aus, der Ihnen nicht angst macht, sondern Gedanken der Freude und des Friedens weckt.

Wahrscheinlich haben Sie so etwas noch nicht erlebt, aber wenn Sie sich in solch eine Situation hineindenken können, verstehen Sie, was ich am Morgen des 30. Oktober 1981 empfand. Da hatte ich nämlich solch eine merkwürdige Erscheinung. Es war genau ein Jahr nach meinem ersten Kontakt mit dem New Age-Zentrum „Erleuchteter Weg“. Mein erster Eindruck von dieser Lichtgestalt war: Das ist Christus!

Als ich an jenem Morgen aufstand, ahnte ich nicht, daß die Erscheinung des Meisters mein Leben grundlegend verändern würde. Damals wurde ich in die tiefsten Abgründe mystischer Erfahrungen gerissen und konnte die Welt danach nie wieder mit den gleichen Augen sehen.

Nach dem Duschen ging ich ins Schlafzimmer zurück, um meine morgendliche Meditation zu halten. Jeder Kursteilnehmer des „Erleuchteten Weges“ ist dazu verpflichtet, täglich eine persönliche Meditationssitzung durchzuführen.

In der hinduistisch-buddhistischen Art des Meditierens, die der „Erleuchtete Weg“ lehrt, ist es wichtig, daß der Meditierende eine möglichst aufrechte Körperhaltung beibehält. Angeblich soll dadurch das ungehinderte Fließen der mit dem Chakra verbundenen Energien ermöglicht werden. Mir fiel diese Meditationshaltung nicht leicht, da mich seit meiner Kindheit Rückenschmerzen plagen.

Das war auch an dem bewußten Morgen so. Als ich mich zur Meditation auf den Teppichboden des Schlafzimmers setzte und die

Beine kreuzte, schmerzte mein Rücken. Deshalb hatte ich vor, die Sitzung etwas abzukürzen. Doch dann erinnerte ich mich an die Worte des Meisters Djwhal Khul in einem seiner Bücher: „Ohne Meditation ist es unmöglich, den spirituellen Weg zu gehen."

Ich beherzigte den Rat und bemühte mich, so aufrecht wie möglich zu sitzen. Nachdem ich das vorbereitende Anrufen und Beten hinter mir hatte, verharrte ich still in der Meditation. Dabei kämpfte ich verbissen gegen den bohrenden Schmerz im Rücken und versuchte, den Körper trotzdem gerade zu halten. Denn ich wußte, daß diese Haltung für eine korrekte und wirksame Meditation notwendig ist.

Nach etwa drei Minuten hielt ich es nicht mehr aus, stand auf und streckte mich. Da ich nicht in der Verfassung zum Meditieren war, wollte ich mich fertig machen, um meiner Arbeit als Ingenieur nachzugehen. Doch da forderte mich die innere Stimme auf, einen zweiten Versuch zu machen. Ich setzte mich also wieder hin, kreuzte die Beine, schloß die Augen und wiederholte das Eingangsritual.

Im Bann einer geheimnisvollen Macht

Nach vier oder fünf Minuten waren die Rückenschmerzen so stark, daß sich meine Beine verkrampften. Doch dann überflutete mich plötzlich eine Kraft, wie ich sie noch nie verspürt hatte. Der ganze Körper wurde von einem Licht durchdrungen, das bis in die letzte Zelle strahlte.

Mein Gehirn schien davon besonders betroffen zu sein. Mir war, als leuchte eine 1000-Watt-Glühlampe auf. Die Rückenschmerzen waren verschwunden. Ich spürte den Einfluß der geheimnisvollen Macht geradezu körperlich. Es war, als würden kräftige Hände meinen Körper strecken, bis ich wieder völlig aufrecht saß; und das ohne Verspannungen und Schmerzen.

Obwohl diese Kraft mich regelrecht überfallen hatte, fühlte ich mich nicht bedrängt oder gar bedroht. Im Gegenteil, mich durchflutete tiefer Frieden. Allerdings hatte ich den Sinn für die Realität verloren. Mir war, als schwebte ich schwerelos über dem Boden. Zugleich nahm ich wahr, daß ich noch immer in einer Ecke meines Schlafzimmers saß.

Mein Verstand schien jedoch normal zu funktionieren, denn meine Gedanken waren klar und folgerichtig. Ich betone das, um dem Vorwurf eventuellen Drogenkonsums zuvorzukommen. Rauschmittel waren bei dieser Erfahrung nicht im Spiel, denn ich habe nie Drogen genommen.

Der Meister erscheint

Plötzlich stand ein Mann vor mir, der von einem hellen, goldweißen Licht umgeben war. Mein erster Gedanke war, daß diese geheimnisvoll leuchtende Gestalt wie Jesus Christus aussah. Doch dann wußte ich plötzlich, daß diese Person Djwhal Khul war, das ranghöchste Mitglied der Weißen Bruderschaft der Meister. Er war jener Meister, von dem die Texte der metaphysischen Bücher stammten, die Alice Bailey unter ihrem eigenen Namen veröffentlicht hatte.

Die Gestalt war so von Glanz umgeben, daß ich keinen Hintergrund mehr erkennen konnte. Vor mir stand eine königliche Erscheinung mit gelocktem, goldblondem Haar, das bis auf die Schulter reichte. Der Mann trug ein langes, weißes Gewand, und seine Füße waren in dem Licht verborgen, das ihn umgab. Wegen des blendenden Scheins konnte ich seine Gesichtszüge nur undeutlich erkennen, doch irgendwie war die Erscheinung erhaben und würdevoll. Obwohl ich mich von einer starken kosmischen Energie durchflutet fühlte, hatte ich nicht den Eindruck, durch die Anwesenheit des Djwhal Khul hypnotisiert oder gar besessen zu sein. Mein Bewußtsein war nicht ausgeschaltet, die Gedanken waren klar.

„Wie geht es dir?“ fragte Djwhal Khul.

Mir fiel auf, daß sich seine Lippen beim Sprechen nicht bewegten. Seine Worte schien mich auf telepathischem Wege zu erreichen. Ich vernahm seine Mitteilung ganz klar, aber es schien so, als hörte ich sie mit dem „inneren Ohr“. Es war, als spräche er mich direkt im Verstand an, ohne Umweg über das normale Gehör. Nachdem er mich angesprochen hatte, wartete er offensichtlich auf Antwort.

„Nun, ich gebe mir Mühe, im spirituellen Leben zu wachsen“, erwiderte ich ruhig. Auch ich kommunizierte mit der Erscheinung direkt aus dem Verstand heraus, ohne meine Lippen oder die Stimmbänder zu benutzen – ebenfalls auf telepathischem Wege. Irgendwie „wußte“ ich, daß Djwhal Khul mich verstehen würde und in der Lage war, direkt zu antworten.

Djwhal Khul erwiderte merkwürdig oberflächlich: „Nun ja, so ist das halt.“ Mir schien, als habe er dabei unmerklich mit den Schultern gezuckt.

Ich wollte die Gelegenheit nutzen und befragte ihn bezüglich eines gesundheitlichen Problems, mit dem ich mich seit einiger Zeit herumzuschlagen hatte. Gespannt wartete ich auf die Antwort. „Mach dir deshalb keine Sorgen“, riet er. Nachdem er eine Weile schweigend dagestanden hatte, verschwand er plötzlich und ließ eine Aura glänzenden Lichts zurück, das nach und nach schwächer wurde. Zugleich kehrten meine körperlichen Empfindungen zurück. Der Rücken schmerzte entsetzlich, so daß ich regelrecht in mich zusammenfiel.

Das Licht und die geheimnisvolle Kraft, die mich umgeben und ausgefüllt hatten, waren verschwunden. Ich bewegte meine schmerzenden Glieder und wurde mir plötzlich der Tatsache bewußt, daß ich jetzt erst wieder atmete. Offenbar war das Atemholen in der Gegenwart des großen Meisters nicht nötig gewesen. Ich reckte mich, setzte mich auf die Bettkante und versuchte das eben Erlebte einzuordnen.

Toll! Da hast du etwas Gewaltiges erreicht, dachte ich. Unvermittelt fielen mir Stellen aus den Büchern von Alice Bailey ein, in denen es heißt, daß engagierte Anwärter für ihre Anstrengungen, auf dem metaphysischen Weg voranzukommen, früher oder später reich belohnt würden. Es könne ihnen sogar die Ehre widerfahren, so Frau Bailey, zum persönlichen Jünger eines Meisters der Weißen Bruderschaft berufen zu werden. In solchen Fällen erscheine der Meister selbst, um die Meister-Jünger-Beziehung einzuleiten.

An diesem Morgen war ich einer der glücklichsten Menschen in Los Angeles, denn ich deutete mein Erlebnis in genau dieser Weise. Ich freute mich, daß ich als Lohn für mein intensives Studium von einem Meister als Jünger berufen worden war.

Die Tatsache, daß ausgerechnet Djwhal Khul, der ranghöchste Meister, mich erwählt hatte, machte mich besonders stolz. Kein Zweifel, der Meister wußte, wie sehr ich seine Weisheit bewunderte. Nie zuvor hatte mich Literatur so begeistert wie die von Djwhal Khul inspirierten Werke.

Ich empfand es als großes Vorrecht, „Gott“ nun unter der Führung des erhabenen Meisters Djwhal Khul dienen zu dürfen. Mir war, als wären meine kühnsten Träume noch weit übertroffen worden. Ich erinnerte mich daran, daß ich einige Tage zuvor Ehelosigkeit und Keuschheit gelobt hatte. Offenbar hatte „Gott“ diese Entscheidung damit belohnt, daß ich in Zukunft als Jünger eines kosmischen Meisters ungeahnte Dinge vollbringen würde. Mir war klar, daß auf dem Weg dieser Jüngerschaft viele Hindernisse auftauchen würden, doch ich vertraute fest darauf, daß mir die Mächte des himmlischen Königreiches zur Seite stehen würden.

Ich dankte „Gott“, daß mich meine Unzufriedenheit und die seelischen Probleme dazu bewegt hatten, nach dem Sinn des Seins zu suchen. Wäre das nicht der Fall gewesen, so hätte ich wahrscheinlich nie Weisheit, Verständnis, Harmonie und ein erfülltes Leben gefunden. Die Erscheinung des Meisters war ein schlagender Beweis dafür, daß ich auf dem richtigen Weg war.

Plötzlich schoß es mir durch den Kopf, daß ich mich beeilen mußte, wenn ich noch einigermaßen pünktlich am Arbeitsplatz sein wollte. Ich rannte aus dem Haus und sprang in mein Auto. Während der Fahrt bewegte mich nur ein einziger Gedanke: Du bist jetzt ein Jünger des Djwhal Khul! Zwar wußte ich nicht, was das konkret bedeutete, aber darüber wollte ich mir vorläufig keine Gedanken machen. Wichtig war nur, daß der Meister mich berufen hatte.

Als ich meine Arbeitsstelle erreicht hatte, fühlte ich mich benommen und müde. Normalerweise bin ich ein rühriger Arbeiter, aber heute morgen konnte ich mich nur mühsam auf die Arbeit konzentrieren. Gegen elf Uhr war ich sowohl geistig als auch körperlich völlig erschöpft. Ich fühlte mich etwa so, als hätte ich gerade einen Marathonlauf hinter mir. Ich sagte meinem Vorgesetzten, daß ich mich krank fühle und machte mich auf den Heimweg. Zu Hause fiel ich erschöpft ins Bett und schlief sofort ein.

Der kurze Besuch des Djwhal Khul hatte mich offenbar körperlich und seelisch völlig ausgelaugt. Ich mußte an den Apostel Paulus denken, der durch die Begegnung mit Christus niedergeschmettert worden war und vorübergehend das Augenlicht verloren hatte. Meine Erschöpfung konnte ebenfalls nicht die Folge von Tagträumen oder Halluzinationen sein, denn meine „Vision“ hatte sich in nicht mehr als drei oder vier Minuten abgespielt.

Diese Überlegungen vertrieben all meine Zweifel bezüglich der Existenz von übersinnlichen Wesen. Der Besuch des Djwhal Khul bewies, wie absurd alle atheistische und materialistische Philosophie ist. Mein Vertrauen zur New Age-Bewegung und ihren metaphysischen Lehren war nun unbegrenzt.

Spirituelle Führung oder meisterhafte Verführung?

Die Bücher über Djwhal Khul faszinierten mich. Ich hatte einige gelesen und war beeindruckt von dem unglaublichen Wissen des Meisters über Gottes Königreich. Aus diesen Werken hatte ich erfahren, wie Gott auf die Menschheit einwirkt: durch geistige Energien, durch Geistwesen oder durch Meister wie Djwhal Khul und Jesus. Die Bücher über Djwhal Khul hatten mein Leben nachhaltig beeinflußt: sie veränderten mein Denken, meine Sicht der Dinge und meine Suche nach dem Sinn des Lebens.

Djwhal Khul hatte Alice Bailey mittels telepathischer Kommunikation wortwörtlich fünfundzwanzig esoterische Werke, angefüllt mit metaphysischem Wissen, diktiert. Diese Bücher, die zwischen 1919 und 1949 veröffentlicht wurden, machen den größten Teil des theoretischen Fundaments der New Age-Bewegung aus. Merkwürdig ist allerdings, daß Alice Bailey ursprünglich eine gläubige Christin und die Frau eines Priesters der Episcopalkirche war. Später wurde sie jedoch durch Freunde beeinflußt, die der theosophischen Gesellschaft angehörten.

In den von Frau Bailey übermittelten Botschaften, bezeichnet sich Djwhal Khul als Ältester einer Gruppe von Menschen, die sich Hierarchie der Meister nennt. Er hat viele Menschen dazu gebracht, ihn für einen Gesandten Gottes zu halten. In Wirklichkeit ist er aber nur einer der geistigen Wegbereiter des New Age.

Er sagt von sich, daß er vor über 350 Jahren in Tibet geboren worden sei und dort als Priester und Abt in einem buddhistischen Kloster gelebt habe. Durch Meditation, strenge spirituelle Übungen und mit Hilfe himmlischer Wesen habe sich sein Bewußtsein so weiterentwickelt, daß seine physische Existenz den Zustand der Unsterblichkeit erreicht habe. Das erkläre die Tatsache, daß er seit vier Jahrhunderten lebendig sei!

Djwhal Khul schildert in seinen Büchern, wie ihm angeblich im himmlischen Königreich die Unsterblichkeit verliehen worden ist. Dabei bezeichnet er die Einführungszeremonie als „fünfte Weihe" (im Sprachgebrauch des New Age auch als Himmelfahrts-, Christusbruderschafts- oder Meisterschafts-Weihe bekannt). Djwhal Khul gibt vor, durch diese kosmische Weihe Mitglied der „in den Himmel aufgestiegenen Meister" geworden zu sein, einer ausgewählten Gruppe von Menschen, die nicht mehr reinkarniert werden müssen, da sie bereits die Unsterblichkeit erreicht haben.

„Jesus Christus" und die Hierarchie der Meister

Weiter behauptet Djwhal Khul, daß es gegenwärtig neunundvierzig Menschen gibt, die zur Gruppe der unsterblichen Meister zählen. Die meisten von ihnen sollen in abgelegenen Gebieten des Himalaja leben. Er nennt diese Gemeinschaft „Hierarchie der Meister" (oder auch „Weiße Bruderschaft", „die Meister der Weisheit", „die Hierarchie", oder einfach „die Meister"). Der Ranghöchste in dieser Hierarchie ist ein Meister, der „Herr Maitreya" oder auch „Christus" genannt wird.

„Jesus Christus" bezeichnet Djwhal Khul als eines der rangältesten Mitglieder in dieser Hierarchie. Darüber hinaus sollen manche der legendären indischen Gurus, z. B. Buddha, ebenfalls Mitglieder dieser Bruderschaft sein. Djwhal Khul erklärt, daß die „Hierarchie“ darauf hinarbeite, die Höherentwicklung der Menschheit voranzutreiben: sowohl religiös als auch politisch, technologisch, wissenschaftlich und kulturell.

Der „Meister Jesus“, so lehrt Djwhal Khul, lebe noch immer auf Erden und lenke die Geschicke der Christenheit durch Botschaften, die er auf telepathischem Wege in das Unterbewußtsein der Kirchenführer einschleust. Er bezeichnet den „Meister Jesus“ als einen Mann, der sich durch verschiedene Inkarnationen und Weihen zur Unsterblichkeit des „Sohnes Gottes“ entwickelt habe, genauso, wie die anderen Meister auch „Söhne Gottes“ wurden.

Nach Meinung von Djwhal Khul können die Meister den stofflichen Leib verlassen und ihren „seelischen“ oder „geistigen“ Körper, unabhängig von Zeit und Raum, an jeden beliebigen Ort der Erde schicken. Die Meister verfügen angeblich auch über die Fähigkeit, ihren spirituellen Geistkörper in einen sichtbaren Lichtkörper zu verdichten, was in der Hindu-Terminologie als *Anuvarrupa* bezeichnet wird. Deshalb erscheint ein Meister als strahlendes Wesen in blendendem Licht, wenn er in seinem *Anuvarrupa*-Körper auftritt. So hatte ich es bei Djwhal Khul erlebt. Ein Meister kann aber auch seinen „Geistleib“ zu einem ganz normalen Körper verdichten, der sich in seiner Beschaffenheit und seinen Bedürfnissen nicht von dem anderer Menschen unterscheidet.

Die neue Weltreligion

Djwhal Khul sagt, ein Teil seiner Arbeit für „Gott“ bestehe darin, der Menschheit die Lehren des New Age nahezubringen. Der Entwurf dieser neuen Weltreligion sieht vor, das Christentum und die Lehren des Hinduismus und Buddhismus zu einem homogenen Ganzen zu verschmelzen. Diese neue Religion erhebt den Anspruch, in allen Bereichen den vollständigen Ausdruck des Göttlichen zu offenbaren. Djwhal Khul behauptet, er habe den größten Teil seines Wissens direkt von einer höheren Instanz im Himmel empfangen.

Inzwischen sind seine Bücher in aller Welt verbreitet. Sie werden von vielen Leuten gelesen, weil darin Themen zur Sprache kommen, die eine breite Leserschaft interessieren: die Ursachen von Erkrankungen, Psychosen, dämonische Besessenheit, Weiterentwicklung des Intellekts, Wachstum der Zivilisationen und angebliche wirtschaftliche Zyklen. Tausende von Menschen haben ihren Lebensstil aufgrund der Bücher von Djwhal Khul verändert. Auch mich haben seine Konzepte so begeistert, daß ich ihn wie einen Heiligen verehrte.

Im nachhinein kann ich mich des Eindrucks nicht erwehren, daß unter den vielen falschen Lehren, die Djwhal Khul verbreitet hat, die am gefährlichsten und irreführendsten sind, die sich mit der Heiligen Schrift befassen. Zweifellos verfügt dieser Meister über die Gabe, sein erstaunliches religiöses Wissen so darzustellen, als käme es direkt aus göttlicher Quelle und sei deshalb der Weisheit letzter Schluß. Ich möchte an einer Passage aus dem Schrifttum von Djwhal Khul deutlich machen, wie unbiblisch und irreführend seine Aussagen sind.

Er fragt beispielsweise: Was verstehen wir unter den „Mächten des Bösen"? Seine Antwort lautet: Nicht etwa ein Heer von Ungerechten und Sündern, das unter dem Befehl Satans oder des Antichristen steht. Das könne schon deshalb nicht sein, weil Satan nur das Produkt menschlicher Einbildung sei. In Wirklichkeit gebe es diesen angeblichen Feind Gottes, von dem behauptet wird, daß er gegen den Allerhöchsten kämpft, gar nicht. Und weil er nicht existiert, gibt es auch keine „Mächte des Bösen", die er anführen könnte. Das einzige, was es wirklich gibt, ist die leidende und irrende Menschheit.

Danach beschreibt Djwhal Khul, was unter den „Mächten des Bösen" wirklich zu verstehen ist. Bei genauer Betrachtung seien sie nichts anderes, als die in unserem Verstand entwickelten alten Ideale und Gewohnheiten, die dazu da waren, den Wettlauf des Fortschrittes bis zum heutigen Zeitpunkt voranzubringen. Jetzt allerdings sei ihre Zeit vorbei; deshalb müßten sie verschwinden und der Führung durch New Age Platz machen.

Anfangs sah ich in dieser Deutung eine willkommene Bestätigung dessen, was ich seit Jahren dachte: Satan existiert nicht! Dämonische Mächte gibt es nicht! Zweifel kamen mir erst viel später.

Sklaven der Meister

Tief beeindruckt von seinem gewaltigen Wissen, empfand ich es als eine große Ehre, ein ergebener und gehorsamer Schüler Djwhal Khuls sein zu dürfen. Doch je länger desto mehr verwandelte sich die geschätzte Jüngerschaft in einen Alptraum sklavischer Abhängigkeit.

Obwohl ich kaum Ersparnisse hatte, sah ich mich nach und nach genötigt, alles zur Förderung des New Age zu opfern. Schließlich widmete ich dieser Bewegung meine gesamte Zeit. Indem ich ihren Lehren und Befehlen gehorchte, glaubte ich fest daran, Gott zu dienen. Dafür wurde mir Gesundheit, Glück, Wohlstand und Freude versprochen. Selbst das Erlangen der Unsterblichkeit wurde mir noch für dieses Leben in Aussicht gestellt. Nicht eins dieser Versprechen ist wirklich in Erfüllung gegangen.

Ich wurde einer von Vielen, die den Meistern und anderen leitenden Geistern pflichtbewußt dienten. Millionen von Menschen in aller Welt werden durch Meditation und andere bewußtseinsverändernde Techniken dazu verführt, der inneren Leitung des sogenannten „Höheren Bewußtseins" zu folgen. Wenn jemand dem „Höheren Selbst" die Tür zu seinem Verstand öffnet, kann er wirklich mit der Welt der „Geister" in Kontakt treten.

Damals hatte ich niemals den Verdacht, daß die Mächte der Geisterwelt, denen ich mich zugewandt hatte, die gleichen Mächte sein könnten, vor denen der Apostel Paulus in seiner Botschaft an die Gemeinde in Ephesus warnt: „Denn wir kämpfen nicht gegen Menschen. Wir kämpfen gegen unsichtbare Mächte und Gewalten, gegen die bösen Geister zwischen Himmel und Erde, die jetzt diese dunkle Welt beherrschen." (Epheser 6,12 GN)

Djwhal Khuls Spezialgebiet ist die religiöse Irreführung. Er ist ein Meister der Fälschung, der selbst die Auserwählten täuschen würde, wenn das möglich wäre. Jeder Christ sollte vor Djwhal Khul und seinesgleichen auf der Hut sein. Sie erscheinen den Menschen als Abgesandte Christi oder behaupten sogar, Christus selbst zu sein, um sie zu täuschen. Erst als ich mich unter dramatischen Umständen von der New Age-Bewegung löste, wurde mir klar, daß all die Meister und Geisterführer des New Age denselben Herrn haben. Die Bibel nennt ihn Luzifer, Satan oder Teufel.

Schon vor langer Zeit warnte der Apostel Paulus vor dieser verführerischen Macht: „In Wirklichkeit sind sie falsche Apostel; sie sind Betrüger, die sich nur für Apostel Christi ausgeben. Das braucht euch nicht zu wundern. Sogar der Satan verstellt sich und gibt sich für einen Engel aus." (2. Korinther 11,13.14 GN)

6 Im Dienst eines geistigen Führers

Was bedeutet es für einen Menschen, Jünger eines dämonischen Engels zu sein? Mit dieser Frage mußte ich mich freilich erst später auseinandersetzen. Zunächst schien es keine Probleme zu geben. Ich erlebte viele interessante und faszinierende Dinge. Eine Zeitlang war mir, als befände ich mich im Paradies und wäre von Gott besonders gesegnet.

Die Erscheinung von Djwhal Khul war für mich eine ganz persönliche Erfahrung; deshalb hatte ich mit keinem darüber geredet, nicht einmal mit Muriel. Seit dem Besuch des Meisters waren mehrere Monate verstrichen. Als ich an einem Mittwoch im „Erleuchteten Weg" ein Gesundheitsseminar besuchte, war nur eine Handvoll Teilnehmer gekommen. Muriel zelebrierte gerade ein Kerzenritual.

In der Mitte des Altars brannte ein Talglicht, die sogenannte Christuskerze. Muriel lud die Anwesenden ein, nacheinander zum Altar zu kommen, eine weiße Kerze zu nehmen und sie an der brennenden Kerze zu entzünden. Danach sollte jeder sein Licht in einen Kreis um die Christuskerze stellen. Dabei gab Muriel jeweils für diese Person eine Nachricht weiter.

Als ich an der Reihe war, tat ich es den anderen gleich und wartete auf meine Botschaft. Muriel schloß die Augen und sagte: „Du bist ein persönlicher Jünger Djwhal Khuls. Er gibt dir während deiner Meditation Anweisungen oder beeinflußt dein Denken im Schlaf."

Sie kniff die Augen zusammen, als müsse sie sich auf weitere Mitteilungen aus der unsichtbaren Quelle konzentrieren. „In einem vergangenen Leben warst du ein Mönch in Djwhal Khuls tibetanischem Kloster. In deiner Geistexistenz vor der Wiedergeburt in das jetzige Dasein bist du ihm schon auf anderer Ebene begegnet."

Ich lehnte mich vor, um ja kein Wort zu verpassen.

„Damals habt ihr vereinbart, daß du bei deiner jetzigen Inkarnation einer seiner Jünger werden solltest. Nach einer harten Ausbildungszeit würdest du Djwhal Khul für wichtige Vorhaben, die mit New Age zu tun haben, zur Verfügung stehen. Du warst damals damit einverstanden." Muriel öffnete die Augen und lächelte. Um die Energie wieder ins Gleichgewicht zu bringen, wischte sie die Aura, die meinen Kopf und die Schultern umgab, mit einer leichten Handbewegung weg.

„Danke", sagte ich und kehrte zu meinem Platz zurück. Also weiß Muriel über meine Jüngerschaft Bescheid, dachte ich. Natürlich hätte ich gern gewußt, was der Meister ihr sonst noch über mich erzählt hatte.

Weil ich meinem Meister ein gewissenhafter Diener sein wollte, verbrachte ich fast meine gesamte freie Zeit mit dem Studium von Djwhal Khuls Lehren. Ganz besonders interessierten mich Informationen über das „zweite Kommen" des „Christus".

In den Büchern hieß es, daß es Ziel des New Age sei, alles für die Wiederkehr Christi vorzubereiten. Dieser „Christus" sei die personifizierte Erscheinung des Meisters, der gerade an der Spitze der Hierarchie steht. Die Hierarchie sei beauftragt, den Weg für dieses Ereignis zu ebnen, denn die Menschheit müsse „Christus" anerkennen, seine Lehren und Ratschläge befolgen und in jeder Hinsicht mit ihm zusammenarbeiten.

Ich lernte, daß der Ausdruck „Christus" sich nicht auf eine bestimmte Person bezieht, sondern lediglich eine Amtsbezeichnung innerhalb der Hierarchie der Meister ist. So als wenn wir sagen, daß „der Präsident" bestimmte Vollmachten hat, und damit das Amt meinen, das jeweils andere Personen innehaben können. Alice Bailey behauptet, daß ein Meister, Herr Maitreya genannt, seit fast zweitausend Jahren die Position des „Christus" innehat. Sie betont, daß die Ankunft des New Age-„Christus" deckungsgleich ist mit der Wiederkunft Jesu Christi.

Muriel lehrte, daß dem bisherigen Christus, dem Herrn Maitreya, im Wassermann-Zeitalter wichtigere Aufgaben im Kosmos zugewiesen worden seien, so daß ein anderer seine Position als „der Christus" übernommen habe. Das sei einer der Senior-Meister, z. B. Koot Hoomi oder Jesus.

Sie wies darauf hin, daß die Meister menschliche Jünger brauchen, um die Welt auf das Kommen des „Christus" vorzubereiten. Der New Age-Bewegung fällt dabei die Rolle einer Basisstation zu, die das menschliche Potential zur Verfügung stellt, aus dem die

Meister ihre Jünger auswählen. Die Welt auf das Kommen des „Christus“ vorzubereiten heißt konkret, in wichtigen Bereichen wie Politik, Bildung, Religion, Kultur, Handel und Finanzwesen Fuß zu fassen und im Sinne des New Age tätig zu werden.

Die Hierarchie der Meister braucht aktive irdische Mitarbeiter, die den „göttlichen“ Anweisungen bedingungslos folgen und Zeit, Kraft und Geld für die heilige Sache opfern. Um solche Jünger auszubilden, führte Muriel im „Erleuchteten Weg“ Seminare durch.

Allerdings deckten sich ihre Lehren nicht immer mit den Aussagen in Alice Baileys Büchern. Dort heißt es, daß die meisten Jünger der Hierarchie eine unbewußte Beziehung zu ihrem Meister haben. Da dessen Lehren und Befehle auf telepathischem Wege übermittelt werden, sei es dem Jünger nicht bewußt, was tatsächlich geschieht. Er glaube vielmehr, so Frau Bailey, daß diese Ideen ein Produkt seines eigenen Denkens sind.

Angeblich soll es bereits überall in der Welt Regierungsbeamte, Manager, Industrielle, weltliche und religiöse Führer geben, die unbewußte Jünger der Meister sind.

Zum Einsiedler bestimmt?

„Es ist an der Zeit, aus diesem Haus auszuziehen“, überraschte mich die innere Stimme während einer morgendlichen Meditation. „Ich möchte, daß du von nun an allein lebst. Suche dir einen Platz, an dem du weniger abgelenkt wirst, und wo du mehr Zeit zum Meditieren und Studieren hast.“

Diese Botschaft ließ an Deutlichkeit nichts zu wünschen übrig. Seit meiner Übersiedelung nach Los Angeles wohnte ich in einem Haus, das ich mit drei Freunden teilte. Natürlich fragte ich mich, wohin ich wohl ziehen sollte. Doch auch darüber ließ mich die Stimme nicht im Ungewissen: „Du solltest in die Stadt Torrance ziehen. Suche dir eine ruhige und helle Wohnung. Du wirst mehr Miete bezahlen müssen, aber sei unbesorgt. Vergiß nicht, daß du ein von Gott Gesegneter bist.“

Torrance ist ein Vorort von Los Angeles, ungefähr 40 Kilometer südlich von meinem damaligen Wohnort. Ich würde es zwar näher haben zur Arbeitsstelle, aber ich konnte mir das geforderte „Einsiedlerleben“ nicht gut vorstellen. Doch ich wußte, daß der Auftrag von meinem Höheren Selbst kam; da würde es für mich das Beste sein, der Anweisung zu gehorchen.

Während ich über den Umzug nachdachte, wurde mir klar, wie sehr sich mein Leben verändert hatte, seit ich die Kurse des

„Erleuchteten Weges“ besuchte und ein Jünger Djwhal Khuls geworden war. Wahrscheinlich hatte die innere Stimme recht, daß mein spiritualistisch orientiertes Leben nicht mehr zu dem weltlichen Lebensstil meiner Freunde paßte. Früher hatte ich regelmäßig Bars und andere Vergnügungsstätten besucht, jetzt ekelte mich das alles an.

Seit ich vor mir selbst das Gelübde zur Ehelosigkeit abgelegt hatte, gab es auch keine Beziehungen zu Frauen mehr. Selbst ins Kino ging ich wegen der allgegenwärtigen Gewalt- und Sexszenen kaum noch. Darüber hinaus hatte ich alle fragwürdigen Ausdrücke und die reichhaltige Auswahl an Flüchen und Schimpfwörtern aus meinem Wortschatz gestrichen. Alles in allem führte ich ein ungewohnt frommes Leben.

Statt mich mit Mädchen zu verabreden oder auf „weltliche“ Vergnügen einzulassen, verbrachte ich meine Zeit mit dem Studium esoterischer Literatur, mit Gebet und Meditation. Wanderungen und Museumsbesuche traten an die Stelle von Strandfeten und Parties. Gottes Reich war mir wichtiger als weltliche Freuden. Deshalb verbrachte ich viel Zeit damit, über meinen geistigen Weg und das Leben mit Gott nachzudenken.

Mystische Erfahrungen

Als ich die letzten Umzugskisten ausgepackt hatte, setzte ich mich auf den Teppichboden meiner neuen Wohnung und meditierte.

„Willkommen in der Weißen Bruderschaft!“ meldete sich die innere Stimme. „Die Meister sind mit deinen Fortschritten sehr zufrieden. Wir möchten dir zu deiner Bereitschaft gratulieren, trotz Schwierigkeiten nicht aufzugeben. Mach weiter so! Bleibe auf dem geraden und schmalen Weg. Du neigst dazu, gelegentlich zu hart zu arbeiten. Nimm dir genügend Zeit zur Erholung. Vermeide alle Extreme. Meine besten Segenswünsche. Ich bin Sanat Kumara.“

Wahnsinn! dachte ich. Sanat Kumara selbst hat sich die Zeit genommen, mir eine Botschaft zu überbringen. Ich war erstaunt, wie deutlich die Worte waren, so als ob direkt neben mir jemand laut und vernehmlich gesprochen hätte. Ich war bewegt und fühlte mich geehrt.

Durch Djwhal Khuls Unterweisungen war mir einiges über die geheimnisvolle Persönlichkeit des Sanat Kumara geläufig. Anscheinend standen alle Senior-Meister der Hierarchie, einschließlich des „Christus“, unter der Leitung dieses großen Geistwesens, das angeblich von der Venus stammt.

Seit dieser Zeit waren meine Meditationen stets von einem hellen Lichtschein hinter meiner Stirn begleitet. Muriel erklärte, daß dieses Licht ein Zeichen dafür sei, daß jetzt das Zentrum meines Dritten Auges, das hinter der Stirn liegende Chakra, geöffnet ist.

Besonders nach Djwhal Khuls Besuch bemerkte ich, daß meine Meditationen zeitweise von mystischen Erscheinungen begleitet waren. So tanzten beispielsweise helle, vielfarbige Lichtflächen in meinem Kopf herum. Es war wie der Blick durch ein riesiges Kaleidoskop. Gelegentlich hatte ich auch tiefergehende mystische Erfahrungen.

Einmal wachte ich mitten in der Nacht auf und sah mein Schlafzimmer in ein grünes Licht getaucht. Es sah aus, als ob der Raum mit mikroskopisch feinen Rauchpartikeln angefüllt wäre und in grünfluoreszierendem Licht leuchtete, ähnlich wie in einer von farbigem Rauch erfüllten Diskothek. Trotz dieser ungewöhnlichen Ereignisse befand ich mich in einem wohltuenden Zustand inneren Friedens.

An einem Weihnachtsmorgen, kurz nachdem ich mich zur Meditation hingesetzt hatte, wurde mein Gehirn plötzlich von einem hellen, weißen Licht erfüllt. Wohlige Wärme durchströmte meinen Körper. Ich dachte: Welch ein wunderbares Weihnachtsgeschenk von Gott.

Auf der Karriereleiter?

Während eines Gottesdienstes am Sonntag morgen, übermittelte mir Muriel beim Kerzenritual eine prophetische Botschaft.

„In deiner Firma wird bald jemand aufhören“, sagte sie. „Das bedeutet, daß du befördert wirst und mehr Verantwortung übertragen bekommst.“

Während Muriel sprach, hörte ich in mir ganz deutlich den Namen Jack Thompson. Aber mir war sofort klar, daß es für diesen Mann keinen vernünftigen Grund gab, die Firma zu verlassen. Schließlich war er ein langjähriger Mitarbeiter und darüber hinaus Vizepräsident unseres Unternehmens.

Zwei Tage später lud der Präsident unserer Firma alle Mitarbeiter zu einer Versammlung ein. Er begann mit den Worten: „Ich habe Sie zusammengerufen, um Ihnen mitzuteilen, daß Jack Thompson die Gesellschaft verlassen wird.“

Mir lief ein kalter Schauer über den Rücken.

„Jack geht in seine Heimat Missouri zurück“, fuhr der Chef fort. „Wir wünschen ihm das Allerbeste in seiner neuen Firma. Um reibungslos weiterarbeiten zu können, müssen wir Jacks Abteilung neu organisieren."

Ich war bestürzt. Muriels Vorhersage und meine personenbezogene Vorahnung hatten sich bewahrheitet, obwohl eigentlich alles dagegen sprach.

Wieder einmal nahm ich mir vor, der inneren Stimme mehr Aufmerksamkeit zu schenken. Offensichtlich verfügte sie über Informationen, die meinem rationalen Denken unzugänglich waren.

Nachdem Jack die Firma verlassen hatte, wurde ich befördert, genau wie Muriel es vorausgesagt hatte. Von nun an hatte ich ein unerschütterliches Vertrauen in ihre Verbindung zu „Gott". Ich bemühte mich, im Rahmen meiner Jüngerschaftsausbildung noch enger mit ihr zusammenzuarbeiten. Dabei war ich davon überzeugt, daß mein Eifer und Gehorsam bald durch die „Weihen" belohnt werden würde, von denen in Alice Baileys Büchern die Rede ist. Wie ich gelesen hatte, soll sich solch seltenes Ereignis so abspielen, daß der Jünger in einen tiefen Schlaf versinkt, während seine „Geistseele" als Gast in himmlischen Sphären weilt.

Es heißt, daß das Ziel der Jüngerschaft die fünfte Weihe ist – auch „Christusweihe" genannt. Unmittelbar danach werde der Jünger selbst zum Meister erhoben und damit ein unsterblicher Diener „Gottes".

Einige Monate nach diesem Erlebnis sagte Muriel unerwartet die sonntäglichen Veranstaltungen ab, um mehr Zeit für ihre persönliche Umwandlung zu haben. Um den Rhythmus meiner Kirchgänge nicht zu unterbrechen, wurde mir aufgetragen, die nächstliegende Kirche in meiner Umgebung aufzusuchen. Zufällig handelte es sich dabei um eine lutherische Gemeinde. In der Annahme, daß wir alle an denselben Gott glauben, freute ich mich, dort für eine Weile die Gottesdienste besuchen zu können.

Unterwegs für die Hierarchie

Es war Anfang Dezember. Am „Erleuchteten Weg" war der Kursbetrieb wieder aufgenommen worden. Als ich während des ersten Sonntagsgottesdienstes am Altar stand, prophezeite mir Muriel: „Zu Weihnachten wird es eine Überraschung für dich geben." Da keine weiteren Informationen folgten, kehrte ich auf meinen Platz zurück.

Seit ich mich dem „Erleuchteten Weg" angeschlossen hatte, war mein Leben voller Überraschungen. Sie waren fast schon selbstverständlich. Deshalb maß ich dieser Mitteilung keine besondere Bedeutung bei.

Kurz vor Weihnachten kniete ich vor dem Altar in meinem Apartement, um zu beten und zu meditieren. Da erhielt ich von meiner inneren Stimme den Hinweis: „Du wirst bald nach Übersee umziehen. Im Augenblick steht allerdings noch nicht fest, wohin du gehen wirst.“

Natürlich fragte ich mich, ob ich nach England zurückkehren sollte. Möglicherweise würde mich der Meister auch nach Hawaii schicken, denn dort hatte ich relativ häufig beruflich zu tun.

Am nächsten Abend leitete ich eine Gruppenmeditation. Als Antwort auf die Fragen, die mich wegen des bevorstehenden Umzugs bewegten, gab eine Teilnehmerin folgende Mitteilung an mich weiter:

„Du wirst zwar umziehen, aber es wird nicht für immer sein. Es geht nur darum, deine Energien aufzufrischen. Der Umzug ist Bestandteil deiner weiteren Ausbildung unter der Aufsicht der Hierarchie. Geh mit leichtem Gepäck auf die Reise. Verkaufe alles, was du nicht mitnehmen kannst, denn du stehst am Beginn eines neuen Lebensabschnitts. Wenn du diese Periode hinter dir hast, wirst du für deine eigentliche Berufung gerüstet sein.“

Wieder gab es keinen Hinweis darauf, wohin ich gehen sollte. Ich überlegte hin und her und kam schließlich zu dem Schluß, es könne sich nur um England handeln. Das weckte widersprüchliche Gefühle in mir. Einerseits war ich bei dem Gedanken an die Rückkehr in die alte Heimat freudig erregt, doch ich machte mir auch Sorgen. Ich würde meinen sicheren Arbeitsplatz gegen eine ungewisse Zukunft eintauschen müssen. Andererseits war ich fest entschlossen, den Meistern zu vertrauen und ihren Anweisungen zu gehorchen.

So betete ich: „Danke, Herr, für deinen Segen. Danke, daß du dich mir offenbart hast. Ich bitte dich, daß mein Leben durch die Kraft deines göttlichen Stroms geleitet wird. Ich bitte auch, daß alle eigenen Vorstellungen aus meinem Denken vertrieben werden, damit ich offen bin für deinen Willen. Gebrauche mich als einen gehorsamen Diener der Hierarchie. Amen.“

Um ihren Rat und ihre Zustimmung für den bevorstehenden Umzug zu erhalten, bat ich Muriel um ein privates Beratungsgespräch. Sie übermittelte mir die Botschaft:

„Dein Leben wird gesegnet sein. Vertraue auf Gott und erledige freudigen Herzens, was er dir aufträgt. Du solltest aber wissen, daß deine Rückkehr nach England vor allem eine Pilgerfahrt ist, um alte Bindungen zu lösen und die Konflikte mit deinen Eltern aus der Welt zu schaffen.“

Muriel schwieg einige Augenblicke, dann fuhr sie fort: „Du wirst keine feste Anstellung haben, sondern verschiedene Aufträge für die Hierarchie ausführen. Ich sehe dich zu Besuch auf Findhorn."

Ich kündigte in der Firma, verkaufte die Möbel, gab den größten Teil meiner Sachen weg und flog mit einem einzigen Koffer, der meinen ganzen Besitz enthielt, nach London.

Die Ungewißheit im Blick auf die Zukunft hatte sehr an meinen Nerven gezehrt. Da ich nicht wußte, wie es weitergehen sollte, nahm ich mir zunächst einmal ein Hotelzimmer. Im Grunde war ich völlig orientierungslos.

Einige Tage nach meiner Ankunft in England wachte ich niedergeschlagen auf. Den Tränen nahe, beschloß ich, Trost und Halt in der Meditation zu suchen. Nachdem ich einige Augenblicke schweigend dagesessen hatte, wurde ich plötzlich von einem gewaltigen Energiestrom erfaßt. Mir war, als hätte ein Blitz meinen Körper getroffen, begleitet von einer ungeheuren Lichtwoge. Wie mit Donnerstimme dröhnte es in meinem Inneren: „Geh mit ganzer Kraft vorwärts!"

Der Sturm dauerte nur ein paar Sekunden. Dann war es völlig still in mir. Doch einen Augenblick später traf mich erneut ein unvorstellbarer Energieschub.

„Geh mit ganzer Kraft vorwärts!" wiederholte die Stimme.

Und ein drittes Mal wurde ich vom Blitz getroffen.

„Geh mit ganzer Kraft vorwärts!" donnerte es in mir.

Danach war es still.

Es war beruhigend zu wissen, daß „Gott" mir beistehen würde. Endlich verspürte ich wieder inneren Frieden. Mein Glaube begann erneut zu greifen, und ich ging meinen Weg mutig weiter.

Da ich fühlte, daß ich in London bleiben sollte, mietete ich in Earl's Court eine kleine Wohnung. Aber ich wußte immer noch nicht, was ich hier eigentlich sollte. Ich würde auf weitere Anweisungen warten müssen.

Nach diesem „göttlichen Energiesturm" hoffte ich, daß sich auch meine angeschlagene Gesundheit bessern würde, doch in dieser Hinsicht wurde ich enttäuscht. Dennoch fühlte ich mich durch die Demonstration „göttlicher" Kraft gestärkt.

Tagsüber war ich auf Arbeitsuche; abends nahm ich an den Aktivitäten verschiedener New Age-Organisationen teil. Besonders wichtig war für mich ein Besuch der Niederlassung von „Lucis Trust", jener Organisation in London, die Alice Baileys Bücher über Djwhal Khul herausgegeben hatte.

Sonntags ging ich in eine anglikanische Kirche. Ich war traurig und enttäuscht, als ich sah, daß kaum Leute zum Gottesdienst kamen. Ich erfuhr, daß die Zahl der Gläubigen seit Jahren rückläufig war. Viele Kirchen mußten deshalb aufgegeben oder zweckentfremdet werden. Die Verweltlichung des Kirchenvolkes schien unaufhaltsam fortzuschreiten. Deshalb erschien mir New Age mehr denn je als einzige Möglichkeit, diese geistliche Leere zu füllen.

Während einer morgendlichen Meditation erhielt ich den Auftrag, eine Pilgerfahrt zu der berühmten Kathedrale von Canterbury, der Mutterkirche der weltweiten anglikanischen Konfession, zu unternehmen. Es wurde eine wunderschöne Reise. Ich verbrachte den ganzen Tag damit, mir diese historische Stätte anzusehen. Zugleich nutzte ich den Aufenthalt in der Kathedrale zur Meditation. Dabei sprach ich okkulte Gebete und stellte mir vor, daß dieses Gotteshaus und seine Tochterkirchen in aller Welt eines Tages von dem „Christuslicht" ergriffen würden, das von der Hierarchie der Meister ausgeht.

Ich besuchte auch andere Kirchen. Wenn es möglich war, meditierte und betete ich bei solchen Gelegenheiten. Regelmäßig beendete ich die Sitzung mit okkulten Anrufungen und metaphysischen Ritualen.

Das Mekka des New Age

Findhorn ist einmal als „Vatikan" der New Age-Bewegung bezeichnet worden. Die im schottischen Hochland gelegene Kommune überwältigte mich. Dort lebten fast vierhundert New Age-Anhänger in geradezu paradiesischer Gemeinschaft. So erschien es mir damals wenigstens.

Etwa sechs Monate nach meiner Ankunft in England hatte mich die innere Stimme während einer Meditation aufgefordert, dieses Mekka des New Age zu besuchen. Bis dahin hatte ich nur sehr vage Vorstellungen von Findhorn und hielt diese Einrichtung für ein christliches Einkehrzentrum irgendwo in Schottland. Muriel hatte mir einmal prophezeit, daß ich Findhorn besuchen würde, aber daran hatte ich gar nicht mehr gedacht.

Ich packte meine Taschen und machte mich auf den langen Weg in den Norden Schottlands. Ich hatte mir vorgenommen, ein paar Tage in Findhorn zu bleiben. Doch die Meister hatten andere Pläne.

Angefangen hatte es in Findhorn im Jahre 1962 mit einem kleinen Wohnwagen, in dem drei Erwachsene und drei Kinder lebten. Doch im Laufe der Zeit wurde daraus eine der bedeutendsten New

Age-Bildungseinrichtungen. Auf dem Gelände befinden sich heute ein großer Park für Wohnmobile und Campingwagen, weitläufige Gärten und schöne Versammlungsräume, ein schloßähnliches Hotel mit 87 Zimmern, ein großartiges Auditorium mit Räumlichkeiten für Versammlungen und Ausstellungen, ein Verlag samt Druckerei und mehrere herrlich gelegene Landhäuser.

Die Kommune veranstaltet internationale Tagungen und lockt Tausende von Besuchern an, die an den hier entwickelten Bildungsprogrammen teilnehmen.

Die ständigen Bewohner sind alles andere als ein zusammengewürfelter Haufen religiöser Schwärmern oder Aussteiger. Die meisten Leute, die ich dort traf, waren gebildete Akademiker. Während meines Aufenthaltes lernte ich einen ehemaligen Jesuitenpater, einen katholischen Professor und mehrere Psychologen kennen, um nur einige zu erwähnen.

Die Mitglieder und Gäste dieser Kommune kommen aus aller Welt, vorwiegend jedoch aus den USA, Australien, Deutschland und Holland.

Der wichtigste Aspekt der Findhorn-Philosophie ist die Vorstellung, daß jedem Menschen eine „Christus-Energie“ oder ein „Christus-Bewußtsein“ innewohnt. Durch Meditation soll der Mensch Zugang zu der unerschöpflichen Quelle der „Weisheit“, die in ihm existiert und „Christus-Selbst“ oder „Höheres Selbst“ genannt wird, erhalten. Der Unterricht auf Findhorn dient dazu, sich mit dem inneren „Christus“ abzustimmen und von ihm durch das Leben führen zu lassen.

Ursprünglich hatte ich nur zwei oder drei Tage bleiben wollen, doch nun hielt ich mich hier schon seit zwei Monaten auf, ohne daß ein Ende meines Besuchs abzusehen war.

Die „Leitung“ in meinen Meditationen wurde nicht müde, mich immer wieder aufzufordern, in der Kommune zu bleiben und an den Programmen für Langzeitgäste teilzunehmen. Dazu gehörte auch die Mitarbeit in den verschiedenen Abteilungen des Gemeinwesens.

Meistens half ich im Verlagsbüro, New Age-Literatur, die in Findhorn hergestellt wurde, zusammenzustellen und zu verschicken. Darunter waren auch Bücher wie „Reflections Upon the Christ“ von David Spangler oder „Earth at Omega“ von Donald Keys – ein Buch, in dem die Idee vertreten wird, nur eine New Age-Zentralregierung könne die Welt verändern und die globalen Probleme lösen.

Keys ist Gründer von „Planetary Citizens“, einer weltweiten New Age-Organisation, die durch politische Aktivitäten Veränderungen herbeizuführen sucht. Er war lange Zeit Berater der Vereinten Nationen.

Als Betreuerin für die „Gastarbeiter“ im Verlagsbereich war eine charmante ältere Dame tätig, die seit Jahren in Findhorn lebte. Sie vertraute mir einmal an, daß sie Christin sei und Jesus Christus als ihren Herrn betrachte.

Ich lernte andere Mitglieder der Kommune kennen, die früher Bibellehrer gewesen waren; einer von ihnen war ein ehemaliger Priester. Offenbar hatten sie irgendwann auf ihrem christlichen Weg die falsche Richtung eingeschlagen.

Im Rahmen eines zweimonatigen Orientierungsprogramms, das auf die volle Mitgliedschaft in der Kommune vorbereiten sollte, wurde ich aufgefordert, zwei Mitarbeitern aus der Personalabteilung einige Fragen zu beantworten. Dieses Gespräch sollte ihnen bei der Entscheidung helfen, ob ich als Vollmitglied in die Kommune aufgenommen werden könne oder nicht.

Nachdem ich ihnen meine Situation erklärt und ihre Fragen beantwortet hatte, meditierten wir als Dreiergruppe.

Während der Meditation leuchtete hinter meiner Stirn wieder das helle Licht auf. Die Energie war so stark, daß das Sofa, auf dem ich saß, zu vibrieren schien. Jetzt war ich zuversichtlich, daß mein Wunsch, Mitglied der Kommune zu werden, auch „Gottes“ Willen entsprach.

Jay, ein schlanker, bärtiger Kanadier, war der Leiter der Personalabteilung. Er begann während der Meditation als erster zu sprechen: „Welchen Rat können wir im Interesse von Wills ‚Höherem Selbst‘ geben?“ Er schien die Geisterwelt um Weisung zu bitten.

Es folgte eine längere Zeit der Stille. In mir vernahm ich die Worte: „Ja, Gott will, daß er aufgenommen wird.“ Jay beendete die Meditation und bestätigte mein Empfinden, daß es Gottes Wille sei, mich in die Kommune aufzunehmen.

Ich sah mich schon für den Rest meines Lebens in der Rolle eines New Age-Priesters. Natürlich würde das bedeuten, daß ich auf beruflichen Erfolg, finanzielle Sicherheit und soziales Ansehen verzichten müßte. Aber dazu war ich bereit, denn ich sagte mir, daß es nichts wichtigeres geben könne, als durch selbstlosen Dienst zum Heil der Menschheit und zum Sieg der neuen Weltordnung beizutragen.

Als Vollmitglied der Kommune durfte ich dem Verlagsteam beitreten. Ich war sehr glücklich, ein Mitglied der führenden New Age-

Organisation zu sein und für die Meister arbeiten zu dürfen. Doch diese Freude währte nicht lange.

Eine Woche später wachte ich eines Morgens auf und „wußte“ auf geheimnisvolle Weise, daß ich Findhorn verlassen und nach Los Angeles zurückkehren sollte. Diese „Weisung“ traf mich wie ein Keulenschlag.

Fragen Sie mich nicht, woher ich es wußte, aber mir war klar, daß die Meister von mir verlangten, zum „Erleuchteten Weg“ zurückzukehren. Es war so, als hätten sie den Gedanken des Weggehens nachts in mein Gehirn eingeschleust.

Ich erinnerte mich, einmal gelesen zu haben, daß die Meister die Fähigkeit besitzen, ihren Jüngern im Schlaf „formatierte Gedanken“ einzugeben. Wenn der Jünger erwacht, nimmt er diese Gedanken als eigene Ideen und Impulse wahr, die es unbedingt zu verwirklichen gilt. Deshalb war ich völlig davon überzeugt, solch einem Einfluß ausgesetzt gewesen zu sein.

Andererseits wollte ich mich nicht so ohne weiteres mit der neuen Situation abfinden. Schließlich war ich nach Findhorn gerufen worden, um das Leben in der New Age-Kommune kennenzulernen. Ich hatte Freunde gefunden und konnte mir nicht vorstellen, dieses Paradies schon nach einem halben Jahr wieder zu verlassen.

Widerwillig stand ich auf, kleidete mich an und ging in den Andachtsraum. Es bedurfte einer langen und intensiven Meditation, ehe ich innerlich bereit war, mein neues Zuhause wieder aufzugeben.

In den wenigen noch verbleibenden Tagen saß ich Stunde um Stunde schweigend im Andachtsraum und starrte vor mich hin. Ich fühlte mich unglücklich und machte mir beim Gedanken an die Rückkehr nach Los Angeles große Sorgen. Aber die innere Stimme bestätigte während der Meditationen immer wieder die Notwendigkeit, meine Zelte in Findhorn abzubrechen. Daraus folgerte ich schließlich, daß ich dieser Weisung folgen mußte, wenn ich meinem geliebten Herrn weiterhin dienen wollte.

Ich fragte mich, was Jay wohl dazu sagen würde. Ich hatte ihm nämlich versprochen, mindestens ein Jahr auf Findhorn zu bleiben. Weil mir die innere Stimme verboten hatte, mit anderen Menschen darüber zu reden, daß ich Djwhal Khuls Jünger war, mußte ich eine plausible Begründung für den plötzlichen Sinneswandel finden.

Als wir im Speiseraum zum Essenholen anstanden, ging ich verlegen zu Jay: „Jay, ich habe schlechte Nachrichten für dich. Ich muß die Kommune verlassen.“

Jay antwortete: „Oh! – Nun, eigentlich bin ich nicht sonderlich überrascht. Warum kommst du morgen nicht einfach mal vorbei, dann können wir darüber reden?"

Zum Glück hatte er Verständnis für die peinliche Situation, in die mich der unerwartete Auftrag „Gottes" gebracht hatte. So konnte ich in der Gewißheit Abschied nehmen, in Findhorn immer eine offene Tür vorzufinden.

Zwei Jahre später kehrte ich wirklich besuchsweise dorthin zurück. Da allerdings als wiedergeborener Christ und mit der Heilsbotschaft Jesu im Herzen.

7 Bis an die Grenze

„Muriel", fragte ich, „warum haben die Meister von mir verlangt, Findhorn zu verlassen und hierher zurückzukehren?"

Nachdem ich am Tag zuvor in Los Angeles angekommen war, hatte ich im „Erleuchteten Weg" ein privates Gespräch mit Muriel. Sie bot nämlich auch individuelle psychologische und spirituelle Beratung an, um die Aktivitäten des metaphysischen Zentrums finanzieren zu können. Die meisten Klienten waren keine eingeschriebenen Schüler des „Erleuchteten Weges". Manche kamen, weil sie psychotherapeutische Behandlung suchten, andere wollten lediglich Zukunftsdeutung oder Geistheilung.

Muriel antwortete: „Die Meister wollten, daß du Findhorn besuchst, aber du solltest dort nicht für immer bleiben. Sie wollten deinen Gehorsam prüfen, denn sie wußten, daß es dir dort gefallen würde. Sie wollten auch, daß du durch die Erfahrung mit anderen Lebensstilen wächst und dazulernst."

Muriel befand sich während des Gesprächs nicht in Trance, sondern überbrachte ihre Botschaft wie in einer normaler Unterhaltung. Offenbar hatte sie im Laufe der Jahre die Fähigkeit erlangt, bei vollem Bewußtsein Botschaften aus der Geisterwelt zu empfangen und weiterzugeben.

Sie fuhr fort: „Deine Rückkehr zeigt, wie sehr du innerlich gereift bist. Außerdem hast du in bezug auf das Verständnis unserer gemeinsamen Sache einen gewaltigen Sprung nach vorn gemacht. Du spürst jetzt den unwiderstehlichen Drang, anderen zu helfen." Ich hörte andächtig zu und stimmte mit dieser Botschaft völlig überein.

„New Age darf sich nicht auf Gruppen beschränken, die zurückgezogen in Kommunen leben", erklärte sie. „Abgeschiedenheit hat zwar manchmal ihr Gutes, aber das ist nicht das Ziel von New Age. Unserer eigentlicher Auftrag ist das Durchdringen der Welt, um ihr das Licht der neuen Weltordnung zu bringen. Es ist viel schwieriger, auf diese Weise tätig zu sein, als in Zurückgezogenheit zu leben. Integration ist sehr viel schwerer zu verwirklichen als Isolation. Die Meister wünschen, daß du dich an unserer Pionierarbeit in Los Angeles beteiligst. Wir sollen in der Welt sein, aber nicht von der Welt." Nach einiger Zeit fragte ich: „Soll ich mich wieder um meine ehemalige Arbeitsstelle bemühen? Ich weiß nicht, ob es klappen wird, aber versuchen könnte ich es wenigstens."

„Bedenke, daß du von ‚Gott' gesegnet bist", antwortete Muriel. „Die Türen werden offen sein. Besuche deinen alten Chef. Wenn es Gottes Wille ist, wirst du Erfolg haben."

Mein Chef freute sich über den Besuch. Er überlegte kurz und bot mir dann einen Job an. Ich ging also wieder einer geregelten Tätigkeit nach und verdiente meinen Lebensunterhalt.

Ein neuer Kurs am „Erleuchteten Weg"?

Selbstverständlich nahm ich auch an neuen Kursen des „Erleuchteten Weges" teil. Dabei fiel mir auf, daß sich in Muriels Unterricht einiges verändert hatte. Anstatt Offenbarungen der Meister weiterzugeben, übermittelte sie jetzt Botschaften des „Vaters". Dieser Unterschied erschien mir zwar nicht so wichtig, doch der Unterricht wirkte dadurch sehr viel religiöser als die früheren intellektuell-metaphysischen Lehrstunden.

Muriel betonte, daß sie eine besondere Einweisung erhalten habe, durch die sie befähigt sei, den „Vater" direkt zu channeln. In den Gruppen verbrachten wir jetzt viel Zeit damit, zum „Vater" zu beten – fast so, wie man es von christlichen Kirchen her kennt. Das Channeling fand in einer biblisch klingenden Ausdrucksweise statt.

Während einer Sitzung des erleuchteten Kreises, leitete ein Student folgende Mitteilung weiter: „Wenn ihr morgens aufwacht und den Tag beginnt, geht im Gebet zuerst zum ‚Vater' und fragt: ‚Vater, was soll ich heute tun, daß dein Name verherrlicht wird?'"

Diese Art Channeling beeindruckte mich sehr. Am nächsten Morgen richtete ich in meiner Wohnung einen kleinen Altar her. Ich schmückte ihn mit zwei silbernen Leuchtern, in denen weiße Kerzen steckten, und mit einer Weihrauchschale. Nachdem ich die Kerzen und den Weihrauch angezündet hatte, kniete ich vor dem Altar nieder und betete: „Vater, was soll ich tun, um deinen Namen heute zu verherrlichen?" Ich meditierte und war für alle Anweisungen offen, die er mir übermitteln würde. Ich beschloß, die morgendliche Zeit des Betens und Meditierens nun immer mit diesem Einführungsgebet zu beginnen.

Eines Abends ging ich wie gewöhnlich zu Bett und schloß die Augen. Plötzlich erfüllte eine wohltuende Wärme meinen ganzen Körper. Als ich die Augen wieder öffnete, war mein Schlafzimmer in grünes Licht getaucht. Ich nahm an, daß es die Meister geschickt hatten, und versuchte, wieder einzuschlafen. Aber es gelang mir nicht. Jedesmal, wenn ich die Augen öffnete, sah ich, daß mein Zimmer immer noch grünlich schimmerte. Obwohl ich die ganze Nacht über wach lag, war ich merkwürdig gelassen und entspannt.

Morgens ging ich allerdings mit gemischten Gefühlen zur Arbeit, da ich fürchtete, wegen der schlaflosen Nacht sehr müde zu sein. Um so überraschter war ich, daß mir den ganzen Tag über scheinbar unerschöpfliche Energiereserven zur Verfügung standen. Solche Kraft hatte ich sonst nicht einmal bei gutem Schlaf gehabt.

Die folgende Nacht verlief wie die vorhergehende. Ich tat kein Auge zu, doch als mein Schlafzimmer wieder von diesem geheimnisvollen Licht erfüllt war, fühlte ich mich sehr wohl. Diesmal schimmerte es bläulich und verschwand erst, als es hell zu werden begann.

Morgens war ich ausgeruht und voller Tatendrang. Es war ein harter Arbeitstag, doch ich bewältigte ihn mit Bravour. Niemand hätte mir geglaubt, daß ich zwei Nächte lang keine Sekunde geschlafen hatte.

Bei der nächsten Begegnung fragte ich Muriel, ob sie erklären könne, was mit mir geschehen war. Sie sagte: „Dich haben Engel besucht und dir himmlische Energie vermittelt." Ihre Sprechweise ließ mich annehmen, daß sie nicht nur auf meine Frage antwortete, sondern eine himmlische Botschaft weitergab.

Leider reichte die „heilsame Energie" nicht aus, meine gesundheitlichen Probleme zu beseitigen. Ich hatte mich nach wie vor mit Schmerzen herumzuplagen. Zunächst hoffte ich, daß sich mein Zustand nach und nach bessern würde, doch das war ein Trugschluß. Tatsächlich ging es mit meiner Gesundheit immer mehr bergab, obwohl ich spezielle New Age-Heilungsveranstaltungen besucht hatte. Darüber hinaus hatten Muriel und andere New Age-Heiler mir mehrfach die Hände aufgelegt und „Heilung" zugesprochen.

Jetzt geht es ums Geld!

Einige Monate später rief mich Muriel im Büro an. „Gestern abend hat mich der ‚Vater' geweckt", berichtete sie. „Er sprach mit mir und erwähnte dann, daß wir sechstausend Dollar brauchen werden, um Seminarunterlagen vorzubereiten und eine Werbekampagne für die neuen Kurse zu starten. Der ‚Vater' forderte mich auf, die Studenten anzurufen und sie um Spenden zur Unterstützung dieses Projekts zu bitten." Ohne lange nachzudenken, antwortete ich: „Gut, Muriel, laß mich sehen, was ich tun kann."

Bei den sonntäglichen Zusammenkünften hatte ich immer um die zwanzig Dollar in die Kollekte gelegt; einige Male war es auch ein Hunderter gewesen. Aber das war bisher immer meiner persönlichen Entscheidung überlassen gewesen. Muriel hatte mich nie direkt aufgefordert, eine besondere Spende zur Unterstützung der Aktivitäten des „Erleuchteten Weges" zu geben.

Nach Feierabend ging ich zu einem nahegelegenen Automaten und rief meinen Kontostand ab. Mein Guthaben lag bei ungefähr fünfhundert Dollar. Mehr besaß ich nicht. Die Reise nach England und der Aufenthalt in Findhorn hatten sämtliche Ersparnisse aufgezehrt. Im festen Vertrauen darauf, daß „Gott" sich um meine finanziellen Bedürfnisse kümmern würde, entschied ich mich, Muriel die fünfhundert Dollar zur Verfügung zu stellen. Mehr konnte ich leider nicht tun.

Ich meditierte nicht einmal über diese Angelegenheit, sondern füllte den Scheck aus und gab ihn zur Post. Es machte mich glücklich, ein Kind „Gottes" zu sein, zumal ich wußte, daß ich unter dem persönlichen Schutz meines Meisters stand. Mein Vertrauen in Djwhal Khuls Fürsorge war unbegrenzt. Er würde es nicht zulassen, daß ich wegen meiner Opferbereitschaft in Not geriet.

Zwei Tage später wachte ich mit einem beunruhigenden Gefühl auf. Irgendwie hatte sich in mir der Gedanke festgesetzt, daß ich Muriel sofort weitere fünfhundert Dollar zukommen lassen sollte.

Ich stand auf und schickte mich an, meine Morgenmeditation zu halten. Wie immer begann ich mit dem Gebet: „Vater, was soll ich heute tun, um deinen Namen zu verherrlichen?"

„Schicke weitere fünfhundert Dollar", befahl die innere Stimme.

Ich kann nicht sagen, daß mir diese Weisung gefiel, denn ich wußte ja, daß mein Kontostand auf Null gesunken war. Aber beim Überdenken meiner Finanzlage fiel mir ein, daß mein laufendes Gehalt am nächsten Tag auf dem Konto eingehen mußte. Das würde gerade für die befohlene Spende reichen.

Wohl war mir bei dem Gedanken zwar nicht, aber andererseits sagt ich mir, daß es eben Zeiten gibt, in denen Opfer gebracht werden müssen. Nachdem ich den Umschlag mit dem Scheck in den Briefkasten geworfen hatte, fühlte ich mich seltsam erleichtert.

Ich kannte Muriel jetzt seit über vier Jahren und wußte, daß sie seit der Gründung des „Erleuchteten Weges" vor mehr als zwanzig Jahren all ihre Ersparnisse aufgebraucht hatte, um die Ausgaben für die Aktivitäten des Zentrums zu bestreiten. Einmal hatte sie mir erzählt, daß sie sogar ihr Haus verkaufen mußte, um die Arbeit der Meister zu finanzieren. Sie hatte also selbst große Opfer gebracht.

Da ich wußte, daß Muriel in einer wohlhabenden und gebildeten Familie aufgewachsen war, konnte ich mir vorstellen, wie schwer es ihr gefallen sein mußte, mich um Geld zu bitten. Ich hegte keinen Zweifel daran, daß sie von ihrer spirituellen Leitung dazu gedrängt worden war.

Einige Tage später wachte ich morgens erneut mit dem Gefühl auf, ich müsse Muriel eine weitere Spende zukommen lassen. Diesmal sprach die Stimme aber nicht mehr von fünfhundert, sondern von tausend Dollar. Ich wollte nicht glauben, was ich fühlte und hörte. Woher sollte ich das Geld nehmen?

Wahrscheinlich kam dieser wahnsinnige Gedanke nicht aus meinem Höheren Selbst, sondern war lediglich Produkt meiner überspannten Vorstellungen.

Ich flüchtete mich in die Meditation, um herauszufinden, was wirklich vor sich ging. „Vater, was soll ich heute tun, um deinen Namen zu verherrlichen?“ fragte ich im einleitenden Gebet. Aber mein aufgewühltes Gemüt ließ mich nicht zur Ruhe kommen. Deshalb brach ich die Sitzung ab und beschloß, die Meditation am Abend nachzuholen.

Als ich abends nach Hause kam, zündete ich die beiden Kerzen an und brannte etwas Weihrauch ab. Dann kniete ich nieder und betete: „Lieber Vater, gib mir eine klare Weisung bezüglich der Spenden, die der ‚Erleuchtete Weg‘ so dringend braucht. Laß mich wissen, ob es wirklich dein Wille ist, daß ich weitere tausend Dollar opfere.“ Noch auf den Knien liegend, meditierte ich mit zum Gebet gefalteten Händen. Da sprach die innere Stimme leise: „Ja, du mußt sofort einen Scheck über tausend Dollar ausstellen. Dein Geld wird benötigt, um mehr Menschen mit dem New Age bekannt zu machen. Wir brauchen in unserer Jüngerschaft mehr Leute.“

Mein Verstand protestierte: „Wie kann ich Geld schicken, wenn mein Bankkonto leer ist?“

Die innere Stimme antwortete: „Du hast Kreditkarten. Benutze sie.“

Ich war bestürzt und wandte ein, daß ich meine Kreditkarten nur im Notfall als letzte Reserve benutzen könne.

„Dies *ist* ein Notfall“, wies mich die innere Stimme zurecht. „Das Geld wird *jetzt* gebraucht, um meine Arbeit zu tun.“

Ich überlegte eine Weile hin und her, ehe ich den Widerstand aufgab und den Scheck ausschrieb. Als er im Briefkasten verschwand, fielen alle Bedenken – wie von Geisterhand verscheucht – von mir ab.

Nachdem ich meine Finanzlage überdacht hatte, kam ich zu dem Schluß, daß mir der Kreditrahmen meiner MasterCard die Spende tatsächlich möglich machte. Nun mußte ich nur noch das Geld abheben und auf mein Girokonto einzahlen, damit der Scheck gedeckt war. Als ich zwei Tage später morgens aufwachte, hörte ich in mir ein Lied, dessen Text lautete:

Geh' aufs Ganze,
oh, ho, ho.
Geh' aufs Ganze,
oh, ho, ho.
Geh' aufs Ganze ...

Ich erinnerte mich daran, daß dieser Titel vor Jahren ein Pop-Hit gewesen war. Die Melodie und der Text verknüpften sich in mir unabweisbar mit dem Gedanken, Muriel einen weiteren Tausend-Dollar-Scheck zu schicken. Vor meinem geistigen Auge erschien ganz deutlich ein Scheck, auf dem $ 1000,– geschrieben stand. Entsetzt rief ich: „O nein, nicht schon wieder! Wann ist endlich Schluß damit?“

Während ich aus dem Bett sprang, mahnte ich mich selbst zur Besonnenheit: Nur keine Panik! Was du hier erlebst, ist lediglich eine emotionale Entgleisung! Gott kann nicht wollen, daß du dich hoffnungslos verschuldest. Möglicherweise trieben die Meister auch nur ihr Spiel mit mir oder wollten sich meiner Treue vergewissern.

Aber als ich unter der Dusche stand, hatte ich immer noch dieses vermaledeite Lied im Ohr:

Geh' aufs Ganze,
oh, ho, ho.
Geh' aufs Ganze,
oh, ho, ho.
Geh' aufs Ganze ...

Ich war deprimiert und nahm mir vor, die Spendenaufforderung einfach zu ignorieren. Ich sagte mir, daß Gott bestimmt nicht meinen finanziellen Ruin wolle. Doch ich wurde den Schlager den ganzen Tag über nicht los. Immer wieder sagte ich mir, daß es nicht zu verantworten sei, sich wegen dieses Meditationszentrums ins Unglück zu stürzen.

Hinzu kam, daß ich mich schon mehrmals gefragt hatte, ob wirklich alle Offenbarungen und Anweisungen Muriels „göttlichen“ Ursprungs waren. Ich vermutete nämlich, daß manche Botschaften nicht von Gott kamen, sondern von unbekannten Astralwesen.

Dazu muß man wissen, daß die Esoteriker zwischen verschiedenen Astral-Ebenen unterscheiden.

Die Alstralwesen niedriger Intelligenz existieren auf dem unteren Niveau der Geisterwelt. Zu ihnen zählen Elfen, Kobolde und Gespenster. Es wird behauptet, daß ein Medium mitunter ohne es zu wissen eine Nachricht von diesen schelmischen Astralwesen empfängt. Manchmal behauptete Muriel nämlich Dinge, die nicht mit dem übereinstimmten, was Djwhal Khul in Alice Baileys Büchern angeordnet hat. Deshalb war ich fest entschlossen, keine weiteren Zahlungen mehr zu leisten.

Obwohl ich eine klare Entscheidung getroffen hatte, änderte sich mein depressiver Gemütszustand nicht. Außerdem ließ sich der Schlagertext „Geh' aufs Ganze ..." einfach nicht aus dem Bewußtsein verdrängen. Er war da, wenn ich speiste, störte mich beim Telefonieren und ließ mir sogar während der Arbeit keine Ruhe. Er triumphierte über jeden Versuch, ihn loszuwerden. Es nützte auch nichts, ihn durch andere Melodien zu verdrängen.

Schließlich verband sich mit dem Liedtext die unmißverständliche Aufforderung, weitere Spenden zu schicken. „Du mußt das Geld schicken", hämmerte die Stimme in mein Gewissen. „Eintausend Dollar", wiederholte sie.

Als ich von der Arbeit nach Hause kam, meditierte ich. Die innere Stimme wies mich ungehalten zurecht: „Du mußt das Geld schicken. Du wirst es auf der Stelle überweisen!" Diesmal wollte ich nicht auf das Höheres Selbst hören. Ich hoffte, es würde irgendwann die Geduld verlieren und schweigen. Doch es blieb unerbittlich.

Geh' aufs Ganze,
oh, ho, ho.
Schick' ihn; schick' den Scheck.
Tausend Dollar sind Gebot.
Geh' aufs Ganze,
la, la, la.

Ich kniete vor meinem Altar nieder und betete: „Lieber Vater, in aller Bescheidenheit komme ich zu dir und bitte dich, mir Weisheit und einen klaren Verstand zu geben. Ich will nichts Törichtes tun. Zeige mir bitte unmißverständlich, ob du von mir verlangst, daß ich den „Erleuchteten Weg" weiterhin finanziell unterstütze. Ich möchte tun, was du willst, beschütze mich aber vor irreführenden astralen Einflüssen."

Nachdem ich eine Zeitlang meditiert hatte, betete ich weiter: „Ich meine es wirklich ernst, wenn ich jeden Tag frage: ‚Vater, was soll ich heute tun, um deinen Namen zu verherrlichen?'"

„Benutze deine MasterCard!“ donnerte die Stimme.

Erschrocken fragte ich mich, wohin das noch führen sollte.

„Außerdem möchte ich, daß du deinen Kreditrahmen erweitern läßt“, unterbrach mich die Stimme.

Ein kalter Schauer lief mir über den Rücken.

„Mach dir keine Sorgen. Du wirst für das, was du tust, gesegnet werden,“ versicherte das Höhere Selbst. „Der Vater steht dir zur Seite.“

Meine Verzweiflung wuchs, denn ich hatte mehr und mehr das Gefühl, mich aus eigensüchtigen Gründen dem Willen „Gottes“ zu widersetzen.

Allerdings fragte ich mich auch, ob die Meister tatsächlich mit den geforderten tausend Dollar zufrieden sein würden. Welche Gewähr hatte ich, daß die Sache mit diesem erneuten Opfer ausgestanden war? Wenn ich mich jetzt ihrer Argumentation beugte, würde ich das immer wieder tun müssen.

Doch schließlich gelangte ich zu der Überzeugung, daß es besser für mich sei, den Scheck auszustellen. Ich konnte dem inneren Druck einfach nicht länger standhalten. Der Text des Liedes machte mich verrückt.

Während ich den Scheck ausschrieb, fragte ich mich, ob vielleicht mein Widerstand der Grund für meine Depressionen sein könnte. Wahrscheinlich hatte mein Ungehorsam einen Keil zwischen mich und die Meister getrieben.

Ich ging zum Briefkasten und schickte den Scheck ab. Als der Brief durch den Schlitz glitt, fielen alle Belastungen von mir ab, als hätte eine Geisterhand sie weggewischt. Auch die Melodie von „Geh’ aufs Ganze ...“ war plötzlich wie weggeblasen.

Als ich am nächsten Morgen aufwachte, erforschte ich zuerst meine Gedanken, aber es fiel mir nichts Ungewöhnliches auf. Es gab keinen inneren Impuls, der mich zu weiteren Spenden aufforderte. Mir fiel ein Stein vom Herzen.

Die ganze folgende Woche verlief ohne besondere Vorkommnisse. Doch danach wachte ich eines Morgens mit dem Gedanken auf, ich müsse dem „Erleuchteten Weg“ unbedingt zweitausend Dollar überweisen.

„O nein! Nicht schon wieder!“ protestierte ich, sprang aus dem Bett und stürzte unter die Dusche. Und da war es wieder: „Geh’ aufs Ganze, oh, oh, oh ...“ Jeden Ton und jedes Wort in Stereo zu hören, war eine verblüffende und zugleich entsetzliche Erfahrung.

„Was soll ich jetzt tun?“ rief ich laut. Doch es kam keine Antwort. Ich hörte nur das Lied „Geh’ aufs Ganze ...“

Nach dem Ankleiden kniete ich vor meinem Altar nieder. Während der Meditation erschien vor meinem inneren Auge ein Scheck, auf dem der Betrag von $ 3000,– eingetragen war. Da mir diese Forderung völlig unmöglich erschien, stellte ich schnell einen Scheck über zweitausend Dollar aus. Ich hatte einfach nicht mehr die Kraft zum Widerstand und wollte nicht Gefahr laufen, wieder diesen fürchterlichen Depressionen ausgeliefert zu sein. Falls die Hierarchie weitere tausend Dollar verlangte, sollte sie das Geld haben. Alles Geld der Welt war die entsetzlichen Qualen nicht wert, die ich durchgemacht hatte. Es war besser, alles zu tun, was die Meister forderten – und damit Schluß!

Ich redete mir ein, daß die Meister schon wüßten, was sie taten. Letztlich würden sie mir sowieso helfen müssen, den aufgelaufenen Schuldenberg abzutragen. Warum sollte ich also Widerstand leisten? Ich glaubte mir durch Großzügigkeit und strikten Gehorsam einen Platz im Reich „Gottes“ sichern zu können. Im übrigen rechnete ich fest damit, daß mir jeder Dollar, den ich für „Gottes“ Werk opferte, mit Glück und Wohlstand vergolten würde.

Am nächsten Morgen war das Lied wieder da: „Geh' aufs Ganze ... noch ein Mal!“ Ich hatte es fast schon erwartet und wußte, daß wieder tausend Dollar fällig waren. Allerdings waren die letzten Worten des Liedtextes anders als zuvor: „... noch ein Mal“. Ich fragte mich, ob der Nachsatz bedeutete, daß dieser Scheck meine letzte Spende sein würde.

Die innere Stimme erklärte prompt: „Du hättest die dreitausend Dollar überweisen sollen, als du gestern dazu aufgefordert wurdest. Schicke also die fehlenden tausend Dollar unverzüglich hinterher!“

Ohne zu zögern stellte ich den Scheck aus. Damit belief sich der Gesamtbetrag, den ich in den vergangenen zwei Wochen an den „Erleuchteten Weg“ geschickt hatte, auf sechstausend Dollar. Das war genau die Summe, um die Muriel gebeten hatte.

Nach dieser Überweisung war die Melodie „Geh' aufs Ganze ...“ aus meinem Bewußtsein verschwunden und kehrte nie mehr zurück. Vermutlich wußten die Meister, daß sie bei mir nichts mehr holen konnten, da mein Kreditrahmen ausgeschöpft war.

Im Rückblick auf diese Phase meiner New Age-Jüngerschaft kann ich nur vermuten, daß ich völlig unter der Herrschaft dämonischer Mächte stand. Es war mir kaum noch möglich, mich der telepathischen Manipulation meiner Gefühle und meines Gewissens zu widersetzen. Glücklicherweise sollte das nicht so bleiben!

8 Bibelstudium am New Age-Zentrum

„Der ‚Vater' hat mir offenbart, daß in der Heiligen Schrift viel Weisheit und Kraft enthalten ist", kündigte Muriel zu Beginn des neuen Jüngerschaftstrainings an. Ich hatte mich schon gewundert, daß neuerdings eine Bibel auf ihrem Schoß lag, wenn sie sich vor unsere Gruppe setzte.

„Er hat mich angewiesen, am ‚Erleuchteten Weg' mit dem Bibelstudium zu beginnen. In diesem Seminar werden wir also die Bibel als wichtigstes Nachschlagewerk benutzen."

Ich war überrascht, denn mir wäre nie in den Sinn gekommen, daß in unserem New Age-Zentrum eines Tages die Bibel studiert würde. Muriel öffnete das große, ledergebundene Buch und sagte: „Ich lese aus dem Markusevangelium im elften Kapitel den Vers 24. An dieser Stelle äußert sich Jesus über den Glauben und die Kraft des Gebetes. Er sagt: ‚Wenn ihr Gott um etwas bittet und darauf vertraut, daß die Bitte erfüllt wird, dann wird sie auch erfüllt.'"

Muriel beugte sich vor und legte die Bibel neben ihren Stuhl auf den Teppich. Dann erklärte sie den Text und betonte, wenn man den „Vater" im Gebet um etwas Bestimmtes bitte, sei es wichtig, daran zu glauben, daß man es schon bekommen habe. „Falls jemand um Heilung bittet", sagte sie, „muß er nach dem Gebet fest daran glauben, daß er geheilt ist, selbst wenn die Symptome der Krankheit noch nicht verschwunden sind.

Der Umgang mit der Bibel befremdete mich. Ich hatte immer begeistert Djwhal Khuls Schriften und Muriels Offenbarungen der Meister studiert, doch es ging mir gegen den Strich, mich mit der Bibel befassen zu müssen. Seit ich mich der New Age-Bewegung angeschlossen hatte, hielt ich dieses Buch für uninteressant und überholt.

Als Muriel ihre Auslegung beendet hatte, begannen wir wie gewohnt mit der Gruppenmeditation. Wir beteten der Reihe nach zum „Vater“ und baten ihn, unsere Arbeit am „Erleuchteten Weg“ zu segnen. Wer wollte, konnte sich auch mit persönlichen Anliegen an ihn wenden.

„Jesus Christus“ erscheint und segnet

Während einer späteren Vorlesung berichtete Muriel von einer erstaunlichen Erfahrung, die sie kürzlich gemacht hatte.

„Während eines Aufenthaltes im Brentwood Holiday Inn, wurde ich in der Nacht wach. Mitten im Zimmer stand ein fremder Mann. Ihr könnt euch vorstellen, wie erschrocken ich war! Dennoch hatte ich das Gefühl, von ihm nichts Böses befürchten zu müssen. Er war etwa 1,80 Meter groß und strahlte Ruhe und Würde aus. Ehe ich etwas sagen konnte, befahl er: ‚Knie vor mir nieder!‘“

Muriel holte tief Luft, als würde sie die Situation im Geiste noch einmal erleben. Ich schaute sie unverwandt an, um mir keine ihrer Regungen entgehen zu lassen. Sie redete weiter: „‚Knie vor mir nieder! Ich bin Jesus Christus und möchte dich heilen.‘ Genau das sagte er; und ich war von seiner Ausstrahlung so überwältigt, daß ich nicht gewagt hätte, mich der Aufforderung zu widersetzen.“

Muriel erzählte, daß sie aus dem Bett aufgestanden war und sich vor den geheimnisvollen Fremden hingekniet hatte. Dann fuhr sie fort: „Jesus ist eine beeindruckende Persönlichkeit. Man hätte meinen können, er sei ein erfolgreicher Geschäftsmann oder ein bedeutender Politiker. Aber das beschreibt seine Person nur ungenügend; denn ich hatte zugleich den Eindruck, daß mir hier ein gottähnliches Wesen begegnete. Jedenfalls entsprach er nicht der landläufigen Vorstellung vom Sohn Gottes.“

Obwohl ich diese Geschichte für unglaublich hielt, zweifelte ich nicht daran, daß Muriel die Wahrheit sagte. Ich kannte sie seit einigen Jahren und war sicher, daß sie uns keine Märchen auftischte.

„Er ist star-r-r-k“, stieß sie hervor. „Er legte seine Hände auf meinen Kopf und segnete mich. Danach drehte er sich um und verließ mein Zimmer durch die verschlossene Tür.“

Nach dieser geheimnisvollen Erfahrung veränderte sich die Atmosphäre im „Erleuchteten Weg“ merklich. Manchmal konnte man den Eindruck gewinnen, in einer christlichen Versammlung zu sein.

Durch den Bibelunterricht geriet mein philosophisches Weltbild nach und nach ins Wanken. Ich kann nicht sagen, daß mir das gefiel, denn es bedeutete letztlich, daß ich mich wieder neu orientieren mußte. Aber ich konnte mich dem auch nicht entziehen, da ich annahm, Jesus müsse einer der Senior-Meister der Hierarchie sein. Wenn das stimmte, war es unerläßlich, seine Lehren zu studieren.

Aus Alice Baileys Büchern wußte ich, daß der Meister Jesus die Kontrolle über die gesamte Christenheit hat. So erkannte ich auch ihn als einen der großen Meister an und hoffte, daß mir das irgendwie von Nutzen sein würde. Was seine Lehren betraf, dachte ich, daß sie das von Djwhal Khul vermittelte metaphysische Wissen erweitern oder ergänzen könnten.

In einem der Bibelseminare lehrte uns Muriel, im Namen Jesu zu beten. Sie zitierte das Jesuswort: „Dann werde ich alles tun, worum ihr bittet, wenn ihr euch dabei auf mich beruft. So wird durch den Sohn die Herrlichkeit des Vaters sichtbar werden. Wenn ihr euch auf mich beruft, werde ich euch jede Bitte erfüllen." (Johannes 14,13.14 GN)

Muriel kommentierte den Text: „In diesen Versen rät Jesus seinen Anhängern, *in seinem Namen* zu bitten. Der Name *Jesus* ist der bedeutendste Name im Universum und sollte deshalb im Gebet stets angerufen werden."

Sie forderte uns auf: „Wenn ihr ganz allgemein betet, solltet ihr zum ‚Vater' beten, wie Jesus es seine Jünger im ‚Vaterunser' gelehrt hat. Wenn ihr jedoch um ganz bestimmte Dinge bittet, dann tut das im Namen Jesu. ‚Jesus' ist der mächtigste Name, der für Bittgebete benutzt werden kann."

Muriel erzählte dann, daß sie vom „Vater" angewiesen worden sei, ein Fernsehgerät zu kaufen, um die Sendungen von Evangelisten wie Kenneth Copeland und Kenneth Hagin verfolgen zu können. „Ich muß ihre Predigttechnik studieren. Der ‚Vater' meint, daß diese und andere christliche Prediger dem New Age nahestehen. Darum möchte er, daß ich von diesen Männern lerne, um am ‚Erleuchteten Weg' noch erfolgreicher wirken zu können."

Muriel meinte, auch uns könne es nicht schaden, die Sendungen dieser Evangelisten zu verfolgen. Ich konnte mit diesem Rat nichts anfangen, da ich gar kein Fernsehgerät besaß. Schon vor längerer Zeit war ich zu der Überzeugung gekommen, daß zuviel Schund über die Bildschirme flimmert. Deshalb hatte ich bewußt darauf verzichtet, ein Gerät zu kaufen.

Mir waren also die Namen der genannten Fernsehprediger völlig unbekannt. Aber ich nahm mir wenigstens vor, mich danach zu erkundigen, ob diese Prediger auch im Rundfunk zu hören waren.

„Jesus Christus" erscheint einem Guru

Da sich jetzt im „Erleuchteten Weg" fast alles um Jesus Christus drehte, wurden in mir ganz bestimmte Erinnerungen wach.

Ich entsann mich eines Gottesdienstes, der von der „Self Realization Fellowship" (SRF), einer in Los Angeles ansässigen Hindu-Organisation, veranstaltet worden war. Er fand in der schönen Kapelle des Lake Shrine Zentrums statt. Besonders beeindruckt war ich von den sechs großen Gemälden auf der Vorderseite des Altars, auf denen Gurus abgebildet waren, die offenbar mit der Organisation verbunden gewesen sein mußten. Eins der beiden mittleren Bilder stellte Jesus dar. Damals hatte ich mich gefragt, warum diese hinduistische Sekte ausgerechnet Jesus Christus verehrte. Allerdings hatte ich damals nicht nach den Gründen geforscht.

Aber als jetzt dieser Jesus Christus Mittelpunkt der Vorlesungen im „Erleuchteten Weg" wurde, wollte ich die SRF-Kapelle unbedingt wiedersehen und die Mönche nach ihrer Beziehung zum Christentum fragen.

Ich war früh dort und nahm vor dem Altar Platz. Bald war die Kapelle bis auf den letzten Stuhl gefüllt. Wer nicht mehr in den Saal eingelassen wurde, erlebte die Andacht per Lautsprecher im angrenzenden Garten mit.

Das Programm begann mit Weihegesängen. Der Sprecher sah wie ein Mönch aus und trug ein rotes Hindugewand. Nach einer kurzen Einleitung zur Predigt folgte eine Meditation, an die sich der Rest der Predigt anschloß. Die bestand aus einer seltsamen Mischung von hinduistischem und christlichem Gedankengut, wobei ich den Eindruck hatte, daß die fernöstlichen Elemente überwogen. Die Versammlung schloß mit einem Gebet, zu dem alle Teilnehmer aufstanden und die Arme nach oben streckten.

Später unterhielt ich mich mit einem älteren Mönch, einem kahlköpfigen, etwas aufgedunsenen Mann mit roter Jacke. Offensichtlich war das Kleidungsstück eine Art Uniform, wie sie von den Mönchen dieser Sekte getragen wurde.

„Glauben Sie an den Teufel?" fragte ich ihn.

Der Mönch holte eine Bibel und las mir verschiedene Texte daraus vor. Ich war von seinem Bibelwissen beeindruckt. Wir führten ein angeregtes Gespräch. Er empfahl mir, das Buch „Autobiographie eines Yogi" zu kaufen, das von Paramahansa Yogananda, dem Gründer der Organisation, stammt.

Aus dem Buch erfuhr ich, daß Yogananda aus Indien kam, wo er mehrere Jahre in einem hinduistischen Ashram ausgebildet worden war, bevor er nach Amerika auswanderte. Yogananda war von seinem Guru mit dem Auftrag in die USA gesandt worden, in Kalifornien ein Kloster zu gründen, um von dort die Hindulehren unter die Leute zu bringen. Durch einen prophetischen Traum veranlaßt, wählte Yogananda in Los Angeles ein Herrenhaus als Sitz für sein klösterliches Gemeinwesen aus.

Ziemlich am Ende des Buches fand ich eine Passage, die meine Frage beantwortete, warum das SRF Jesus Christus so viel Ehrerbietung entgegenbringt. Dort hieß es:

„Es war eine meiner glücklichsten Erfahrungen, als ich meine Auslegung über einige Abschnitte des Neuen Testaments für das ‚Self Realization Magazin' diktierten konnte. Inbrünstig flehte ich Christus an, mir das richtige Verständnis für sein Wort zu schenken, das heute von so vielen mißverstanden wird."

Ich war von Yoganandas Begeisterung für die Schriften des Neuen Testaments beeindruckt. Andächtig las ich weiter:

„Als ich eines Abends betete, leuchtet mein Wohnzimmer in opalblauem Licht auf. Danach erschien mir Jesus Christus in Gestalt eines etwa fünfundzwanzigjährigen Mannes mit spärlichem Bartwuchs und einem schmalen Oberlippenbart. Sein langes schwarzes Haar war in der Mitte gescheitelt und von einem goldenen Schein umgeben.

Die Augen strahlten Güte aus und änderten mehrfach ihre Farbe, während ich ihn anblickte. Sie übermittelten mir göttliche Offenbarungen, die ich verstand, ohne daß es irgendwelcher Worte bedurfte. Ich war erstaunt, welche Weisheit mir auf geheimnisvolle Weise zufloß. Mir schien, daß die Kraft dieses Blickes genügt, um das gesamte Universum zusammenzuhalten. Von seinem Mund schwebte ein heiliger Gral* zu meinen Lippen herab und kehrte danach zu ihm zurück. Nach einer kurzen Zeit heiliger Stille sprach mich Jesus mit wohlklingender Stimme an. Was er sagte, war so persönlicher Art, daß ich es tief im Herzen verschlossen und bisher keinem mitgeteilt habe."

Damals begann ich darüber nachzudenken, wie segensreich es sein müsse, die verschiedenen Weltreligionen miteinander zu ver-

---

* Als Gral wird ein legendäres Gefäß bezeichnet, aus dem Jesus seine letzte Mahlzeit gegessen und in dem Josef von Arimathia das Blut des Gekreuzigten aufgefangen haben soll. Der Sage nach ist der Gral mit wunderwirkenden Kräften ausgestattet und wird in einem fernen Land von auserwählten Rittern bewacht.

söhnen oder gar zu vereinen. Daß Jesus sowohl hinduistischen Priestern und Mönchen als auch christlichen Geistlichen erschien, konnte doch nicht als purer Zufall abgetan werden. Vermutlich waren die verschiedenen Religionen lediglich Teilstücke der einen göttlichen Wahrheit, die nur zu einer Einheit zusammengefügt werden mußten. Aber wem würde es gelingen, aus den vielfältigen theologischen Ideen eine für alle Menschen gültige Religion zu schaffen?

Für mich war die Antwort klar: New Age! Denn das Konzept dieser Bewegung lautet: Einheit in der Vielfalt verwirklichen, um so die Vollkommenheit Gottes zu offenbaren und eine liebende, verständnisvolle und harmonische Gesellschaft zu schaffen. Wenn sich das verwirklichen ließe, würde das neue Zeitalter (New Age) der Liebe, Erleuchtung und Freude anbrechen. Letztlich wäre das der Himmel auf Erden.

Der Kenneth Copeland Kongreß

Muriel erwähnte während der Bibelseminare mehrfach den Namen Kenneth Copeland. Durch die Rundfunksendungen, die ich inzwischen hörte, wußte ich, daß dieser texanische Evangelist ein mitreißender Redner war. Allerdings glaubte ich nicht, daß er tatsächlich mit den Idealen des New Age übereinstimmte, wie Muriel es behauptete. Für mich klangen seine Rundfunksendungen wie Predigten auf rein biblischer Grundlage.

Eines Tages wurde in einer seiner Rundfunksendungen auf eine besondere Veranstaltung hingewiesen. Die Tagung sollte im Kongreßzentrum von Anaheim stattfinden. Copeland und seine engsten Mitarbeiter würden dort predigen. Ich nahm mir vor, diese Versammlung zu besuchen, um den Mann persönlich kennenzulernen. Vielleicht würde ich an ihm etwas entdecken, was mir beim bloßen Hören seiner Sendungen entgangen war.

„Haben Sie sich registrieren lassen, mein Herr?“ fragte mich ein Ordner, als ich das Konferenzgebäude betrat. Aus dem Inneren der Halle hörte ich Gesang und Halleluja-Rufe. Im Vorübergehen sagte ich: „Nein, vielen Dank, das wird nicht nötig sein, da ich nicht lange bleibe.“ Ich wollte meinen Besuch nicht durch Formalitäten in die Länge ziehen, zumal ich nicht vorhatte, meine Zeit an einen altmodischen christlichen Prediger zu verschwenden. Eigentlich wollte ich lediglich einen Eindruck von dem Mann gewinnen, für den sich Muriel so begeisterte.

In der überdachten Arena waren ungefähr 6000 Zuhörer versammelt. Einige der Teilnehmer weinten, andere murmelten unverständliche Worte vor sich hin, so daß ich annahm, sie redeten in Zungen. Ich sah Leute beten oder die Bibel aufschlagen, aber auch viele, die Popcorn aßen oder Erfrischungsgetränke schlürften, als befänden sie sich bei einem Baseballspiel. So etwas hatte ich noch nie erlebt.

Ich sah mich nach einem Sitzplatz um und entdeckte ganz oben am Rand eine leere Stuhlreihe. Mir schien es besser zu sein, mich möglichst von dieser gefühlsseligen, lärmenden Menge fernzuhalten. Djwhal Khul lehrt nämlich, daß emotionale Energie für jemanden, der auf metaphysischen Wegen wandelt, hinderlich ist.

Deshalb beobachtete ich das Geschehen von meinem Sitz aus mit großem inneren Abstand. Auf der Bühne sang ein Mann. Nach dem Lied begann er zu reden. Ich dachte: Das muß Kenneth Copeland sein. Daß seine musikalische Darbietung Niveau hatte, ließ sich nicht leugnen.

Nach einer kurzen Bibellesung fuhr Copeland mit seiner Predigt fort. Er schien auch ein ausgezeichneter Redner zu sein. Allerdings störte es mich, daß er sich mit dem altbekannten christlichen Gedankengut befaßte, das mir schon in meiner Jugend bis zum Erbrechen gepredigt worden war. Gerade gab er den Zuhörern Ratschläge, wie es zu verhindern sei, daß der Teufel den Christen die Freude raubt, die sie in sich fühlen sollten.

Ich fragte mich, warum Muriel ausgerechnet diesen Mann als besonders von Gott begnadet bezeichnet hatte. Und ich konnte auch nicht erkennen, daß er den Ideen des New Age besonders nahe stand. Wahrscheinlich hatte Muriel sich geirrt. Aber der Fairnis halber wollte ich noch ein wenig bleiben, um mich nicht dem Vorwurf der Oberflächlichkeit auszusetzen. Vielleicht kam das Entscheidende ja erst noch.

So saß ich da und wartete auf Gedankengänge, die sich nicht nur im gewohnten christlichen Gleis bewegten. Aber ich wartete vergebens. Alles, was ich hörte, war eine mit Bibeltexten gespickte, altmodische Predigt. Nach einer halben Stunde hatte ich die Nase voll. Dennoch bereute ich mein Kommen nicht, hatte sich doch gezeigt, daß dieser von Muriel regelrecht in den Himmel gehobene Evangelist sein Geld nicht wert war. Mochte er auch noch so mitreißend reden, sein biblisches Gedankengut konnte mit den metaphysischen Lehren Djwhal Khuls nicht mithalten. Mir schien, daß selbst Muriel weit mehr Einblick in die göttlichen Dinge hatte, als solche angeblichen Top-Leute der christlichen Szene.

Nachdem ich zu diesem Schluß gekommen war, wollte ich eigentlich aufstehen und nach Hause gehen, doch irgendwie schien mich eine unsichtbare Macht auf dem Sitz festzuhalten. Ich blieb also und konzentrierte mich wieder auf das Geschehen auf der Bühne. Doch bald wurde die Langeweile unerträglich. Ich erhob mich und ging zum Ausgang. Auf dem Nachhauseweg dachte ich: Was soll's! Vielleicht muß man so etwas einfach mal erleben, um zu begreifen, was man an den Büchern von Alice Bailey und an Muriels Kommentaren zur Bibel hat.

Am nächsten Tag bekam ich in meiner Morgenmeditation allerdings einen merkwürdigen Auftrag: „Geh heute abend wieder zum Copeland-Kongreß“, befahl die innere Stimme.

„Hmmm“, brummte ich ärgerlich. Ich war von dieser Weisung nicht begeistert, entschloß mich aber doch, ihr zu folgen. Vielleicht wollten die Meister, daß ich dort jemanden treffen sollte. Möglicherweise würde ich ja auch wider Erwarten etwas Wichtiges hören. Vielleicht hatten mir die Meister auch nur eine zusätzliche Dosis Langeweile verordnet, um mich ein für allemal davon zu überzeugen, daß die christlichen Evangelisten tatsächlich nicht allzuviel wußten.

Ich machte mich also gegen Abend auf den Weg zum Kongreßzentrum und suchte mir wieder einen Beobachterplatz am Rande des Geschehens. Merkwürdigerweise fand ich diesmal mehr Gefallen am Singen. Ich ertappte mich sogar dabei, daß ich an einer bestimmten Stelle wie die anderen meine Hände nach oben ausstreckte. Schließlich begann Copeland zu predigen. Ich fand es enttäuschend, daß er wieder nur über diesen altmodischen „Bibelkram“ predigte. Gewiß, er zog eine rhetorisch perfekte Show ab, doch mich konnte er damit nicht fangen. Im Gegenteil, ich langweilte mich.

Um meine Zeit nicht nutzlos zu vergeuden, versuchte ich zu meditieren. Ich setzte mich auf den Rand des Sitzes, streckte meinen Körper und begann mit den üblichen okkulten Beschwörungen und Bittgebeten. Nach ungefähr zwanzig Minuten beendet ich die Meditation, indem ich mir vorstellte, wie die „Christus-Energie“ die ganze Halle erfüllte.

Eigentlich hätte ich jetzt nach Hause gehen können, doch ich fühlte mich gedrungen, bis zum Ende des Abendprogramms zu bleiben. Als die Veranstaltung beendet war, kehrte ich in der Gewißheit heim, daß dies mein letzter Besuch gewesen war.

Aber es kam anders. Unwillig vernahm ich am nächsten Morgen in meiner Meditation, daß ich nach der Arbeit wieder die Abendveranstaltung des Kongresses besuchen sollte. Das war mir ganz und gar nicht lieb, aber im Blick auf die innere Stimme handelte ich schon seit geraumer Zeit nach dem Motto: „Frage nicht nach dem Warum, sondern tue, was dir befohlen wird."

Also fuhr ich nach der Arbeit die 40 Kilometer zum Kongreß und setzte mich auf meinen gewohnten Platz. Im Verlauf seiner Predigt sagte Copeland plötzlich etwas, das mir einen kalten Schauer über den Rücken jagte. Ich beugte mich vor, um ja kein Wort zu verpassen. Der Evangelist beschrieb eine Vision, die ihm unlängst zuteil geworden war. Er behauptete, Gott habe ihm mitgeteilt, daß Jesus bald sichtbar erscheinen werde. Man könne Christus in Begleitung seiner Engel durch die Reihen gehen und wieder verschwinden sehen. Und das sei nicht nur in einer Kirche zu beobachten, sondern werde zunehmend in immer mehr Gotteshäusern geschehen.

Alles, was ich bisher auf dem Kongreß gehört hatte, war mehr oder weniger an mir vorbeigerauscht, aber diese Prophezeiung elektrisierte mich. Sie deckte sich nämlich mit dem, was Muriel uns kürzlich am „Erleuchteten Weg" erzählt hatte. Sie hatte angekündigt, daß wir fest damit rechnen könnten, Jesus bald leiblich während eines Gottesdienstes in unserem Zentrum zu begegnen.

Ich erinnerte mich an eine ähnliche Ankündigung, die Muriel ungefähr vor vier Jahren gemacht hatte. Damals bezog sich ihre Vorhersage auf die Meister der Hierarchie. Nach eigenen Angaben war Muriel darüber informiert worden, daß bestimmte Meister, z. B. Koot Hoomi oder Djwhal Khul, körperlich sichtbar erscheinen würden. Sie hatte damals gesagt, daß diese Meister während eines metaphysischen Gottesdienstes am „Erleuchteten Weg" plötzlich im Raum stehen oder sitzen würden.

Diese Erscheinungen sollten Bestandteil der Externalisation der Meister sein. Das ist angeblich ein Prozeß, in dem die Mitglieder der Hierarchie in körperlicher, optisch wahrnehmbarer Form in der Welt erscheinen, um den Lehren des New Age auf übernatürliche Weise zum Durchbruch zu verhelfen.

Plötzlich änderte sich meine Meinung über diesen Kongreß. Offensichtlich hatte Muriel mit ihrer Einschätzung Kenneth Copelands recht gehabt. Jetzt erschien er mir auch als ein vom Meister Jesus inspirierter Prediger, der letztlich die Ideen des New Age verkündete. Ich erinnerte mich auch daran, von ihm in einer Rundfunksendung gehört zu haben, daß es durch die Kraft des Heiligen Geistes möglich sei, direkt von Gott offenbartes Wissen zu empfangen. Anscheinend verfügte Copeland über solche Eingebungen, obwohl er sich im Verlauf der Abende immer nur auf die Bibel berufen hatte.

Ich fand den Gedanken phantastisch, daß die Hierarchie auch durch einflußreiche christliche Evangelisten wirkt. Da ich mich seit einiger Zeit mehr mit gläubigen Christen verbunden fühlte, wollte ich jetzt wissen, ob auch andere Prediger direkt von der Hierarchie beeinflußt wurden – unabhängig davon, ob sie sich dessen bewußt sind, aus welcher Quelle ihre angeblich göttlichen Inspirationen kommen.

Nach Ende der Veranstaltung fuhr ich in freudiger Stimmung nach Hause, zumal mir immer noch der Text und die Melodie des Schlußliedes im Ohr klangen:

Dann jauchzt mein Herz
dir, großer Herrscher, zu:
Wie groß bist du! Wie groß bist du!

9 Das New Age-Zentrum wird christlich

Einige Wochen nachdem der Kongreß mit Kenneth Copeland zu Ende gegangen war, teilte uns Muriel während eines Bibelseminars mit: „Jesus hat mich wissen lassen, daß sich die Meister der Hierarchie nicht länger um die Aktivitäten des ‚Erleuchteten Weges' kümmern werden. Wir stehen jetzt nur noch mit Jesus von Nazareth, mit Gott-Vater und dem Heiligen Geist in Verbindung. Ich bin angewiesen worden, mit euch nur noch die Lehren der Bibel zu studieren."

Da wir jahrelang Kontakt mit den Meistern gepflegt hatten, konnte ich Muriels radikale Kehrtwendung zunächst nicht begreifen. Schließlich fand ich aber doch eine für mich halbwegs befriedigende Erklärung. Da wir seit mehreren Wochen die Bibel studierten, hatte wahrscheinlich der Meister Jesus die Verantwortung für unser metaphysisches Zentrum übernommen. Vermutlich war das der Grund des geistigen Umschwungs.

Aus Alice Baileys Büchern war mir bekannt, daß die Aufsicht über eine Gruppe mitunter von einem Meister auf einen anderen übergeht. Dieser Wechsel ist Teil eines Prozesses, der im New Age als „göttliche Bewegung von Energien" bezeichnet wird.

Da wir jetzt unter der Aufsicht des Meisters Jesus standen, schien es mir ganz vernünftig, daß wir uns auf die Bibel konzentrierten und den Kontakt mit den anderen Meistern vorläufig unterbrachen.

Seit Muriels Ankündigung war eine Woche vergangen. In der Nacht vor dem nächsten Gruppenabend wurde ich plötzlich wach. Deutlich vernehmbar wies mich die innere Stimme an: „Schließe dich einer konventionellen Religion an." Die Botschaft beunruhigte mich so, daß ich nicht gleich wieder einschlafen konnte.

Als ich morgens aufwachte, dachte ich sofort an die nächtliche Mitteilung. Ich vermerkte diesen Vorgang in meinem Tagebuch, obwohl ich nicht wußte, was mit „konventionelle Religion“ gemeint sein könnte. Nach Feierabend besuchte ich den Bibelkurs im „Erleuchteten Weg“. Da nur wenige Leute gekommen waren, setzten wir uns in einem kleinen Kreis zusammen. Muriel begann: „Gestern nacht hat mich Jesus geweckt und mir mitgeteilt, daß Djwhal Khul keiner von uns ist.“ Ich beugte mich vor, um nichts von dem zu verpassen, was sie über meinen Meister sagte.

„Jesus hat mir erklärt“, fuhr Muriel fort, „daß Djwhal Khuls Lehren nicht zuverlässig sind. Er ist kein vollkommenes Wesen. Djwhal Khul ist für den „Erleuchteten Weg“ bedeutungslos, da wir jetzt Jesus Christus nachfolgen.“ Ich war verwirrt und fragte mich, worauf Muriel hinauswollte. Ich blickte verstohlen zu meinem Freund Peter, um mich zu vergewissern, wie er diese Ankündigung aufnahm. Er schien nicht weniger überrascht zu sein als ich.

„Jesus sagte mir, daß Djwhal Khul ein gefallenes Wesen ist“, führte Muriel aus. „Er hat sich so großes Wissen angeeignet, daß er darauf stolz geworden ist. Schließlich hielt er sich für klüger als alle anderen Wesen und wollte keinen mehr neben sich dulden. Seine Äußerungen in Alice Baileys Büchern über Jesus Christus sind so fragwürdig und mißverständlich, daß sie durchweg falsch gedeutet wurden.“

Ich hörte Muriel mit wachsendem Unbehagen zu. Wie konnte sie meinen geliebten Meister so verdächtigen? Sie fuhr fort: „Jesus von Nazareth war nicht menschlicher Abstammung, wie Djwhal Khul behauptet. Er ist göttlicher Natur, sozusagen der einzige von Gott gezeugte Sohn. Er ist die Verkörperung Gottes im menschlichen Fleisch. Er ist Gott. Djwhal Khul behauptet, daß Jesus ein Meister wie alle anderen ist und schon mehrere Leben hinter sich hat, aber das stimmt nicht. Jesus von Nazareth ist der Christus. Er steht über allen Meistern und hat weit mehr Macht als sie.“ Dann lächelte Muriel merkwürdig und sagte: „Ich halte es für möglich, daß Djwhal Khul Satan ist.“

Ich fragte mich erschrocken, ob ich richtig gehört hatte. Nur mit Mühe konnte ich meinen Zorn zügeln. Am liebsten hätte ich aus Protest über diese haarsträubende Verdächtigung den Raum verlassen. Hier ging es schließlich um meinen verehrten Meister und seine Lehren. Aber es gelang mir, den Ärger zu unterdrücken, denn ich wollte nicht verpassen, was Muriel sonst noch zu sagen hatte.

Sie sprach weiter: „Jesus hat von sich gesagt: ‚Ich bin der Weg und die Wahrheit und das Leben. Niemand kommt zum Vater, denn durch mich.' Das ist wahr; denn es gibt wirklich keinen anderen Weg, das ewige Leben zu erreichen, als durch Jesus Christus. Kein Guru oder Meister kann euch Unsterblichkeit verleihen. Mag sein, daß sie euch zu neuen Erkenntnissen führen, aber irgendwann muß jeder Mensch zu Jesus kommen. An ihm führt kein Weg vorbei, denn ewiges Leben kommt allein aus seiner Hand."

Ich wollte nicht glauben, was ich hier hörte. Zum ersten Mal seit sechs Jahren dachte ich daran, den „Erleuchteten Weg" zu verlassen. Ich war froh, als der Unterricht zu Ende war.

Den ganzen Heimweg über war ich wütend und verwirrt. Doch dann erinnerte ich mich an die Botschaft, die ich in der Nacht zuvor erhalten hatte. Die geheimnisvolle innere Stimme hatte gesagt, ich solle mich einer konventionellen Religion anschließen. Ich fragte mich, ob es vielleicht die Stimme des Heiligen Geistes gewesen war, die mich aufforderte, Christ zu werden. Ich wußte nicht mehr, was ich glauben sollte. Von Muriels Offenbarungen hielt ich jedenfalls nichts. Ich konnte mir einfach nicht vorstellen, daß wahr sein sollte, was die christlichen Kirchen über Jesus Christus lehren.

Dennoch ging ich in der nächsten Woche wieder zum Bibelseminar. Einerseits war ich mißtrauisch, andererseits aber auch neugierig darauf, was Muriel uns diesmal auftischen würde. Ich hatte mich nicht getäuscht, denn sie wartete mit weiteren Enthüllungen auf: „Jesus hat mir eine Menge Dinge erklärt. Jede Nacht hat er mich geweckt und mir die Wahrheit über sich und den Erlösungsplan mitgeteilt. Er hat mir befohlen, alles aufzuschreiben, damit ich keins seiner Worte vergesse. Das habe ich getan."

Entspannt fügte sie hinzu: „Jesus hat mir erklärt, daß er in den ‚Erleuchteten Weg' eingegriffen habe, um mich zum ewigen Leben zu führen und gleichzeitig zu befähigen, anderen Menschen das Wissen über das ewige Leben weiterzugeben. Er sagte auch, daß ich bisher von satanischen Mächten beeinflußt worden sei und in Gefahr war, durch falsche Lehren und Halbwahrheiten irregeführt zu werden. Jetzt unterrichtet mich Jesus persönlich über alles, was mit der Auferstehung und dem ewigen Leben zusammenhängt."

Ich spürte, daß mir wieder einmal „alle Felle wegschwammen"; denn Muriels neues Konzept warf meine bisherige Philosophie völlig über den Haufen. Mir war, als würde mir der Boden unter den Füßen weggezogen.

„Jesus hat mir gesagt, daß der ‚Erleuchtete Weg' kein metaphysisches Zentrum mehr sein soll", erklärte Muriel. „Wir werden uns deshalb in eine christliche Kirche umwandeln. Darum müssen wir auch unseren Namen ändern. Wir werden christliche Lieder singen, beten und die Bibel studieren. Mit den Lehren Djwhal Khuls werden wir uns in Zukunft nicht mehr befassen." Während Muriel sprach, griff sie zur Bibel und las mehrere Passagen vor. Anschließend forderte sie uns zu einer Gebetsgemeinschaft auf, der eine stille Meditation folgte. Beendet wurde die Sitzung mit dem gemeinsamen Sprechen des Vaterunsers.

Verwirrt fuhr ich nach Hause, kniete vor meinem kleinen Altar nieder und betete: „Himmlischer Vater, gib mir Weisheit und einen klaren Verstand, damit ich die Wahrheit erkennen kann. Bewahre den ‚Erleuchteten Weg' vor Irrwegen und astralen Einflüssen. Möge sich allein die Wahrheit durchsetzen. Himmlischer Vater, ich bitte dies im Namen unseres Herrn Jesus Christus. Amen."

Während meiner Meditationen befahl mir die innere Stimme, den „Erleuchteten Weg" nicht zu verlassen, sondern die Seminare weiterhin zu besuchen, auch wenn mich die anstehenden Veränderungen beunruhigen würden. Leicht fiel mir das nicht, denn ich hegte nach wie vor eine tiefe Zuneigung zu Djwhal Khul und wehrte mich dagegen, die Beziehung zu ihm abzubrechen. Ich fragte mich immer wieder, wieso er plötzlich ein dämonisches Wesen sein sollte.

Andererseits hielt ich es nach einiger Zeit nicht mehr für unmöglich, daß Jesus tatsächlich der einzige Sohn Gott sein könnte. Und wenn das wirklich so war, sollte ich mich eigentlich darüber freuen, daß er mich in seine Gemeinde rief. Ich tröstete mich mit dem Gedanken, daß es Muriel gewesen war, die mich auf den religiösen Pfad geführt hatte. Sie wußte offensichtlich über die göttlichen Dinge mehr als ich. Deshalb erschien es mir nicht nur fair, sondern auch vernünftig, ihren Aussagen mehr Gewicht beizumessen.

Beim nächsten Gruppentreffen teilte uns Muriel mit, was „Jesus" ihr inzwischen offenbart hatte. Sie betonte dabei immer wieder, daß nur ein Weg zum ewigem Leben führt: der des christlichen Glaubens. „Irgendwann werden alle, die jetzt noch hinduistischen oder buddhistischen Lehren folgen, das Christentum annehmen müssen, um gerettet zu werden und ewiges Leben zu empfangen", sagte sie.

Nachdrücklich vertrat sie die These, daß man Erlösung nur erlangen kann, wenn man an Jesus Christus glaubt, sein Jünger wird und zu den „Heiligen" gehört, die in dem Buch der Offenbarung beschrieben werden.

Muriel sagte auch, daß die esoterischen Bücher irreführend und gefährlich sind. Deshalb sollten wir auf der Hut sein vor den astralen Geistern, die nur darauf aus sind, gutgläubige Menschen zu täuschen. „Diese dämonischen Wesen werden alles daransetzen, euch zu beeinflussen und vom christlichen Weg abzubringen", warnte sie.

Sie schlug ihre ledergebundene Bibel auf und begann zu lesen: „Werdet stark durch die Verbindung mit dem Herrn! Laßt euch stärken von seiner Kraft! Legt die Waffen an, die Gott euch gibt, dann können euch die Schliche des Teufels nichts anhaben. Denn wir kämpfen nicht gegen Menschen. Wir kämpfen gegen unsichtbare Mächte, die jetzt diese dunkle Welt beherrschen." (Epheser 6,10.11 GN)

Sie erklärte, daß Paulus genau gewußt habe, warum er die Christen in Ephesus vor den Machenschaften der Dämonen und bösen Geistern warnte. Muriel meinte, man könne diesen Mächten nur dann widerstehen, wenn man sich täglich im Gebet Kraft und Hilfe bei Jesus holt.

Die Vorstellung, daß es satanische Wesen zwischen Himmel und Erde geben soll, interessierte mich. Ich erinnerte mich daran, daß Djwhal Khul so etwas strikt abgelehnt hatte. Offenbar glaubte Muriel wirklich an die Existenz des Teufels. Und irgendwie ließ mich der Gedanke nicht mehr los, daß Djwhal Khul möglicherweise Satan sein könne.

Ich konzentrierte mich wieder auf Muriels Vortrag. „Jesus von Nazareth ist der Christus", erklärte sie. „Er ist Gott. Aus seinem eigenen freien Willen beschloß er, sich als Mensch zu verkörpern, um das Karma oder die Sünden der Welt auf sich zu nehmen und der Menschheit ewiges Leben anzubieten. Durch seinen Tod am Kreuz befreite er die Menschheit von ihrem Karma. Indem wir Jesus als Erlöser annehmen, wird unser persönliches Karma von uns genommen; er übernimmt gleichsam unser sterbliches Leben und führt uns in die Unsterblichkeit."

Noch nie hatte ich Muriel so überzeugend reden hören. Mich jedenfalls trafen ihre Worte im Innersten der Seele. Sie vermittelte einem den Eindruck, daß das Christentum von allen Religionen Gott am nächsten steht. Ich meldete mich und fragte: „Muriel, denkst du, daß es wirklich ein dämonisches Wesen wie den Satan gibt?"

„Ich bin mir nicht sicher", antwortete sie. „Jesus hat zu mir nur von satanischen Mächten gesprochen. Das schließt aber nicht aus, daß Satan als persönliches Wesen existiert." Da ich diesen Gedanken in der Gruppe nicht weiter vertiefen wollte, gab ich mich mit der Antwort zufrieden. Die Gruppenstunde schloß wie üblich mit einer Gebetsgemeinschaft und dem gemeinsamen Vaterunser.

Im Laufe der folgenden Woche unterzog ich mich einer gründlichen Gewissensprüfung. Durch Bibellesen, Gebet und Meditation machte ich mich langsam mit dem Gedanken vertraut, daß Jesus tatsächlich nicht menschlichen Ursprungs war, wie Djwhal Khul behauptet hatte. Überzeugt davon, daß Christus der wahre König der Könige und Herr der Herren ist, entschloß ich mich, alle Kontakte zu den Meistern abzubrechen und Jesus als Erlöser anzunehmen.

Ich beugte mich vor Gott und betete: „Lieber himmlischer Vater, danke daß du deinen Sohn um unserer Sünde willen in den Tod gehen ließest. Danke, daß du mich zu dieser Erkenntnis geführt hast. Ich danke dir, daß der Glaube an Christus mich retten kann. Weil dein Sohn am Kreuz gestorben ist, darf ich leben. Er hat mein Karma auf sich genommen und mir alle Schuld vergeben. Laß mich verstehen, was du für mich getan hast. Ich bitte es im Namen unseres Herrn Jesus Christus. Amen."

Zu dieser Zeit wurde der „Erleuchtete Weg" vorübergehend aus Muriels Wohnung geleitet, deshalb führten wir keine Sonntagsgottesdienste mehr durch. Muriel riet uns, dafür in eine christliche Kirche zu gehen, um den Herrn anzubeten. Sie sagte, daß „Jesus" sie angewiesen habe, eine ganz bestimmte Kirche in ihrer Nachbarschaft zu besuchen. Uns stünde es jedoch frei, in eine Kirche unserer Wahl zu gehen.

Ich folgte Muriels Rat und besuchte in meiner Nachbarschaft Gottesdienste der verschiedensten Konfessionen. Die Predigten waren zwar nicht so interessant wie Muriels Reden, aber ich war dankbar für jede Gelegenheit, den Herrn gemeinsam mit anderen Christen anbeten zu dürfen.

Gemäß der Anweisung, die Muriel von „Jesus" erhalten hatte, wurde der „Erleuchtete Weg" in eine christliche Kirche umgewandelt. Als Namen wählten wir: „Neuer erleuchteter Weg".

Um uns völlig von der Vergangenheit zu trennen, wollten wir nicht in den alten Räumlichkeiten bleiben, sondern unser Domizil in einem anderen Bürohaus aufschlagen. Unser Werbematerial sollte mit dem Motto versehen sein: Jesus ist der Herr! Bevor es soweit war, wollten wir uns als Hauskreis in Muriels Wohnung versammeln.

Als wir uns dort Anfang Januar zum ersten Sonntagsgottesdienst trafen, waren wir nur eine kleine Gruppe. Wir sangen zunächst einige moderne christliche Lieder. Dann stimmten wir ein altes Kirchenlied an und lauschten einem Gebet von Muriel. Sie erbat Gottes Segen für die Arbeit des „Neuen erleuchteten Weges" und schloß mit den Worten: „Möge alles, was wir tun, den Sohn verherrlichen. Wir bitten es im Namen unseres Herrn Jesus Christus."

Nachdem wir uns gesetzt hatten, las sie aus dem Johannesevangelium vor: „‚Ich versichere dir: nur wer von neuem geboren ist, wird Gottes neue Welt zu sehen bekommen.‘ ‚Wie kann ein erwachsener Mensch noch einmal geboren werden?‘ fragte Nikodemus ... Jesus sagte: ‚Ich versichere dir: nur wer von Wasser und Geist geboren wird, kann in Gottes neue Welt hineinkommen.‘“ (Johannes 3,3-5 GN)

Der Schriftlesung folgte eine Predigt, in der Muriel über die Notwendigkeit sprach, ein wiedergeborener Christ zu werden. Sie kündigte an, daß wir von ihr die Wassertaufe empfangen könnten, sobald sie Zugang zu einem Schwimmbad hätte. „Bis dahin müssen wir uns damit zufriedengeben, Jesus im Herzen als Erlöser anzunehmen und dadurch innerlich wiedergeboren zu werden“, erklärte sie.

Nach der Predigt zelebrierte Muriel ein Kerzenritual. Es ähnelte der Kerzenzeremonie, die wir jahrelang praktiziert hatten, als wir noch als metaphysisches Zentrum arbeiteten. Auch jetzt ging jeder zum Altar und entzündete seine Kerze an der Quellkerze, die als „Christuskerze“ in der Mitte des Altars stand. Danach stellte jeder seine Kerze in die Nähe der „Christuskerze“.

Muriel forderte alle Anwesenden auf, nacheinander vor dem Altar niederzuknien. Sie legte jedem die Hände auf, sprach ein Segensgebet und übermittelte ihm eine persönliche Botschaft von „Gott“. Aus ihren Worten konnten wir schließen, daß die „Christuskerze“ gewissermaßen stellvertretend für Jesus Christus auf dem Altar stand und nicht mehr bloßes Symbol für die „Christus-Energie“ war, wie wir es im metaphysischen Zentrum gewohnt waren.

Als die Reihe an mir war, zum Altar zu gehen, bat Muriel mich, hinzuknien und meine Hände zum Gebet zu falten. „Brauchst du Heilung?“ fragte sie.

„Ja“, antwortete ich, „ich habe wieder Probleme mit dem Magen.“ Muriel legte mir die Hände auf und betete: „Vater im Himmel, wir bitten dich, daß du Wills Magen heilst. Laß ihn ganz gesund werden. Wir bitten es im allmächtigen Namen Jesu Christi.“ Nach dem Heilungsgebet gab sie eine persönliche Botschaft an mich weiter: „Du bist vom ‚Vater‘ gesegnet. Du wirst mit ihm eins sein. Du mußt dich von allen esoterischen Lehren lossagen, all deine Bücher – ausgenommen die Bibel – wegwerfen und in die persönliche Gegenwart Jesu treten.“

Es war für mich nicht leicht, diese Botschaft anzunehmen. Die esoterischen Bücher waren mir ans Herz gewachsen. Deshalb meditierte ich zu Hause über diesen Rat. Die innere Stimme sprach zu mir: „Komm zu mir, und ich werde dir Ruhe geben. Suche zuerst das Königreich Gottes, alles andere wirst du obendrein bekommen."

Daraufhin entschloß ich mich, das Wagnis des Glaubens einzugehen, und mich ganz Jesus Christus zu übergeben. Ich durchforstete meine Bibliothek und warf alle metaphysischen Bücher in den Müll. Ich achtete sorgfältig darauf, daß keine Bücher, Magazine, Handzettel oder Broschüren, die mit dem New Age zu tun hatten, in meiner Wohnung blieben.

Meine Freizeit verbrachte ich in Zukunft mit Meditieren, Beten und Bibellesen. Da ich mich selbst für einen wiedergeborenen Christen hielt, wollte ich möglichst in jeder Beziehung in der Gegenwart meines Erlösers leben. Dennoch bedeutete diese neue Einstellung nicht, daß ich mich völlig vom metaphysischen Denken verabschiedet hätte. Vieles von dem, was ich früher geglaubt hatte, war in das neuen Leben mit eingeflossen. Aber das brachte Probleme mit sich, je mehr ich mich mit der Bibel beschäftigte.

Beispielsweise las ich einen Textabschnitt aus dem Hebräerbrief, der völlig im Gegensatz zur Lehre von der Reinkarnation steht: „So wie jeder Mensch ein einziges Mal stirbt und dann vor das Gericht Gottes kommt, so hat sich auch Christus einmal geopfert, um die Sünden aller Menschen zu beseitigen." (Hebräer 9,27 GN)

Ich versuchte, diese Aussage dadurch in Übereinstimmung mit meinem Glauben an die Reinkarnation zu bringen, daß ich mir einredete, der biblische Schriftsteller habe keine Ahnung von der Realität früherer Leben gehabt. Wahrscheinlich, so sagte ich mir, war das Wissen in jener Zeit noch so lückenhaft, daß der Schreiber des Hebräerbriefs nicht wußte, daß jeder Mensch viele Reinkarnationen erlebt.

Sogar Muriel redete manchmal noch von ihrem früheren Leben, obwohl sie Gott viel näher zu sein schien als ich. Deshalb dachte ich, daß Jesus es uns schon zeigen würde, wenn die Lehre von der Reinkarnation falsch ist.

Meine Meditationen stärkten in mir die Bereitschaft, ein geheiligtes Leben zu führen und mich von weltlichen Dingen zurückzuziehen. So wurde meine Wohnung zu einer Art Mönchszelle. Immer öfter kniete ich vor meinem Altar nieder, auf dem Kerzen brannten und der Weihrauch glimmte. Mitunter verband ich das Gebet mit der Meditation, so daß ich manchmal ein bis zwei Stunden auf den Knien lag. Dabei verwendete ich nach wie vor die metaphysischen Visualisierungsrituale und Anrufungen. Ich hatte sie nur ein wenig abgewandelt, um sie meinem neuen Glauben anzupassen. Ich wollte in die lebendige Gegenwart Christi eintauchen, um die Stimme des Heiligen Geistes hören zu können.

„Bald wirst du in eine neue, engere Beziehung zu Jesus eintreten", teilte mir Muriel mit, als ich eines Abends neben ihr am Altar stand. Wir zelebrierten das Kerzenritual. Muriels Augen waren geschlossen. Ich nahm an, daß sie in der Kraft des Heiligen Geistes sprach.

„Heute abend wird Jesus dich aus dem Schlaf wecken und mit dir reden, so wie er es mit mir getan hat. Er wird dir etwas Wichtiges mitteilen. Du wirst von hellem Licht umgeben und in himmlische Herrlichkeit gehüllt sein." Ich fand die Mitteilung zwar interessant, dachte aber nicht weiter darüber nach. Auf dem Heimweg genoß ich die geistliche Musik aus dem Autoradio.

„Das ist ein Erdbeben!" war mein erster Gedanke, als ich mitten in der Nacht aufwachte. Erschrocken stellte ich fest, daß sich mein Bett bewegte. Ich fuhr hoch und erwartete, daß jeden Augenblick die Bilder von der Wand fallen würden. Doch sie hingen völlig ruhig. Plötzlich hörte ich eine Stimme.

„Wilfred, ich möchte, daß du über das Sterben nachdenkst. Wenn du so weitermachst, wirst du nicht mehr lange leben. Du solltest regelmäßig Sport treiben."

„Jesus", rief ich instinktiv. Ich lauschte in die Dunkelheit, ob die Stimme mir noch mehr mitzuteilen hatte. Doch alles blieb still. Auch mein Bett bewegte sich nicht mehr. Mir war das unheimlich. Doch dann erinnerte ich mich an Muriels Prophezeiung. Offensichtlich hatte „Jesus" wirklich zu mir gesprochen.

Ich ließ mich wieder ins Bett fallen, atmete tief durch und versuchte mich zu entspannen. Dabei dachte ich: Wie merkwürdig, daß mich „Jesus" mit meinem Taufnamen angesprochen hat. Jedermann nannte mich Will, deshalb hatte ich den Namen Wilfred seit Jahren weder benutzt noch gehört.

Mir war, als hätte „Jesus" ganz laut zu mir gesprochen, obwohl ich wußte, daß ich seine Worte in Wirklichkeit nur mit dem inneren Ohr wahrgenommen hatte. Aber diese innere Stimme unterschied sich völlig von der meines „Höheren Selbst".

Als ich über die Bedeutung der Mitteilung nachdachte, erschrak ich. Offenbar wollte „Jesus" mir sagen, daß es mit meiner Gesundheit nicht zum Besten stand. Möglicherweise war mein Kreislauf nicht in Ordnung oder meine Herzkranzgefäße hatten Schaden genommen. Daß meine Kondition zu wünschen übrig ließ, war mir schon seit einiger Zeit klar. Ich beschloß also, dem Rat „Jesu" folgend, mit Gymnastik oder Joggen zu beginnen.

Ich war erstaunt, daß „Jesus" sich um meine Gesundheit sorgte und deshalb persönlich zu mir gesprochen hatte. Um ja nichts zu vergessen, sprang ich aus dem Bett und notierte mir jedes Wort der Mitteilung. Einerseits war ich dankbar, daß „Jesus" mit mir sprach und ich damit ein neues Niveau in der Beziehung zu ihm erreicht hatte, andererseits war ich beunruhigt über seine Einschätzung meines Gesundheitszustands.

Ich erinnerte mich, daß Muriel in der Gruppe immer wieder erzählt hatte, daß sie nachts von einem der Meister oder durch „Jesus" aufgeweckt worden sei. Sie behauptete, daß sie dabei prophetische Mitteilungen erhalten habe. Jetzt verstand ich, was sie damit meinte. Deshalb war ich gespannt, wie sich meine neue Beziehung zu Gott in Zukunft gestalten würde.

Während der nächsten Gruppenstunde öffnete Muriel die Bibel und erklärte: „Jesus hat mich viele wichtige Dinge gelehrt. Ich lese einige Verse aus 1. Korinther 15." Sie suchte die Textstelle und begann: „So könnt ihr euch auch ein Bild von der Auferstehung der Toten machen. Was in die Erde gelegt wird, ist vergänglich; aber was zum neuen Leben erweckt wird, ist unvergänglich. Was in die Erde gelegt wird, ist schwach und häßlich; aber was zum neuen Leben erweckt wird, ist stark und schön. Was in die Erde gelegt wird, war von natürlichem Leben beseelt; aber was zu neuem Leben erwacht, wird ganz vom Geist Gottes beseelt sein. Wenn es einen natürlich Körper gibt, muß es auch einen vom Geist beseelten Körper geben ... Unser vergänglicher Leib, der dem Tod verfallen ist, muß in einen unvergänglichen Körper verwandelt werden, über den der Tod keine Macht hat." (1. Korinther 15,42-44.53 GN)

Muriel erklärte: „Durch die Kraft Christi läßt sich der Prozeß der Umwandlung in den Auferstehungsleib einleiten. Das alte Ich, die irdische Persönlichkeit, muß in das Christus-Ich verwandelt werden. Das gelingt nicht ohne Anstrengung und Disziplin, aber seid unbesorgt: Jesus selbst gibt uns die Kraft und das erforderliche Wissen."

Ich hatte den Korinthertext auch schon gelesen und mich gefragt, wie die Auferstehung von den Toten in das New Age-Schema eingepaßt werden könnte. Da ich zu keinem Ergebnis gekommen war, wartete ich gespannt auf Muriels Erklärung.

„Durch Christi göttliche Kraft werden die vorhandenen Atome des physischen Leibes in die veredelten Atome des Auferstehungskörpers umgewandelt. Sobald du diesen unsterblichen Körper erlangt hast, hat für dich schon auf Erden die Unsterblichkeit begonnen."

Hmmm, dachte ich, wie Muriel es beschreibt, scheint die Auferstehung kein plötzliches Ereignis zu sein, wie die meisten Christen annehmen. Sie sprach weiter: „Nur durch die Kraft Christi kann der Kreislauf von Tod und Wiedergeburt, der Prozeß der Reinkarnation, beendet werden. Wenn du Jesus deine Sünden bekennst und ihn bittest, dein Leben seinem Willen entsprechend umzuwandeln, wird dein Karma aufgehoben. Gleichzeitig setzt Christus den Prozeß in Gang, der den unsterblichen Auferstehungskörper aufbaut. Dies ist der geistliche Leib, von dem der Apostel Paulus redet. Er wird durch die Christus-Energie, die von Jesus ausgeht, aus dem sterblichen Körper aufgebaut."

Während ich Muriel zuhörte, erinnerte ich mich daran, daß sie vor Jahren erklärt hatte, ihr Körper habe einen Verjüngungsprozeß durchgemacht. Sie hatte damals behauptet, daß sich der Alterungsprozeß bei ihr umgekehrt habe. Sie werde also nicht älter, sondern allmählich jünger, bis sie wieder ein Alter von achtundzwanzig Jahren erreicht habe. Dieser Vorgang werde es ihr ermöglichen, hier auf Erden das herrliche Zeitalter der Liebe und Erleuchtung – New Age – mitzuerleben.

Was Muriel damals gesagt hatte, schien mir dem ähnlich zu sein, was die Bibel über die Auferstehungskraft Jesu lehrt. Und dieser Kraft traute ich inzwischen mehr zu, als irgendeiner vagen, kosmischen „Christus-Energie".

Muriel las einen weiteren Text aus dem Neuen Testament: „Freuen dürfen sich die Auserwählten, die an der ersten Auferstehung teilhaben. Der zweite Tod wird ihnen nichts anhaben. Sie werden Gott und Christus als Priester dienen und tausend Jahre lang mit Christus herrschen." (Offenbarung 20,6 GN)

Sie schaute uns an und erklärte dann: „Dieser Text aus dem Buch der Offenbarung beschreibt den Auferstehungsprozeß, den ich zur Zeit durchlaufe. Dieser Vorgang, der die Atome des sterblichen Leibes in die veredelten Atome des unsterblichen Körpers transformiert, wird als die erste Auferstehung bezeichnet. Alle, die durch die Kraft Jesu umgewandelt wurden, haben Anteil an der ersten Auferstehung. Sie werden während des tausendjährigen Reiches (Millennium) auf dieser Erde in Frieden und Wohlstand weiterleben. Dieses Jahrtausend ist das Zeitalter des New Age.

Die Bibel lehrt, daß es darüber hinaus für diejenigen, die nicht im New Age sind, eine zweite Auferstehung geben wird. Weil sie

Jesus nicht angenommen hatten, wurden sie auch nicht umgewandelt. Sie werden verurteilt, bekommen aber später eine zweite Chance."

Muriel schwieg einen Augenblick, um Raum für Fragen zu lassen. Ich hatte zwar vieles nicht verstanden, scheute mich aber, nachzufragen. Den anderen schien es ähnlich zu gehen.

Deshalb fuhr Muriel fort: „Jesus hat mir gesagt, daß wir uns auf dem Weg zur ewigen Gotteskindschaft befinden. Wir sollen uns an seinem Verhalten orientieren und rechtschaffen leben. Unser Ziel ist es, mit Gott so eins zu werden, wie Jesus eins war mit dem Vater." Strahlend verkündete Muriel: „Jesus hat mich wissen lassen, daß ich jetzt ein Mitglied der Melchisedek-Priesterschaft bin. Es ist die königliche Priesterschaft Christi, von der im Hebräerbrief die Rede ist."

Nachdem sie ihren Vortrag mit dieser Mitteilung beendet hatte, herrschte Schweigen in der Runde. Ich wußte nicht, was ich von ihren Aussagen halten sollte. Aber dann sagte ich mir: Wer bin ich, daß ich ihr widersprechen könnte?

Schließlich lud Muriel uns ein, wie üblich vor den Altar zu treten, um einen Segen zu empfangen.

Inzwischen weiß ich, daß es nicht der Heilige Geist war, der damals am „Erleuchteten Weg" die Wende herbeiführte. Wir erlebten vielmehr eine geschickt eingefädelte Verstrickung in die Mastermind-Verschwörung. Ganz behutsam wurde unserem New Age-Zentrum ein christliches Mäntelchen umgeworfen, um einen neuen „Kundenkreis" anzulocken und eine neue Mission zu erfüllen. Ohne daß wir es wußten, bestand unsere Aufgabe darin, ein verfälschtes Christentum unter die Leute zu bringen.

Zwar war die esoterische Literatur durch die Bibel ersetzt worden und wir verstanden uns als wiedergeborene Christen, aber in Wirklichkeit bezogen wir die Weisungen „Gottes" nach wie vor aus der Meditation oder durch Muriels Vermittlung.

10 Die Melchisedek-Priesterschaft

Mir war, als wäre ich in das himmlische Königreich aufgenommen worden und stünde in einem prächtigen Palast. Mit Worten läßt sich die Schönheit des im römischen Stil gehaltenen Gebäudes nicht beschreiben. Es herrschte eine wundervolle Atmosphäre von Frieden und Heiligkeit.

Vor mir stand eine engelhaft schöne Frau, die ich für eine Priesterin hielt. Sie hatte einen Blumenkranz im Haar und trug ein langes, weises Kleid. Ihr freundliches Lächeln beglückte mich. In ihrer Hand hielt sie eine goldene Halskette, an der ein braunes Holzkreuz hing. Die Kette glich dem Schmuck, den ich auf Abbildungen von Priestern gesehen hatte. Das engelhafte Wesen trat auf mich zu und legte mir die Kette um. Voller Stolz trug ich nun das Kreuz auf der Brust. Augen, so tief und so blau wie der Himmel, schauten mich gütig an. Und dann hörte ich eine wohlklingende Stimme sagen: „Gut gemacht, du lieber und treuer Diener." Ich hatte das Gefühl, mit dieser Zeremonie in das Priesteramt „Christi" eingeführt worden zu sein.

Doch dann erwachte ich und merkte, daß ich nicht im Himmel war, sondern in meinem Bett lag. Offenbar hatte ich alles nur geträumt. Allerdings war der Traum so realistisch und überwältigend gewesen, daß ich annahm, mein geistlicher Körper sei während des Schlafs tatsächlich in die himmlische Welt aufgenommen und zum Priesteramt berufen worden. Deshalb fühlte ich mich gedrungen, in Zukunft als Zeichen meiner Ordination eine Kette mit einem Kreuz zu tragen. In einer nahegelegenen christlichen Buchhandlung fand ich merkwürdigerweise eine Kette mit einem Kreuz, die der im Traum gesehenen verblüffend ähnlich war.

Wieder zu Hause, zündete ich die Kerzen auf dem Altar an, verbrannte etwas Weihrauch, sprach Weihegebete und meditierte. Dabei trug ich die Kette mit dem Kreuz.

Ich bildete mir ein, von Gott zum christlichen Priesteramt berufen worden zu sein. Ich wollte Prediger werden, um Menschen aus der Verlorenheit herauszureißen, in die ihr materialistischer Lebensstil sie geführt hatte. Ich wollte sie zum Bewußtsein der Gnade „Jesu Christi" führen und ihnen den Weg zum ewigen Leben zeigen.

Am nächsten Tag besuchte ich den Sonntagsgottesdienst am „Neuen erleuchteten Weg". Um keine Aufmerksamkeit zu erregen, trug ich die Kette mit dem Kreuz unter der Weste. Die Berufung zum himmlischen Priesteramt war eine Angelegenheit, die nur Gott und mich etwas anging; und das sollte auch so bleiben.

Als bei dem üblichen Kerzenritual die Reihe an mir war, ging ich zum Altar, zündete eine weiße Kerze an und stellte sie neben die „Christuskerze". Muriel schloß die Augen, um mir eine persönliche Mitteilung des „Heiligen Geistes" zu übermitteln.

„Ich sehe, daß du an einer Goldkette ein hölzernes Kreuz trägst", sagte sie. „Du bist auf geistlicher Ebene in das Priesteramt eingeführt worden. Der ‚Vater' ist sehr zufrieden, daß du bereit bist, ein gehorsamer Diener ‚Jesu Christi' zu werden."

Wahnsinn, dachte ich, es ist also nicht bloß Einbildung! Muriel konnte die Kette nicht gesehen haben; also mußte der „Heilige Geist" ihr die Sache mit der nächtlichen Einführungszeremonie offenbart haben. Muriel fuhr fort: „Für deine Entscheidung, ‚Jesu' Jünger zu werden, wirst du reichlich gesegnet und belohnt werden. Dich erwartet eine herrliche Zukunft. Du wirst bald deinen Beruf aufgeben, um dich ganz der Evangelisation widmen zu können.

Beglückt lächelnd kehrte ich auf meinen Platz zurück. Muriel hatte schon früher geäußert, daß sie ein Mitglied der Melchisedek-Priesterschaft sei. Ich vermutete daher, daß ich in dieselbe Priesterschaft berufen worden war. Allerdings würde ich mich erst nach einer entsprechenden Ausbildung als Vollmitglied fühlen können.

Zur Erinnerung an den Tod meines Erlösers gelobte ich, das hölzerne Kreuz ständig zu tragen. Es sollte mich an das Versprechen erinnern, das geheiligte Leben eines Priesters zu führen.

Muriel begann ihre Predigt, indem sie über die Notwendigkeit sprach, ein reines Leben zu führen. Wer „Christus" nachfolgen wolle, dürfe ihn niemals aus den Augen verlieren. Sie ermahnte uns, dem Willen des „Vaters" zu gehorchen, der durch die Stimme des „Heiligen Geistes" offenbart wird. Zugleich warnte sie vor den Machenschaften satanischer Wesenheiten* in den geistlichen Sphären, die ständig bemüht seien, uns in die Irre zu führen.

---

* Esoterische Bezeichnung für körperlose Astralwesen oder angebliche Seelen Verstorbener.

„Ihr müßt gut aufpassen“, erklärte Muriel. „Wenn ihr im Zweifel seid, ob eine geistliche Wesenheit göttlicher Art ist oder nicht, dann fragt: ‚Bist du von Christus?‘ Kommt sie nicht in seinem Auftrag, wird sie vor euch fliehen. Der Name Jesus Christus ist der mächtigste Name im Universum. Ihm kann keiner widerstehen. Ihr könnt ihn benutzen, um euch vor bösen Mächten zu schützen. Wenn ihr euch also von solchen Mächten bedroht fühlt, dann betet: ‚Ich befehle dir im Namen Jesu, von mir zu weichen!‘ Selbst die stärksten Wesenheiten müssen dann die Flucht ergreifen.“

Muriel schwieg eine Weile, bevor sie das Thema wechselte. „In der Offenbarung gibt es eine Stelle, die euch begeistern wird. Dort werden 144 000 Überwinder erwähnt, die als Erste in Gottes himmlische Welt aufgenommen werden. Ich vermute, daß wir zu dieser auserwählten Schar gehören. Allerdings hat mir ‚Christus‘ hierüber noch keine endgültige Klarheit geschenkt. Eins aber ist gewiß, daß eines Tages alle Heiligen in den Himmel entrückt werden. Wir können uns dann völlig frei im Universum bewegen und werden andere Himmelskörper besuchen.“

Muriels Auslegung verwirrte mich. Bisher hatte ich gedacht, in Sachen Auferstehung klarzusehen; doch nun brachte dieser Entrükkungsgedanke wieder alles durcheinander. Deshalb nahm ich mir vor, über die Texte der Offenbarung zu meditieren, um dem „Heiligen Geist“ Gelegenheit zu geben, mich tiefer in die Materie einzuführen.

Wieder zu Gast bei Kenneth Copeland

Inzwischen waren einige Monate ins Land gegangen. In Anaheim begann Kenneth Copelands jährlicher Erweckungskongreß. Ich nahm mir vor, alle Abendveranstaltungen zu besuchen. In der Ankündigung hatte ich gelesen, daß Copeland über die Beziehung Gottes zu seiner Gemeinde sprechen wollte.

Diesmal würde ich dem Geschehen mit einer völlig anderen Einstellung folgen als im Jahr zuvor. Damals war ich noch ein Jünger des verehrungswürdigen Djwhal Khul gewesen und hielt mich für einen überzeugten Anhänger des New Age. Ich schwor darauf, daß das esoterische Wissen meines Meisters dem christlichen Glauben weit überlegen sei. Am Kongreß hatte ich nur teilgenommen, weil Muriel den Evangelisten über den grünen Klee gelobt und meine innere Stimme mich zur Teilnahme gedrängt hatte.

Doch inzwischen hatte sich vieles verändert. Ich hielt mich jetzt für einen wiedergeborenen Christen, auch wenn ich mich nach wie vor als Teil der New Age-Bewegung fühlte. Das hinderte mich jedoch nicht, mit den anderen Besuchern Gott zu preisen und die Erweckungslieder begeistert mitzusingen. Als wir uns schließlich alle an den Händen hielten, betete ich gemeinsam mit den 10 000 Teilnehmern zum „Herrn Jesus" und gab eine großzügige Spende in die Kollekte.

Während Copeland predigte, achtete ich genau auf seine Worte und prüfte sorgfältig alle Bibeltexte, auf die er sich bezog. Da ich mich selbst für einen gläubigen Nachfolger Jesu hielt, war ich jeden Abend nach dem Schlußgesang begeistert. Selten hatte ich mich so glücklich gefühlt. Die abendlichen Lobgesänge klangen in meinem Herzen nach, und die Freude hielt den ganzen Tag über an.

Während der Kongreßwoche rief eines Morgens ein Außendienstmitarbeiter unserer Firma an – ein älterer, recht konservativer Bursche, den ich seit vielen Jahren kannte. Als ich mich meldete, fragte er: „Will, wie geht es dir?" Im Überschwang der Gefühle antwortete ich: „Einfach phantastisch!" Einen Augenblick war es still im Hörer, dann kam die mißtrauische Frage: „Stimmt etwas nicht mit dir?" Ich beeilte mich, ihm zu versichern, daß alles in Ordnung sei, und daß ich mich wirklich noch nie besser gefühlt hätte.

Aber zurück zum Kongreß. Ich besuchte jede Veranstaltung und ging anschließend Zuhause regelmäßig auf die Knie, um Gott für die neue Erkenntnis und die Kraft Christi zu danken. Während der Meditation ermutigte mich die innere Stimme jedesmal, ja nicht die Abendversammlung zu versäumen.

Abend für Abend rief Copeland die Bekehrungswilligen auf, nach vorn zu kommen und Jesus Christus als Erlöser anzunehmen. Da ich mich für einen wiedergeborenen Christen hielt, folgte ich diesen Aufrufen nicht. Allerdings wünschte ich mir, daß Copeland auch die einmal aufs Podium rufen würde, die den Ruf Gottes verspürten, ins Predigtamt einzutreten.

Zu meiner großen Freude tat Kenneth Copeland am Donnerstag abend genau das, wonach ich mich so gesehnt hatte. Er rief nur diejenigen nach vorn, die den Wunsch hatten, ganz in den Dienst Christi zu treten. Da gab es für mich kein Halten. Ich stürmte die Seitentreppen hinunter und schloß mich der Gruppe an, die sich vor der Bühne versammelt hatte. Wie gerne wollte ich ein Evangelist wie Kenneth Copeland werden. Ich hoffte nur, daß Gott das auch wollte.

Copeland stand mit einigen Mitgliedern seines Teams am Rednerpult. Sie beteten für uns und baten Gott, uns mit den Geistesgaben auszurüsten, die wir für den Evangeliumsdienst brauchen würden. Damals ahnte ich noch nicht, wie bald ich diesen Dienst aufnehmen sollte – allerdings anders, als ich mir das vorgestellt hatte.

Kurz nach dem Kongreß rief mich Muriel an. Sie teilte mir mit: „Der ‚Vater' hat mich angewiesen, nach Texas zu ziehen. Ich werde unser Zentrum in Los Angeles schließen und mit dem ‚Neuen erleuchteten Weg' in Fort Worth neu anfangen."

Diese Nachricht bekümmerte mich. Ich konnte nicht verstehen, daß Muriel nach mehr als zwanzig Jahren Arbeit in Los Angeles die Stadt mir nichts dir nichts verlassen wollte. Wahrscheinlich spürte sie mein Unverständnis und begann ihre Entscheidung zu erklären. „Weißt du, Will, ich glaube, daß die Leute in Texas auch etwas über unser mystisches Verständnis des Christentums erfahren sollten."

Da ich Muriels Hingabe und Gehorsam kannte, wußte ich, daß sie ihre Zelte abbrechen und den Auftrag ausführen würde, obwohl sie die Sechzig bereits überschritten und fast ihr ganzes Leben in Südkalifornien verbracht hatte. Ich wünschte ihr also alles Gute und brachte meine Hoffnung zum Ausdruck, daß der „Herr" auch weiterhin mit ihr sein werde.

Geh hin und predige!

„Geh ins Einkaufszentrum und predige!" Das waren die Worte, die ich an einem Samstag morgen während der Meditation in meinem Inneren hörte. Das war kein flüchtiger Gedanke oder vager Impuls, sondern ein klarer Befehl.

Ich dachte: Was soll das heißen „Geh ins Einkaufszentrum und predige"? Deshalb wartete ich auf weitere Informationen, aber es kam nichts. Ich zuckte ratlos die Schultern und setzte die Meditation fort.

Seit einiger Zeit befaßte ich mich an den Wochenenden mit J. Gordon Meltons „Enzyklopädie Amerikanischer Religionen". Deshalb verbrachte ich den Rest des Tages in der Stadtbibliothek. Es machte mir Freude, in die Geschichte der verschiedenen christlichen Konfessionen einzudringen. Die Berichte über das Leben und Wirken so berühmter Männer wie der Gebrüder Wesley, Finney's, der Campbell's, Moody's und anderer übten auf mich einen unwiderstehlichen Reiz aus. So verging eine ganze Woche ohne besondere Vorkommnisse. Erst am Wochenende hörte ich während meiner Meditation wieder den Befehl: „Geh ins Einkaufszentrum und predige!"

„Was meinst du damit: ‚Geh und predige'? fragte ich in Gedanken, als ob ich mich auf telepathischem Wege mit jemandem unterhielt. Aber es kam keine Antwort.

Ich spürte, daß es dieselbe Stimme war, die ich schon seit Jahren in mir wahrnahm, doch irgend etwas war anders und jagte mir Angst ein. Die Stimme klang nach wie vor liebenswürdig, aber zugleich schwang ein autoritärer Unterton mit, der mich unruhig machte.

Ich stellte mir vor, wie sich im Einkaufszentrum eine Menschentraube um mich bildete, der ich die Wiederkunft Christi predigte. Wer weiß, vielleicht wollte Gott mich zu einem zweiten John Wesley machen, nur daß ich nicht vor Grubenarbeitern in einem Kohlerevier predigen würde, sondern zu den Kunden eines Supermarktes. Schließlich mußte ich selber über meine rege Phantasie lachen, denn solche Vorstellungen waren einfach absurd.

Obwohl ich noch etwa eine Stunde lang meditierte, bekam ich keine näheren Instruktionen. Deshalb schloß ich die Sitzung mit einem Gebet ab, in dem ich Gott bat, mich zu einem reinen Kanal für „Jesu" Botschaften zu machen.

Am Samstag ging ich ins Einkaufszentrum, um einige Dinge zu besorgen. Als ich den Eingang betrat, begann meine Phantasie wieder zu spielen. Ich blieb stehen und stellte mir vor, ich spräche von hier aus zu den Passanten. Bei diesem Gedanken schoß mir der Schweiß auf die Stirn und mein Magen verkrampfte sich. Entsetzt dachte ich: Hoffentlich verlangt Gott nicht so etwas von mir!

„Entschuldigen Sie", sagte eine Frau, die mich im Vorbeigehen mit einem Kinderwagen gestreift hatte. Das riß mich aus meinen Träumen. Erleichtert machte ich mich auf den Weg, um meine Einkäufe zu erledigen.

Am nächsten Morgen meditierte ich wie gewöhnlich. Plötzlich war die Stimme wieder da: „Ich möchte, daß du im Einkaufszentrum predigst."

„Was hast du gesagt?" fragte ich, obwohl ich die Anweisung genau verstanden hatte. Ich spürte ein ungewöhnliches Wärmegefühl zwischen den Schultern. Es schien von dort zu kommen, wo das Herz-Chakra liegt. Ich fragte mich, ob alles nur Einbildung oder wirklich ein Auftrag Gottes war.

Sollte Gott zu mir gesprochen haben, dann mußte er mir auch sagen, was er mit „predigen" meint. Ich konnte mir nicht vorstellen, daß er von mir verlangen würde, mich mit einer Bibel in der Hand an den Eingang des Einkaufszentrums zu stellen und den vorbeihastenden Kunden von Jesus zu erzählen. Schließlich beruhigte ich mich damit, daß alles nur verworrene, unsinnige Gedanken seien. Wahrscheinlich bist du nur etwas überreizt, sagte ich mir.

Doch plötzlich war die Stimme wieder da: „Ja, ich möchte, daß du im Del Amo Einkaufszentrum predigst. Es ist an der Zeit, den Dienst aufzunehmen." Mir brach der Angstschweiß aus. Um mich allen kosmischen Einflüssen zu entziehen, brach ich die Meditation abrupt ab. Ich wollte nicht noch mehr Unsinn hören.

Obwohl ich in der folgenden Woche krampfhaft versuchte, nicht an diese Sache zu denken, tauchte in mir immer wieder die Vorstellung auf, ich müsse in der Einkaufszeile predigen. Ich gab mir große Mühe, diese Gedanken zu verscheuchen, aber es gelang nicht. Widerwillig machte ich mich damit vertraut, daß dieser Auftrag nicht nur eine Ausgeburt meiner überreizten Phantasie war, sondern eine Anweisung des „Heiligen Geistes".

Ich spürte, wie der Gedanke des Predigens im Einkaufszentrum langsam zu einer Zwangsvorstellung wurde, die einen starken psychischen Druck auf mich ausübte. Aber die Stimme war nicht zum Schweigen zu bringen. Während der Meditationen wurde mir jetzt auch genauer erklärt, wie ich zu den Leuten predigen sollte. Es ging nicht darum, mich mit der Bibel in der Hand in den Eingangsbereich zu stellen, sondern ich sollte einzelne Passanten ansprechen und ihnen erzählen, daß „Jesus Christus" bald erscheinen und ein tausendjähriges Reich des Friedens aufrichten werde.

Die innere Stimme erklärte, daß dieses Zeugnisgeben nur eine andere Form des Predigens sei – sozusagen Verkündigung für den einzelnen. Im übrigen sei das persönliche Ansprechen von Menschen die beste Übung, sich auf eine verantwortungsvollere Evangelisationstätigkeit vorzubereiten.

Dennoch machte mir die Vorstellung, wildfremde Menschen anzusprechen, angst. Mir lag das nicht, und deshalb wollte ich es auch nicht tun. Jeden Abend und an jedem Wochenende erfand ich neue Ausreden, warum es gerade jetzt nicht paßte. Manchmal entschuldigte ich mich damit: „Ich bin noch nicht bereit dazu". Dann wieder hieß es: „Ich bin nicht in der richtigen Stimmung." Mitunter zog ich die alltäglichen Verpflichtungen so in die Länge, daß ich keine Zeit mehr hatte, ins Einkaufszentrum zu gehen.

Obwohl ich den Gedanken des Zeugnisgebens inzwischen verabscheute, hatte ich das Gefühl, daß ich trotz des inneren Widerstands irgendwann den Mut dazu aufbringen müßte, wenn „Jesus" mich persönlich und direkt beauftragen würde.

Einige Tage später forderte mich die innere Stimme während der Meditation erneut auf, endlich mit dem Zeugnisdienst zu beginnen. Dabei hatte ich so gehofft, der „Herr“ werde die ganze Sache vergessen oder nicht wieder darauf zurückkommen.

Wieder schob ich fadenscheinige Gründe vor, warum ich ausgerechnet heute nicht konnte. Wenn es sich schon nicht vermeiden ließ, dann wollte ich morgen damit beginnen. Aber den ganzen nächsten Tag über fühlte ich mich nicht wohl. Die Aussicht, nach der Arbeit im Einkaufszentrum Leute ansprechen zu müssen, machte mich regelrecht krank. Doch die innere Stimme ließ nicht locker: „Du mußt meine Arbeit tun!“

Trotz meiner Angst vor dem Feierabend schaute ich immer wieder auf die Uhr, als könnte ich dadurch den Lauf der Dinge aufhalten. Schließlich war die Stunde gekommen, vor der ich mich so fürchtete.

„Ich werde nicht gehen! Ich mach es einfach nicht!“ entschied ich. Aufgeschoben war ja schließlich nicht aufgehoben. Vielleicht würde ich morgen die Angst überwinden und meinem Auftrag nachkommen können. Heute war ich ohnehin zu nichts mehr zu gebrauchen. Ich wollte mich nach diesem anstrengenden Tag ausruhen und ging deshalb früher als sonst zu Bett.

Mitten in der Nacht, es war wohl gegen Eins, wachte ich mit dem Gefühl auf, mich einem wichtigen Auftrag „Jesu“ entzogen zu haben. Wieder sprach die innere Stimme – wie mir schien mit einem spöttischen Unterton – zu mir: „Du wirst für mich arbeiten! Bilde dir nicht ein, daß du dich drücken kannst! Warst du es nicht selbst, der mein Kreuz auf sich nehmen und mir nachfolgen wollte? Warum tust du es dann nicht?“

Ich warf mich unruhig von einer Seite auf die andere und hoffte, wieder einschlafen zu können. Doch der Schlaf schien mich zu meiden. Dafür regte sich meine Phantasie. Im Geiste sah ich Menschen in der Dunkelheit an der Pier des Redondo-Strandes stehen.

„Steh auf und lege vor den Fischern von mir Zeugnis ab!“ befahl die innere Stimme. „Steh sofort auf!“ donnerte es in mir. Trotzig zog ich die Bettdecke über den Kopf, in der törichten Hoffnung, mich vor „Christus“ verstecken zu können. Ich spürte, wie mich eine tiefe Depression überflutete. Mein Magen krampfte sich zusammen und mir wurde schlecht. Am liebsten wäre ich tot gewesen.

Hinzu kam, daß ich mir einbildete, „Christus“ habe mich meines Ungehorsams wegen aufgegeben. Nun würde mir nichts anderes übrig bleiben, als ein Leben ohne Gott zu führen. Zu allem Überfluß erinnerte ich mich auch wieder an die schlimme Zeit, als ich mich geweigert hatte, meine Kreditkarten zu benutzen, um den

„Erleuchteten Weg" finanziell zu unterstützen. Damals war ich von einer Depression in die andere geraten, ohne der Forderung meiner inneren Stimme entgehen zu können. Wahrscheinlich würde es diesmal nicht anders sein. Ich sah nur zwei Möglichkeiten: Entweder brachte ich mich um oder tat, was „Jesus" befahl. Da ich den depressiven Zustand nicht länger ertragen konnte, mußte ich handeln.

Ich gab mich geschlagen und sagte mir, daß dieses Zeugnisgeben nicht schlimmer sein könne als mein derzeitiger Zustand. Also stand ich auf und zog mich an. Sofort ging es mir besser. Dabei wurde mir bewußt, daß wieder ein ganz bestimmtes Ritual in Gang gesetzt worden war: Gehorchte ich Gott, ging es mir gut; widersetzte ich mich seinem Willen, schien er mir seine Gnade zu entziehen und mich mit Depressionen zu bestrafen.

Während ich mich ankleidete, fiel mir ein Bibeltext ein: „‚Simon, Sohn von Johannes, liebst du mich?' Petrus wurde traurig, weil er ihn ein drittes Mal fragte: ‚Liebst du mich?' Er sagte zu ihm: ‚Herr, du weißt alles, du weißt auch, daß ich dich liebe!' Jesus sagte zu ihm: ‚Sorge für meine Schafe! Ich versichere dir: Als du jung warst, hast du deinen Gürtel selbst umgebunden und bist gegangen, wohin du wolltest, aber wenn du einmal alt bist, wirst du deine Hände ausstrecken, und ein anderer wird dich binden und dich dorthin führen, wohin du nicht gehen willst.'" (Johannes 21,17.18 GN)

Ich hatte dieses Bibelwort einige Tage zuvor gelesen und mir nichts Besonderes dabei gedacht. Jetzt schien es genau meine Situation zu beschreiben. Ich dachte: Als ich jünger war, tat ich, was mir gefiel, ich lebte ein rebellisches, weltliches Leben. Jetzt, nachdem ich älter geworden bin, führt mich „Gott" an Plätze, zu denen ich nicht gehen will.

Da mir nur die Wahl zwischen Gehorsam oder Depressionen zu bleiben schien, entschloß ich mich für den Gehorsam. Ich nahm meine Bibel, verließ die Wohnung und fuhr zur Pier.

Damals sah ich es noch nicht, aber es war leider so, daß die Dämonen des „Mastermind" mein Leben völlig beherrschten. Ich war ihr Sklave geworden. Die Tatsache, daß ich eine Bibel bei mir hatte und von „Jesus Christus" predigte, bedeutete noch lange nicht, daß ich ein echter Zeuge Christi war. Nur wußte ich das noch nicht.

11 Predigt auf der Strandpromenade

Ein Erdbeben! Das war mein erster Gedanke, als ich mitten in der Nacht aufwachte und spürte, wie mein Bett wackelte. Angst überkam mich. Erschrocken fuhr ich hoch und dachte: Gleich werden die Bilder von der Wand fallen. Doch nichts dergleichen geschah; alles hing oder stand fest an seinem Platz. Plötzlich war ich hellwach, denn mir fiel ein, daß „Jesus“ mich schon einmal auf ähnliche Weise geweckt hatte.

Während das Bett noch zu beben schien, hörte ich eine Stimme sagen: „Ich komme bald. Du mußt mein Werk tun. Die Zeit wird knapp.“ Es ist „Jesus“, dachte ich. Die Stimme war unverkennbar: ruhig und freundlich, aber mit einem Unterton, der keinen Widerspruch duldete.

Ich wartete auf weitere Mitteilungen, doch alles blieb still. Ich hatte auch nicht mehr das Gefühl, daß sich mein Bett bewegte.

Obwohl „Jesus“ kein weiteres Wort verloren hatte, nistete sich in mir der Gedanke ein, daß Christi Wiederkunft in ungefähr fünfzehn Jahren zu erwarten sei. Es war, als habe er mir diesen Gedanken direkt ins Gehirn gepflanzt.

Die ganze Sache beunruhigte mich sehr, zumal ich wieder daran erinnert wurde, daß „Jesus“ mich schon mehrfach gedrängt hatte, im Einkaufszentrum zu den Leuten zu predigen. Ich hatte das von Woche zu Woche hinausgeschoben; nun fühlte ich mich doppelt schuldig. Offensichtlich verließ „Jesus“ sich auf mich, aber ich war innerlich nicht bereit, die Menschen auf seine baldige Wiederkunft aufmerksam zu machen. Das konnte nicht so bleiben. Deshalb entschloß ich mich, trotz aller Hemmungen und der panischen Angst, die ich vor dem Zeugnisdienst hatte, seinen Anweisungen zu folgen – mochte kommen, was da wolle.

Im übrigen war es ein faszinierender Gedanke, daß Jesu Wiederkunft mit der bevorstehenden Jahrtausendwende zusammenfallen könnte. Welch ein herrliches Ereignis kam da auf uns zu! Und wie groß würde mein Lohn sein, wenn ich gehorsam tat, was „Jesus" von mir verlangte. Dennoch waren meine Hemmungen größer als der Missionseifer. Wieder vergingen Wochen, ohne daß ich mich zum Zeugnisdienst aufraffen konnte.

Ungeliebter Auftrag

An einem Sonntag bereitete ich mich wie üblich auf die morgendliche Meditation vor. Nachdem ich die Kerzen angezündet hatte, sprach ich ein Einführungsgebet, das mit den Worten endete: „Ich bitte dies im Namen Jesu Christi."

Nach einer halbstündigen Meditation hörte ich plötzlich in mir die Anweisung: „Fahre zum Venice Beach* und predige das Evangelium." Obwohl es im Zimmer kühl war, schossen Hitzewellen in mir hoch. Dort, wo nach esoterischer Anschauung das Herz-Chakra liegen soll, spürte ich die Wärme besonders stark. Mir wurde so heiß, daß ich den Pullover ausziehen mußte. Irgendwie hatte ich das Gefühl, von einem himmlischen Energiestrom erfaßt worden zu sein. Deshalb nahm ich an, daß es auch mit dem Auftrag „Jesu" seine Richtigkeit haben müsse. Wohl war mir aber nach wie vor nicht bei dem Gedanken, vor wildfremden Leuten über Christi Wiederkunft predigen zu müssen.

Andererseits sagte ich mir: Wenn Gott von mir verlangt, daß ich in der Öffentlichkeit predige, darf ich mich seinem Befehl nicht länger widersetzen. Vermutlich war es Jesu Jüngern und allen späteren Verkündigern ähnlich ergangen wie mir. Alle hatte dieses Kreuz auf sich nehmen müssen, und nun war es eben an mir, mich selbst zu verleugnen und Christus mein widerspenstiges Ich zu opfern.

Plötzlich meldete sich die innere Stimme erneut: „Die Ernte ist groß, aber es gibt nicht genug Arbeiter, um sie einzubringen." Hatte ich das nicht irgendwo in der Bibel gelesen? Zugleich fiel mir ein anderes Jesuswort ein: „Wer nicht sein Kreuz auf sich nimmt und mir auf meinem Wege folgt, verdient es nicht, mein Jünger zu sein. Wer sein Leben festhalten will, wird es verlieren. Wer es aber um meinetwillen verliert, der wird es gewinnen." (Matthäus 10,38.39 GN)

Und wieder begann meine Phantasie zu spielen. Ich sah mich schon mit der Bibel in der Hand auf der Strandpromenade stehen

---

* Bekannter Strand in der Nähe von Los Angeles.

und predigen. Ich kann nicht sagen, daß mich dieser Gedanke beglückte. Was würden die Leute denken, wenn sie mich auf der Straße predigen hörten? Würden sie zuhören oder achselzuckend und mitleidig lächelnd ihres Wegs gehen? Vielleicht würde man mich für einen armen Irren halten und die Polizei rufen!

Ich hätte mich ohrfeigen können, daß ich während der Erwekkungswoche mit Kenneth Copeland so scharf darauf gewesen war, ebenfalls Evangelist zu werden. Aber nun gab es kein Zurück mehr. Vielleicht waren meine Befürchtungen ja auch unbegründet und ich würde ähnlich erfolgreich sein wie Copeland. Das konnte ich natürlich nur herausfinden, wenn ich mit dem Zeugnisdienst für „Jesus" begann. Merkwürdigerweise verursachte mir die Vorstellung, auf der Strandpromenade zu predigen, weniger Beklemmung, als der Gedanke, Menschen im vornehmen Einkaufszentrum der Stadt ansprechen zu müssen.

Ich nahm mir vor, „Jesus" zu gehorchen. Aus Erfahrung wußte ich, daß Widerstand zwecklos war. Wenn „Gott" wollte, daß ich predige, dann mußte ich mich damit abfinden. Ich dachte: Wahrscheinlich ist es anderen ähnlich ergangen. Vielleicht gehört es einfach zum Werdegang eines Evangelisten, daß er ins Wasser geworfen werden muß, um Schwimmen zu lernen. Offenbar hatte „Gott" beschlossen, mich gleich in die praktische Arbeit zu schicken, ohne den Umweg über ein Priesterseminar.

„Tu, was ich dir sage! Zögere nicht, sondern geh!" drängte mich die innere Stimme, als ich meine Meditation fortsetzte. „Die Kraft ‚Gottes' wird mit dir sein. Mach dich auf den Weg!"

An dieser Stelle brach ich die Meditation ab und sprach noch ein Gebet, um Gottes Segen für meine Predigtarbeit zu erbitten. Dann erhob ich mich, ging zum Kleiderschrank und nahm meinen besten braunen Anzug heraus. Ich weiß nicht warum, aber irgendwie nahm ich an, daß zum Predigen auch Anzug, Schlips und Kragen gehören. Jedenfalls waren die Fernsehevangelisten immer so gekleidet. Ich rückte die Krawatte zurecht, nahm meine Bibel und machte mich in meinem neuen *Pontiac Sunbird* auf den Weg zur Strandpromenade von Venice Beach.

Während der zwanzig Kilometer bis zur Küste erlebte ich ein Wechselbad der Gefühle. An jeder Kreuzung mußte ich der Versuchung widerstehen, einfach abzubiegen und die Flucht zu ergreifen. Einerseits war ich entschlossen, „Gott" zu gehorchen, andererseits machte mich der Gedanke daran krank. Wie schön wäre es, ein Museum zu besuchen, in den Bergen zu wandern oder einfach hinauszufahren in die Wüste.

„Fahre unverzüglich zum Strand", fuhr mich die innere Stimme an.
„Geh zum Strand und predige."
„Du mußt diese Arbeit tun."
„Es ist nicht mehr viel Zeit."
„Also geh und predige."
Wie Peitschenhiebe klatschten die Befehle auf meine empfindsame Seele. Von mir aus hätte die Straße zur Küste tausend Kilometer lang sein können. Vielleicht hatte ich ja auch das Glück, in einen kleinen Unfall verwickelt zu werden. Natürlich wußte ich, daß solche Gedanken purer Unsinn waren, aber was sollte ich dagegen tun?

Da ich trotz allem zum Gehorsam entschlossen war, machte ich mir mit der Vorstellung Mut, daß „Gott" mich segnen und „Christus" mir beistehen werde. Er würde sicher unsichtbar in meiner Nähe sein und mich wissen lassen, was ich den Leuten sagen sollte.

„Fahre weiter. Gib jetzt nicht auf", wies mich die Stimme an.

Schließlich war ich am Ziel. Ich reihte mich in die Schlange der Parkplatzsuchenden ein. Seit fünf Jahren war ich nicht mehr in dieser Gegend gewesen und stellte erschrocken fest, wie sehr sie inzwischen heruntergekommen war.

Ich beschloß, erst einmal den knapp zwei Kilometer langen Hauptteil der Strandpromenade in Augenschein zu nehmen, um einen günstigen Standort zu finden, von dem aus ich zu den Passanten predigen konnte.

Der vier Meter breite Weg war voller Fußgänger, die Gaststätten und Cafés waren gut gefüllt. Fliegende Händler boten ihre Waren feil und Artisten zeigten ihr Können. Ich sah einen Jongleur, mehrere Musiker und sogar einen Feuerschlucker.

Je weiter ich ging, desto niedergeschlagener wurde ich. Überall lungerten Bettler und Penner herum. Es fehlte auch nicht an Punkern. Einige von ihnen hatten riesige Sicherheitsnadeln im Ohrläppchen, andere waren über und über tätowiert. Obdachlose trugen ihre kärgliche Habe in Plastiktüten mit sich herum und schienen sich schon nach einem Schlafplatz für die Nacht umzusehen. Die meisten Passanten sahen jedoch aus wie Wochenendbesucher, die sich einen gemächlichen Spaziergang in der Sonne genehmigten.

Das Gewimmel, der Lärm, der Alkoholgeruch und der Marihuanaduft widerten mich an. Ich konnte mir nicht vorstellen, daß „Gott" mich gerade hier als Prediger gebrauchen sollte. Ärgerlich kehrte ich zum Parkplatz zurück. Wahrscheinlich war die ganze Sache nur ein Mißverständnis oder ein übler Scherz. Ärgerlich fuhr ich in die Stadt zurück.

Überall New Age?

Am nächsten Sonntag morgen erhielt ich während der Meditation den Auftrag, eine bestimmte christliche Kirche aufzusuchen. Ich fuhr jeden Tag auf dem Weg zur Arbeit an ihr vorbei, hatte sie aber noch nie besucht.

Die Kirche war nicht sehr groß und machte einen hausbacken-christlichen Eindruck. Ich kam gerade dazu, als der Pastor zu einer Bibelstudienklasse einlud, die in seinem Büro abgehalten wurde. Wir lasen einige Texte aus einem Paulusbrief und beteten dann um den Segen des Herrn für den anschließenden Gottesdienst.

Als die Orgel einsetzte, ging ich in den Kirchenraum und setzte mich leise auf eine Bank. Ich schlug das Infoblatt auf und studierte den Gottesdienstablauf. Das gedruckte Schlußgebet verschlug mir die Sprache; denn ich konnte nicht glauben, was ich da las. Im Programm stand schwarz auf weiß die „Große Anrufung“, das wichtigste Gebet der New Age-Bewegung.

Dieses Gebet findet man sonst nur in Alice Baileys Büchern oder in den metaphysischen Werken, die von der *Lucis Press* – früher *Lucifer Publishing Company* – herausgegeben werden. Um den Namen dieser esoterischen Verlagsgesellschaft richtig einordnen zu können, muß man wissen, daß der Name Luzifer im New Age-Denken anders verwendet wird, als Christen es gewöhnt sind. Für New Age-Anhänger ist Luzifer kein abtrünniger Engelfürst, sondern ein mächtiger israelitischer König.

Mir gefiel es, daß dieses New Age-Gebet sogar in christlichen Kirchen benutzt wurde, dennoch war ich einigermaßen überrascht, ihm in einer anscheinend recht konservativen Gemeinde zu begegnen. Der Ablauf des Gottesdienstes und die Predigt waren so, wie man es von einer christlichen Kirche erwartet. Es gab keine Anzeichen dafür, daß sie etwas mit New Age zu tun haben könnte – außer, daß anstelle des Vaterunsers die New Age-Anrufung „gebetet“ wurde. Ich vermute, daß in dieser Kirche außer mir niemand wußte, woher das Gebet eigentlich stammte. Hatte „Jesus“ mich hergeführt, um mir zu zeigen, daß seine New Age-Energie sogar in fundamentalistische Kirchen einzudringen begann?

Es kam mir auch der Gedanke, daß er mich wissen lassen wollte, daß ich mir eine eigene christliche Kirche aufbauen könnte, wenn ich meinen evangelistischen Dienst treu verrichten würde. Möglicherweise sollte ich mich dieser Gemeinde anschließen, um die Gläubigen über das Gebet hinaus mit weiteren New Age-Lehren bekanntzumachen.

Als mich jemand zum gemeinsamen Mittagessen einlud, blieb ich gern im Kreis dieser freundlichen Leute, ohne allerdings etwas über meine Glaubensüberzeugungen und meinen New Age-Hintergrund verlauten zu lassen.

Die Stimme läßt nicht locker

Wenn ich gedacht hatte, die Sache mit der Predigt an der Strandpromenade sei ausgestanden, hatte ich mich geirrt. In der nächsten Meditation forderte mich der „Herr" auf, endlich mit der Verkündigung zu beginnen. Zugleich teilte er mir mit, daß mein Dienst nicht so gedacht sei, wie ich es mir ausgemalt hatte.

Wie in einer Vision sah ich mich am Rand der Strandpromenade stehen. Neben mir auf einer Staffelei ein großes Plakat mit provozierenden Sätzen, die die Aufmerksamkeit der Passanten wecken sollten. Das, so ließ „Jesus" mich wissen, würde die Leute für mein Glaubenszeugnis öffnen. Er gab mir auch genaue Anweisungen für die Gestaltung und den Text des Plakats. Ich kaufte eine Staffelei samt Zeichenmaterial und malte das Plakat.

Natürlich war ich erleichtert, daß ich „Jesus" offensichtlich falsch verstanden hatte, was meinen Verkündigungsdienst an der Promenade betraf. Dennoch machte mich der Gedanke unruhig, zum Venice Beach geschickt zu werden. Ich stellte es mir nämlich nicht so leicht vor, auf spontane Fragen von Passanten antworten zu müssen.

Außerdem fürchtete ich, daß dieser Auftrag nicht alles sein würde, was „Jesus" von mir verlangte. Immer wieder ertappte ich mich bei dem Wunsch, das Wochenende möge nie anbrechen.

Doch der Samstag kam unerbittlich. Während der Meditation erhielt ich die Weisung, wie geplant zum Strand zu fahren. „Du hast keine Wahl", belehrte mich die Stimme. „Du mußt diese Aufgabe erfüllen, weil sie zu dem Plan gehört, den der ‚Vater' mit dir hat. Er wird dich dafür segnen. Also pack die Sache an!"

„Karriere" als Straßenprediger?

Diesmal ließ ich Anzug und Krawatte im Schrank. Es war wohl besser, sich dem Strandmilieu anzupassen. Ich verstaute Staffelei und Plakat im Kofferraum meines Wagens und machte mich auf zur Küste. Wohl war mir dabei nicht, aber ich sagte mir: Da mußt du hindurch, wenn du Gott nicht wieder vor den Kopf stoßen willst!

Während der Fahrt kam mir die biblische Erzählung von Jona in den Sinn. Den hatte Gott auch für eine Aktion ausgewählt, die ihm nicht schmeckte. Er sollte in die assyrische Stadt Ninive gehen und den Leuten eine Bußpredigt halten.

Jona meinte, das sei zwecklos und gefährlich. Deshalb versuchte er, sich dieser ungeliebten Aufgabe durch die Flucht zu entziehen. Vergeblich!

Mir war auch nach Weglaufen zumute, und ich fragte wie Jona: „Herr, warum ich? Warum nicht ein anderer? Warum mußt du ausgerechnet mir das antun?" Aber „Gott" diskutierte nicht mit mir, sondern ich hörte im Inneren immer nur die Worte: „Du mußt mein Werk tun."

Endlich hatte ich den Parkplatz an der Strandpromenade erreicht. Ich wollte nicht die Flucht ergreifen wie Jona, aber länger als eine Stunde sollte mein Einsatz auf keinen Fall dauern. Nun mußte ich nur noch einen geeigneten Platz für die Staffelei finden. Trotz der relativ frühen Stunde war die Strandpromenade ziemlich belebt. Nachdem ich einige hundert Meter gelaufen war und Umschau gehalten hatte, befahl mir die innere Stimme: „Hier stell dich hin! Das ist der richtige Platz!"

Ich stand direkt vor einer kleinen Synagoge. Sie war weiß gestrichen und hatte an der Vorderseite zwei große, braune Holztüren. Eine davon war mit einem Davidstern verziert. Auf der vorderen Wand stand der Name des Gotteshauses in Hebräisch und Englisch.

Mir fiel auf, daß in der Nähe der Synagoge keine Straßenhändler und Gaukler zu sehen waren. Wahrscheinlich scheuten sie sich, ihre Geschäfte oder Kunststücke in unmittelbarer Nähe eines Gotteshauses zu machen.

Auf der gegenüberliegenden Straßenseite fand ich einen geeigneten Platz für meinen Ständer. Leute, die hier vorbeikamen, sahen entweder die Synagoge oder mein Plakat. Unwillkürlich schoß mir der Gedanke durch den Kopf: Wenn Jesus vor dem Jerusalemer Tempel gepredigt hat, gibt es keinen Grund, warum ich nicht vor einer Synagoge am Venice Beach predigen sollte.

Dennoch zitterten mir die Hände, als ich das große Plakat auf der Staffelei befestigte. Es zeigte die farbige Kopie eines Christuskopfes, den Warner Sallman vor Jahren gemalt hatte. Darüber hatte ich in großen, hellroten Buchstaben geschrieben:

FALLS SIE AUF DIE ANKUNFT
DIESES MANNES WARTEN,
VERSCHWENDEN SIE IHRE ZEIT ...

Unter dem Christuskopf standen die Worte:

... WEIL ICH IHNEN SAGEN KANN,
WO ER IST!

Kaum stand das Plakat, da kam ein junges Pärchen des Wegs und blieb stehen.

„Wo ist er denn?“ fragte der Mann interessiert. Ich antwortete: „Er hat diesen Planeten nie verlassen. Er ist immer noch hier, allerdings nicht mehr in einem Körper aus Fleisch und Blut. Den hat er nach seiner Himmelfahrt abgelegt. Jetzt bewegt er sich in einem sogenannten Geistkörper und lebt in geistigen Sphären.“

„Woher wollen Sie das wissen?“ fragte der junge Mann skeptisch.

„Ich weiß es, weil ich ihn gesehen habe“, antwortete ich. „Er ist mir erschienen und hat mich gesundgemacht. Seitdem bin ich ein Anhänger Jesu und glaube an seine Lehren.“

Das Paar schien interessiert zu sein, deshalb fuhr ich fort: „Sie können es glauben, daß ‚Jesus‘ unseren Planeten nie verlassen hat. Er ist tatsächlich noch hier, auch wenn man ihn nicht sieht, so wie Sie beispielsweise mich jetzt vor sich sehen. Vielleicht wissen Sie, daß die Bibel davon berichtet, daß Jesus in den Himmel aufgefahren ist, aber das heißt nicht, daß er irgendwo im Weltraum verschwunden ist.“

Ich zeigte nach oben und ergänzte: „Der Himmel ist nicht ein imaginärer Ort im Weltall, sondern befindet sich hier auf unserem Planeten.“ Ich beschrieb mit meinen Armen einen Bogen und deutete auf die Umgebung um uns herum. „Der Himmel ist nichts weiter als eine andere Dimension unserer irdischen Existenz.“

Um zu veranschaulichen, was ich meinte, fragte ich die jungen Leute: „Haben Sie nicht auch schon im Traum ganz bestimmte Orte gesehen und sich am Morgen so gefühlt, als wären Sie wirklich dort gewesen?“

Die junge Frau nickte zustimmend, während ihr Freund mich verständnislos anschaute.

„Was Sie für ein Traumerlebnis gehalten haben, war in Wirklichkeit kein Traum. Sie haben nämlich in Ihrem Seelenkörper ganz reale Orte besucht. Sie befanden sich sozusagen auf einer Reise auf der untersten Ebene der geistigen Sphären.“

Ich erklärte weiter: „Auf dieser unteren geistigen Ebene lebt Christus zwar nicht mehr, aber er kann aus der für uns unsichtbaren geistigen Dimension jederzeit in unsere materielle überwechseln.“

Das junge Pärchen sah mich verwirrt an, deshalb fuhr ich eifrig fort: „Jesus Christus ist mächtig. Er kann Sie heilen und Ihr Leben positiv beeinflussen. Wenn Sie seine Stimme hören wollen, brauchen Sie nur zu beten oder zu meditieren; denn er ist tatsächlich in Ihnen. Sie wissen es nur nicht!" Nun hatten die jungen Leute das Interesse an meiner Predigt endgültig verloren. Der Mann griff nach der Hand seiner Freundin und zog sie weiter. Bald waren die beiden in der Menge verschwunden.

Immerhin machte mein Plakat auch andere Passanten neugierig. Manche lachten geringschätzig, als wollten sie sagen: Wieder so ein armer Irrer! Andere schienen sich zu fragen, was für eine verrückte Religion dieser Kauz wohl unter die Leute bringen wollte.

Mich ließen diese Blicke natürlich nicht kalt. Die innere Anspannung trieb mir den Schweiß ins Gesicht und ließ meine Beine zittern. Um mich zu beruhigen, atmete ich tief und bedächtig, so wie ich es vor Jahren in einem Kurs für Bioenergetik gelernt hatte. Es half wirklich. Gerade zur rechten Zeit, denn drei Punker waren stehengeblieben.

„Wo ist Jesus denn?" fragte einer von ihnen.

„Er ist in dir", antwortete ich und tippte auf seine Brust. Einer der beiden anderen fragte: „Was kann Jesus schon für mich tun?"

„Alles!" sagte ich. „Er ist Gott und sehr mächtig. Wenn er will, kann er dein Leben von heute auf morgen verändern. Du mußt ihm nur die Chance dazu geben. Er könnte dich sogar zum Präsidenten von *General Motors* machen. Es gibt keine Grenzen für das, was Gott in deinem Leben bewirken kann. Aber du wirst zuerst meditieren und seine Gegenwart suchen müssen."

Die Punker sahen sich vielsagend an und trollten sich.

Etwas später blieb ein älterer Mann stehen und erzählte, wie wichtig ihm die Bibel sei. Als ich einmal kurz zur Seite schaute, sah ich eine Polizeipatrouille die Promenade herauffahren. Etwas irritiert wendete ich mich wieder dem älteren Herrn zu: „Es ist gut, in der Bibel zu lesen, aber das hat seine Grenzen. Die Bibel berichtet, was früher einmal geschehen ist, aber sie sagt nicht, was Gott Ihnen gerade jetzt mitteilen möchte. Das können Sie nur durch Meditieren und Hören auf die Stimme des Heiligen Geistes herausfinden."

Das Polizeifahrzeug kam näher und hielt auf meiner Höhe an. Mir war mulmig zumute. Hatten sich die Leute von der Synagoge über mich beschwert oder tat ich irgend etwas Illegales? Einer der Polizisten steckte den Kopf aus dem Wagenfenster und fragte: „Wo ist Christus denn?" Sein Kollege grinste. „Direkt in Ihrem Streifenwagen", antwortete ich lächelnd. „Wirklich!" Ich klärte den Polizisten über die wahre Existenz „Jesu“ auf. Er tippte dankend an die Stirn und setzte die Fahrt fort. Wenn ich heute darüber nachdenke, bin ich im Zweifel, ob seine Geste nicht etwas anderes als Dank ausdrücken sollte.

Eigentlich blieben erstaunlich viele Leute stehen und fragten: „Wo ist er denn?“ Manche hörten sich meine Auslegung längere Zeit an. Andere gingen nach wenigen Sätzen weiter. Bei einigen Leuten hatte ich den Eindruck, daß sie wirklich an religiösen Fragen interessiert waren, andere schienen sich aus der Sache einen Jux zu machen. Ein Mann erzählte mir, daß er früher einmal gläubig gewesen sei, den Glauben aber inzwischen verloren habe. Am Ende unserer Unterhaltung meinte er, ich hätte ihm Mut gemacht, wieder einmal in die Kirche zu gehen.

Das Hauptanliegen meiner Verkündigung war, die Leute darauf aufmerksam zu machen, daß „Jesus“ hier auf Erden unsichtbar gegenwärtig ist, aber bald auch sichtbar erscheinen werde. Über diese Erkenntnis hinaus wollte ich sie zum Meditieren bewegen, weil ich meinte, daß sie nur auf diese Weise neue Erkenntnisse gewinnen und Zugang zu seiner heilenden Kraft finden könnten. Ich hatte ja selbst erfahren, daß Meditation der Stimme des Höheren Selbst den Weg bereitet. Zu wem diese Stimme erst einmal sprach, der würde früher oder später den geistigen Weg des „christlichen“ New Age gehen.

Ich blieb den ganzen Nachmittag über am Strand und sprach mit den unterschiedlichsten Leuten: Christen, Hindus, Atheisten, Gottlosen und New Age-Anhängern. Ich versuchte, meine Botschaft jedem so nahezubringen, daß sie für ihn in seiner persönlichen Situation annehmbar wurde. Bei manchen Zuhörern schien mir das auch zu gelingen. Aufs Ganze gesehen war diese erste Aktion wohl als Erfolg zu werten.

Bei Einbruch der Dunkelheit packte ich meine Sachen zusammen. Müde, aber innerlich froh, kehrte ich nach Hause zurück. Der Durchbruch war geschafft; denn ich hatte endlich mit der Arbeit begonnen, die mir von „Gott“ aufgetragen worden war. Dafür hatte der „Herr“ mich mit Freude und Zuversicht beschenkt.

Diese Hochstimmung hielt einige Tage an. Ich konnte es kaum erwarten, am nächsten Wochenende wieder an die Küste zu fahren.

Predigen genügt nicht

Wieder erwies sich mein Plakat als hervorragender Blickfang und geschickter Aufhänger. Allerdings wurde mir jetzt klar, daß ich den

Leuten irgend etwas Schriftliches in die Hand geben mußte. Während einer Meditation erhielt ich die Weisung, eine Broschüre zu schreiben mit dem Titel: „Auf der Suche nach Glück."

Wenn ich erfolgreich weiterarbeiten wollte, mußte ich der Aktion einen Namen geben, denn ich konnte keine anonyme Literatur verbreiten. Also nannte ich meine Mission: „Licht auf dem Weg", eröffnete ein Postschließfach, schrieb die Broschüre und ließ davon einen reichlichen Vorrat drucken.

Von da an verbrachte ich die Wochenenden fast immer auf der Strandpromenade. Allerdings wiederholte sich das unwahrscheinliche Hochgefühl, das mir die erste Aktion beschert hatte, nicht. Nachdem die erste Begeisterung verflogen war, kam ich einfach dem Auftrag „Gottes" nach. Manchmal befriedigte mich die Missionsarbeit, meist empfand ich sie jedoch als belastend oder ermüdend. Viele Leute sah ich nur ein einziges Mal, andere kamen häufiger vorbei, mit einigen freundete ich mich sogar an.

Wenn ich mit christlichen „Glaubensgeschwistern" sprach, war ich besonders vorsichtig, um sie nicht gleich durch Erkenntnisse abzuschrecken, die in ihren Augen unbiblisch waren. Deshalb fragte ich grundsätzlich jeden Gesprächspartner, ob er Christ sei oder nicht. Christlichen Zuhörern gegenüber formulierte ich meine Botschaft so, daß sie mit dem traditionellen christlichen Glauben vereinbar war. Sagte jemand: „Nein, ich bin kein Christ", wußte ich, daß ich in meiner Verkündigung freier sein konnte.

Traf ich beispielsweise auf New Age-Anhänger, erzählte ich ihnen, daß ich früher auch aktiv zu dieser Bewegung gehört hatte. Inzwischen sei jedoch „Jesus Christus" in mein Leben getreten. Deshalb gehöre ich nicht mehr formell zum New Age, sondern sei ein New Age-‚Christ'".

Ich sagte ihnen auch, daß ich herausgefunden hatte, daß „Jesus" weit mehr Macht besitzt, als mein ehemaliger hinduistischer Guru; und ich erzählte ihnen, daß „Christus" der Herr aller Gurus und Meister ist. „‚Jesus Christus' ist der König der Könige und Herr aller Herren. Die Meister und Gurus sind ihm untergeordnet. Deshalb tun Sie gut daran, sich direkt der Quelle der Macht zuzuwenden. Wenn Sie zu ‚Jesus' beten und über ihn meditieren, werden Sie in Ihrem Leben Wunder erleben. Ich weiß das aus eigener Erfahrung."

Da meine erste Broschüre guten Absatz fand, bekam ich den Auftrag, eine zweite zu schreiben. Sie sollte sich mit christlicher Meditation befassen und die Leser für Meditationstechniken begeistern, wie ich sie am „Neuen erleuchteten Pfad" gelernt hatte. Dieses zweite Heft gab ich allerdings nur an Leute weiter, von denen ich den Eindruck hatte, daß sie wirklich an Meditation interessiert waren.

Nach mehrwöchiger Strand-Evangelisation hatte ich einen kleinen Freundeskreis gewonnen. Manche der neuen Bekannten besuchten mich regelmäßig, um sich geistlichen Rat und Hilfe zu holen. Mitunter ging es dabei um Partnerschaftsprobleme, aber viele Gespräche bewegten sich auch auf religiöser Ebene. Meist beendete ich die Sitzung damit, daß ich eine Hand auf die Schulter des Gesprächspartners legte und mit der anderen Hand nach oben zeigte. Dabei sprach ich ein Fürbittegebet, das immer mit den Worten schloß: „Himmlischer Vater, wir bitten dies im Namen unseres Herrn Jesus Christus. Amen."

Eines Tages lernte ich eine Frau kennen, die ihre Wohnung ganz in der Nähe meines Standortes an der Strandpromenade hatte. Sie vertraute mir an, daß sie vor ein paar Jahren „Jesus" am Strand gesehen habe, genau an der Stelle, wo ich mein Plakat aufgestellt hatte. Sie erzählte: „Als ich drüben auf der Bank saß, erschien plötzlich auf dem Strand eine leuchtende Gestalt, ungefähr zehn Meter von mir entfernt. Ich wußte, daß es ‚Jesus' ist. Nach einer Weile verschwand er genauso geheimnisvoll, wie er gekommen war."

Eines Tages fragte mich ein Rechtsanwalt, wie ich über die Wiederkunft Christi dächte. Da ich bei ihm echtes Interesse vermutete, erklärte ich ihm den Ablauf dieses wichtigen Ereignisses. „‚Jesus' ist in unseren Tagen schon vielen Menschen sichtbar erschienen, aber das ist noch nicht sein zweites Kommen. Bald wird er für alle sichtbar erscheinen, wie es damals in Palästina der Fall gewesen ist."

Der Rechtsanwalt fragte: „Was meinen Sie, wann wird Jesus kommen?"

„Ich rechne mit seinem Erscheinen in etwa fünfzehn Jahren. Zumindest hat er das mir gegenüber vor einigen Monaten angedeutet."

Der Mann sah mich erstaunt an. Offensichtlich überraschte ihn meine Antwort.

„‚Christus' wird sich bald in einem Körper aus Fleisch und Blut materialisieren", fuhr ich fort. „Dann wird er für immer sichtbar in der Welt bleiben, um die ihm zustehende Position als Herr der Herren und König aller Könige zu bekleiden. Die Bibel nennt das: Wiederkunft Christi. Zu dieser Zeit wird er ein tausendjähriges irdisches Reich gründen. Dieses Millennium wird eine Zeit des Friedens und Wohlstands für alle sein. Wenn Sie mehr darüber wissen wollen, lesen Sie in der Bibel das Buch der Offenbarung."

„Wird er in den Wolken erscheinen?" fragte der Mann.

„Erwarten Sie nicht, daß er mit allen Engeln in den Wolken des Himmels erscheint. So läuft das nicht ab. Sie sollten wissen, daß der biblische Ausdruck ‚mit den Wolken' als Symbol für eine esoterische ‚Substanz' verstanden werden muß."

In diesem Augenblick kam ein weiterer Zuhörer dazu.

„Wenn Jesus wiederkommt, wird die Atmosphäre um ihn herum neblig-dampfend sein – so ähnlich, wie man es in Fernseh-Shows sehen kann, wenn Interpreten im Wasserdampf auf der Bühne agieren. So ist es gemeint, wenn die Bibel davon spricht, daß Christus in den Wolken des Himmels erscheinen wird."

Am Ende des Gesprächs betete ich noch mit dem Rechtsanwalt. Er dankte mir und hoffte, mich am nächsten Wochenende wiederzusehen.

Manchmal boten mir Leute an, mich in meiner Arbeit zu unterstützen. Mit einem jungen Mann freundete ich mich sogar an. Er hatte sich erst vor kurzem Taufen lassen und spielte als Keyboarder in einer christlichen Rockband. Noch jung im Glauben, war er besonders an meinen mystischen Erfahrungen interessiert. Wir trafen uns einige Male zum Abendessen, und ich ermutigte ihn zur Meditation.

Verwirrende Befehle

An einem Sonntag morgen sagte mir die innere Stimme, ich solle heute unbedingt am Venice Beach predigen. Während ich gemächlich die Autobahn entlangfuhr, meldete sich die innere Stimme erneut. „Kehre um", forderte sie mich auf. „Mein Plan hat sich geändert. Du mußt heute in der Carson Mall* predigen."

„Oh nein!" rief ich, „das darf nicht wahr sein."

Am liebsten hätte ich diese Weisung als Hirngespinst oder als Tücke böser Astralmächte abgetan, denn mir graute davor, in diesem Einkaufszentrum predigen zu müssen. Deshalb horchte ich in mich hinein, ob die Stimme sich wieder melden würde, doch sie blieb stumm. Ich setzte also die Fahrt nach Venice Beach fort. Aber irgendwie war ich mit den Gedanken nicht bei der Sache, so daß ich die Autobahnausfahrt zum Strand verpaßte. Merkwürdig, dachte ich, das ist mir noch nie passiert.

Ich fuhr weiter und beschloß, die nächste Ausfahrt zu nehmen. Aber auch die verpaßte ich. Es war, als ob mein Verstand nicht mehr normal funktionierte. Waren diese Fahrfehler etwa ein Zei-

---

* Einkaufszentrum in Los Angeles.

chen dafür, daß ich hätte umkehren sollen, als die Stimme mich dazu aufforderte? Doch jetzt erschien mir das unsinnig, zumal ich den Strand fast erreicht hatte.

Um mir Klarheit zu verschaffen, blieb ich auf dem Parkplatz im Auto sitzen und meditierte. Mein Höheres Selbst schien damit einverstanden zu sein, daß ich am Strand blieb und meinen evangelistischen Dienst tat.

Trotz meiner Unsicherheit wurde es ein recht erfolgreicher Tag. Nachmittags tauchte mein Freund von der christlichen Band auf, um mit mir über die Evangeliumsarbeit zu sprechen. Er schlug vor, eine transportable Bühne aufzustellen, und den Leuten die Botschaft per Lautsprecher zu verkündigen. Wenn ich wolle, würde mich seine Band dabei live unterstützen.

„Daran habe ich auch schon gedacht“, stimmte ich zu und erzählte ihm von meinen Ideen, die bereits über die Strandevangelisation hinausgingen. Mir schwebte nämlich vor, ein Aufnahmestudio zu mieten und christliche Rundfunksendungen zu produzieren.

Der Zusammenbruch

Eigentlich hätte ich mit diesem Tag zufrieden sein können, dennoch war ich auf dem Heimweg niedergeschlagen. Plötzlich erschien mir die Arbeit für „Jesus“ mühselig und sinnlos. Als ich meine Wohnung betrat, höhnte die innere Stimme: „Siehst du, das hast du nun davon. Warum bist du nicht umgekehrt, als ich dir befahl, in die Carson Mall zu fahren.“

Jetzt war mir klar, daß es falsch gewesen war, die Stimme zu ignorieren, wie unsinnig mir die Weisung auch erschienen sein mochte.

„Du mußt jederzeit für meine Anweisungen bereit sein“, maßregelte mich die Stimme. „Ich verlange strikten Gehorsam. Also tue, was ich dir sage!“

Diese Zurechtweisung machte mich zornig. Durch die Strandevangelisation ausgepumpt, verlor ich die Beherrschung. Wütend griff ich nach einem Küchenmesser, stürzte zur Wand hin, an der Sallmans Bild mit dem Christuskopf hing, und brüllte mit erstickter Stimme: „Du elender Kerl! Ich schlage mir die Wochenenden für dich um die Ohren und du machst mich hier nieder!“

Dabei fuchtelte ich mit dem Messer herum und schrie: „Ich könnte dich umbringen!“ Schwer atmend drehte ich mich um und trat ein paar Schritte zurück. Doch dann machte ich wieder kehrt, stellte mich vor das Gemälde, preßte die stählerne Klinge gegen meinen Bauch und schrie das Bild an. „Du zwingst mich dazu, das zu tun", grollte ich, als in mir der Impuls hochkam, Selbstmord zu begehen.

Stille.

Ich drehte mich um und legte das Messer weg, um meinen Zorn unter Kontrolle zu bringen, ehe ich etwas tun würde, was nicht wieder gutzumachen war. Dann beugte ich mich vor und zog meine Schuhe aus.

Plötzlich riß mich ein neuer Anfall zügelloser Wut mit sich. Ich griff mir einen Schuh und schlug damit wie wahnsinnig auf den Fußboden. Dabei stellte ich mir vor, in Wirklichkeit „Jesus" ins Gesicht zu schlagen. Es war, als ob sich die Spannung der Wochen und Monate, in denen ich mich zur Evangelisation gezwungen gefühlt sah, in einer gewaltigen seelischen Explosion entlud.

Mein Arm schmerzte, aber sobald ich das Christusbild ansah, überflutete mich die Wut von neuem. Ich schrie: „Ich hasse dich!"

Schließlich hielt ich erschöpft inne. Plötzlich war mir klar, wie sehr ich mich versündigt hatte. Ich brach zusammen und bat um Vergebung und Gnade. Tränen rannen über mein Gesicht, und ich betete schluchzend: „Herr, vergib mir. Ich verstehe jetzt, warum du so streng zu mir bist. Ich weiß, daß ich meine Schwäche überwinden und dir völlig gehorsam sein muß. Gib mir die Kraft dazu."

Ich glaubte zu verstehen, daß „Jesus" so streng mit mir umgehen mußte, weil er mich liebte und auf lange Sicht nur Gutes im Sinn hatte. Ich sagte ihm, wie traurig ich darüber sei, die Beherrschung verloren und eine so schreckliche Gotteslästerung begangen zu haben.

Während ich um Vergebung bat, spürte ich, daß sich „Jesus" trotz meines Wutanfalls nicht von mir zurückgezogen hatte. Ich nahm das als Beweis dafür, daß er wirklich Gott ist. Mein Wutausbruch schien ihn nicht überrascht zu haben. Offenbar kannte er die tieferen Gründe für diese seelische Explosion und hatte mir schon vergeben, bevor ich ihn überhaupt darum bitten konnte.

Dankbar und erleichtert stand ich vom Fußboden auf. Die Depressionen waren verschwunden. Leichten Herzens ging ich in die Küche und bereitete das Abendessen zu.

Möglicherweise fragen sie sich, ob ich je daran gezweifelt habe, daß es wirklich Jesus war, der mein Leben bestimmte. Sie werden es vielleicht nicht glauben, aber es ist wahr, daß mir bis dahin nie der Gedanke gekommen war, ich könnte in den Einflußbereich dämonischer Mächte geraten sein. Mein Vertrauen in den Weg des

New Age und an die Führung durch Gurus, Meister und himmlische Geistwesen war im Laufe der Zeit immer stärker worden. Vor allem die Bücher von Alice Bailey hatten dazu beigetragen, mich zu einem ergebenen Anhänger des New Age, seiner spirituellen Führer und seiner Lehren zu machen.

Ich war besessen von diesen Ideen, so daß im Grunde nichts meinen „Glauben“ erschüttern konnte. Sogar mein intensives Bibelstudium hatte das Netz der Irreführung nicht zerreißen können, da ich die Bedeutung vieler Texte automatisch so auslegte, daß sie mit meinen metaphysischen Anschauungen übereinstimmten.

Heute weiß ich, daß Satan ein unglaublich geschickter Verführer ist. Wer sich mit ihm einläßt, gerät unweigerlich unter seine Herrschaft. Und wenn man erst einmal in einen solchen Kult verstrickt ist, bedarf es eines Wunders, um wieder aus den Fängen der Finsternis befreit zu werden.

Jesus wußte, was er sagte, als er seine Nachfolger warnte: „Nicht jeder, der ständig ‚Herr‘ zu mir sagt, wird in Gottes neue Welt kommen, sondern der, der auch tut, was mein Vater im Himmel will. Am Tag des Gerichts werden viele zu mir sagen: ‚Herr, Herr! In deinem Namen haben wir Weisungen Gottes verkündet, in deinem Namen haben wir böse Geister ausgetrieben und viele Wunder getan.‘ Und trotzdem werde ich das Urteil sprechen: ‚Ich habe euch nie gekannt. Ihr habt versäumt, nach Gottes Willen zu leben; fort mit euch!‘“ (Matthäus 7,21-23 GN)

Wenn jemand mit einer Bibel in der Hand im Namen Jesu predigt, heißt das noch lange nicht, daß er wirklich ein Gesandter Gottes ist. Jesus selbst hat gesagt, daß nur die zu ihm gehören, „... die den Willen tun meines Vaters im Himmel.“

Was Gott wirklich will, steht in der Bibel. Wer also etwas anderes lehrt als das, was Gott in seinem Wort offenbart hat, kann sein „Licht“ nicht von Christus haben. Die Bibel fordert: „Haltet euch an die Weisungen des Herrn und an meine Warnungen! Das ist die einzig gültige Antwort.“ (Jesaja 8,20 GN)

12 Begegnung mit dem Heiligen Geist?

„Der Herr lädt dich zu sich ein. Er ruft dich jetzt. Er möchte, daß du nach vorn kommst und dich taufen läßt. Warum nimmst du ihn nicht an?“ Beschwörend redete der Pastor auf die Zuhörer ein, während der Chor summend die dazu passende musikalische Kulisse lieferte.

Sollte ich nach vorn gehen und mich taufen lassen? Ich war zum ersten Mal in dieser Kirche und saß deshalb ziemlich weit hinten. Der Gottesdienstraum war mit etwa 150 Besuchern gut gefüllt.

An diesem Sonntag hatte der Pastor die Gemeinde eindringlich vor den Folgen der Sünde gewarnt. Am Ende der Predigt spielte eine Band. Als der Prediger zu singen begann und die Gläubigen danach zu mehr Rechtschaffenheit aufrief, erhoben sich die meisten Anwesenden von ihren Plätzen.

Schließlich wandte er sich an alle, die noch nicht „gerettet“ waren, und forderte sie auf, nach vorn zu kommen, um sich die Sünden abwaschen zu lassen. Der Chor modulierte das Lied geschickt in eine höhere Tonart, um die Spannung zu steigern.

Bevor ich sonntags meinen Evangeliumsdienst auf der Strandpromenade antrat, besuchte ich meist einen christlichen Gottesdienst – jeweils bei einer anderen Glaubensgemeinschaft. Ich wollte mir ein Bild machen von den unterschiedlichen Andachtsformen und Glaubensrichtungen. Manchmal bekam ich während meiner morgendlichen Meditation die Anweisung, eine ganz bestimmte Kirche zu besuchen.

An diesem Morgen hatte mir die innere Stimme gesagt: „Geh in die ‚Kirche des Apostolischen Friedens‘ in Inglewood!“ Inglewood ist ein Vorort von Los Angeles. Ich machte mich also auf den Weg, ohne damit zu rechnen, an diesem Tag eine handfeste Überraschung zu erleben. Auf diese Kirche war ich einige Tage zuvor durch Dan aufmerksam geworden. Wir hatten uns durch meinen Evangeliumsdienst kennengelernt. Er gehörte zu dieser Gemeinde und hatte mich zum Gottesdienst eingeladen. Die Weisung der inneren Stimme deckte sich mit dem, was ich ohnehin vorgehabt hatte.

Ruf zur Umkehr

Nun saß ich also in Dans Kirche. Der Pastor wurde nicht müde, die Unbekehrten zur Taufe aufzufordern: „Jetzt, in diesem Augenblick, rührt Jesus dein Herz an", sagte er. „Er winkt dir zu und lädt dich ein, ihm dein Leben zu übergeben."

Ich überlegte, ob ich nach vorn gehen und mich taufen lassen sollte. Ich erinnerte mich, daß Muriel einmal gesagt hatte, sie werde in Kürze für die Mitglieder des „Neuen erleuchteten Pfads" einen Taufgottesdienst anbieten. Deshalb erschien es mir besser, mit der Taufe zu warten. Sicher würde ich Muriel irgendwann wiedersehen, und dann konnte ich mich von ihr taufen lassen.

„Unter uns ist noch jemand, der seinen Glauben nicht öffentlich bekannt hat", mahnte der Prediger. „Der Herr ruft gerade dich! Laß dir die Sünden abwaschen! Komm nach vorn und nimm die Vergebung an!" Das Summen des Chores schwoll an und ließ den Aufruf noch eindringlicher erscheinen.

„Soll ich es jetzt tun?" fragte ich mich. „Nein, noch nicht, das ist nicht der passende Ort und die richtige Zeit!" dachte ich. Dennoch war ich innerlich unsicher. Also schloß ich die Augen und begann zu meditieren. Plötzlich war mir, als sähe ich „Jesus". Er stand in einem weißen Gewand und mit geöffneten Armen da und lud mich ein: „Komm zu mir!"

Ich spürte in mir den seltsamen Drang: „Jetzt ist die Zeit. Laß dich taufen!" Mein Verstand sagte mir: Sei vorsichtig! Das Gefühl drängte: Schiebe die Sache nicht auf! Ich bekam feuchte Hände. Nach kurzem inneren Kampf sprang ich auf und ging nach vorn. Die ganze Versammlung ermutigte mich auf dem Weg zum Podium mit Rufen wie: „Halleluja!" „Preist den Herrn!" „Halleluja!"

Ein Diakon führte mich in den Umkleideraum und reichte mir ein weißes Taufgewand. Als ich es anzog, fiel alle Befangenheit von mir ab. Plötzlich konnte ich es kaum noch erwarten, getauft zu werden. Der Diakon geleitete mich zum Taufbecken an der Stirnseite des Kirchenraums. Vorsichtig stieg ich über eine kleine Leiter in das ziemlich kalte Wasser.

„Will Baron, bereust du deine Sünden und nimmst du den Herrn Jesus Christus als deinen persönlichen Erlöser an?“ fragte der Pastor.

„Ja“, antwortete ich.

Es war nicht leicht für mich, den Worten des Predigers, der neben mir im Wasser stand, zuzuhören. Seit ich den Umkleideraum verlassen hatte, sprach nämlich „Jesus“ in meinem Inneren zu mir.

„Du mußt deinen Plan ändern“, sagte er. „Geh heute nicht zum Venice Beach, sondern bezeuge mich vor den Menschen in der Carson Mall.“

Der Pastor hielt seine Hand über meinen Kopf und sagte: „Ich taufe Dich im Namen Jesu Christi, zur Vergebung deiner Sünden.“

„Du mußt mein Werk tun“, mischte sich „Jesus“ ein. Ich fühlte, wie ich nach hinten gezogen und unter Wasser gedrückt wurde.

Unerbittlich dröhnte „Jesu“ Stimme in meinem Ohr: „Durch die Taufe hast du dich verpflichtet, mein Werk zu tun. Höre also auf, Ausreden zu erfinden, um nicht im Einkaufszentrum predigen zu müssen!“

Benommen stolperte ich die Leiter aus dem Taufbecken hinauf. Kaum war ich oben, drängten sich die Mitglieder der Kirchenleitung um mich. „Preist den Herrn, Bruder Will“, beglückwünschten sie mich händeschüttelnd. „Halleluja!“ „Preist den Herrn.“

Dazwischen meldete sich „Jesus“ wieder. „Du wirst in deiner Freizeit nur noch für *mich* arbeiten“, befahl er. „Geh in die Mall und verkündige den armen verlorenen Seelen, daß ich bald auf die Erde zurückkehren und mein Friedensreich aufrichten werde.“

Nachdem ich mich in der Kabine umgekleidet hatte, wollte ich in den Kirchenraum zurückkehren. Im Gang kam eine ältere Frau auf mich zu und fragte liebevoll: „Möchtest du jetzt, nachdem du getauft bist, die Gabe des Heiligen Geistes empfangen?“

„Die Gabe des Heiligen Geistes?“ fragte ich.

„Ja. Die Wassertaufe hast du gerade erlebt, aber das ist nicht alles. Wenn du willst, kannst du auch noch mit dem Heiligen Geist getauft werden“, erklärte sie. „Aber du mußt ihn empfangen wollen.“

„Sie meinen, daß ich den Heiligen Geist sofort bekommen kann? Hier? Jetzt?“ erkundigte ich mich zweifelnd.

„Ja, so steht es in der Bibel. Bisher wurde jedem, der in der „Kirche des Apostolischen Friedens“ getauft worden ist, auch die Taufe mit dem Heiligen geschenkt – wenn er es wollte! Und als Zeichen dafür, konnte er in Zungen reden.“

Die Frau hielt kurz inne und wiederholte dann ihre Frage: „Möchtest du die Gabe des Heiligen Geistes empfangen?“

Ich schloß die Augen, um in mich hineinzuhören, was mein Höheres Selbst dazu zu sagen hatte. „Sag Ja!“ meldete sich die Stimme.

„Ja, ich möchte den Heiligen Geist empfangen“, antwortete ich.

Die Frau führte mich in das Beratungszimmer des Kirchenausschusses und forderte mich auf, an einem großen polierten Holztisch Platz zu nehmen. Mit der Bemerkung, sie werde gleich wiederkommen, verließ sie den Raum.

Meine Gedanken schweiften zurück zur Begegnung mit Dan. Ich hatte ihn in der Mall auf einer Bank sitzen sehen. Ich sprach ihn an und fragte, ob er Christ sei.

„O ja“, antwortete er, „ich bin ein wiedergeborener Christ und habe die Taufe des Heiligen Geistes empfangen.“

„Taufe des Heiligen Geistes? Was ist das?“ hatte ich verständnislos gefragt. „Kannst du mir das näher erklären?“

„Sicher. Ich erzähle gern von meinem Glauben. Setz dich zu mir.“

Mit den Worten „Ich heiße Dan“, stellte er sich erst einmal vor. Dann erzählte er, wie er zu Christus gefunden und die Taufe des Heiligen Geistes empfangen hatte. Seiner Meinung nach müsse sich die Geistestaufe nicht unbedingt in der Gabe des Zungenredens bekunden, wie manche behaupten, erklärte er. Die Zungenrede sei lediglich eine der verschiedenen Gnadengaben, durch die sich der Heilige Geist offenbart.

„Wir müssen uns also nicht darum bemühen, in Zungen zu reden“, sagte Dan mit Nachdruck. „Wichtig ist eigentlich nur, *daß* wir die Taufe des Heiligen Geist empfangen.“

Mich interessierte das Thema, deshalb bombardierte ich ihn geradezu mit Fragen.

„Weißt du, Will, wenn du mit dem Heiligen Geist getauft worden bist, können ungewöhnliche Dinge in deinem Leben geschehen. Für mich ist es übrigens kein Zufall, daß wir hier miteinander sitzen. Der Heilige Geist hat uns zusammengeführt.“

„Das ist schon möglich“, stimmte ich zu.

Dan fuhr fort: „Eigentlich hatte ich die Mall schon verlassen, bevor du mich ansprachst, aber dann sagte mir eine innere Stimme, ich solle umkehren und mich auf diese Bank setzen.“

Als der Begriff „innere Stimme“ fiel, wurde ich hellhörig.

„Es gab keinen vernünftigen Grund dafür, zurückzugehen und mich auf diese Bank zu setzen“, erzählte Dan weiter. „Aber irgendwie spürte ich, daß der Heilige Geist hinter der Sache steckt. Also tat ich, was er mir eingab. Kaum hatte ich mich hingesetzt, da bist du hier aufgetaucht.“

Ich war erstaunt, denn ich hätte nicht gedacht, daß auch ganz gewöhnliche Christen Weisungen durch eine „innere Stimme“ empfangen konnten.

„Ich nehme an, daß mich der Heilige Geist zurückbeordert hat, weil er mich mit dir zusammenbringen wollte“, schlußfolgerte Dan. „Ich bin fest davon überzeugt, daß hier Gott die Hand im Spiel hat und nicht der Zufall. Der Heilige Geist arbeitet mitunter auf geheimnisvolle Weise an uns Menschen.“

Ich war beeindruckt von dem, was Dan über die Geistestaufe gesagt hatte. Deshalb fragte ich: „Meinst du, daß ich die Taufe des Heiligen Geistes auch empfangen könnte? Was müßte ich dafür tun?“

Er sah mir in die Augen und sagte ernst: „Du mußt eine Kirche besuchen, die den Heiligen Geist hat und an die Taufe des Heiligen Geistes glaubt. Bei Christen, die nicht wirklich an die Gabe des Heiligen Geistes glauben, wirst du sie auch nicht finden.“

Bevor wir uns trennten, lud Dan mich in seine Kirche ein. Er gab mir die Anschrift und meinte, er würde sich freuen, mich wiederzusehen.

An dieser Stelle kehrten meine Gedanken in den Konferenzraum der „Kirche des Apostolischen Friedens“ zurück. Die ältere Dame, offenbar ein Mitglied der Kirchenleitung, war mit einer jüngeren Frau zurückgekehrt, die sich mir gegenüber an den Tisch setzte. Wahrscheinlich hatte sie nach mir die Taufe empfangen, so daß wir nun zwei Kandidaten waren, die um die Gabe des Heiligen Geistes bitten wollten.

Die Gemeindeälteste setzte sich ans Kopfende des Tisches und reichte jedem von uns eine Bibel. Dann blätterte sie in ihrer eigenen Bibel. Während sie offensichtlich eine ganz bestimmte Stelle suchte, dachte ich: Als treuer New Age-Christ habe ich so viele mystische Erfahrungen gemacht, daß mich Gott ganz gewiß für geeignet hält, die Gabe des Heiligen Geistes zu empfangen.

Weiter kam ich in meinen Gedanken nicht, denn die Gemeindeleiterin begann zu sprechen:

„Die Bibel sagt, das wir die Gabe des Heiligen Geistes bekommen, wenn wir unsere Sünden bereuen und uns taufen lassen. In Apostelgeschichte 2,38.39 heißt es: ‚Kehrt jetzt um und macht einen neuen Anfang! Laßt euch alle auf den Namen Jesu Christi taufen! Dann wird Gott euch eure Schuld vergeben und euch seinen heiligen Geist schenken. Was Gott versprochen hat, ist für euch und eure Kinder bestimmt und für alle, die jetzt noch fern sind und die der Herr, unser Gott, hinzurufen wird.‘ (GN)“

Sie blickte auf und schaute uns lächelnd an. „Hier steht es, daß Gott denen, die ihre Schuld bereuen und sich taufen lassen, die Gabe des Heiligen Geistes schenkt. Ihr habt bereut und seid getauft worden. Deshalb werdet auch ihr diese Gabe bekommen. Bisher hat jeder, der in unserer Kirche getauft worden ist, den Heiligen Geist empfangen. Ich kenne jedenfalls keinen, bei dem das nicht das Fall gewesen wäre."

Sie redete über diese Dinge so selbstverständlich und überzeugend, daß ich jeden Augenblick damit rechnete, der Geist Gottes müsse über uns hereinbrechen.

Die Gemeindeleiterin ergänzte: „Aus der Bibel entnehme ich, daß die Fähigkeit, ‚in Zungen' zu reden der Beweis für die Taufe mit dem Heiligen Geist ist." Zur Bestätigung las sie weitere Texte aus der Apostelgeschichte.*

Unwillkürlich dachte ich an das Gespräch mit Dan. Er hatte gesagt, daß nur wenige Christen die Taufe des Heiligen Geistes empfangen hätten und daß *alle* Geistesgaben wichtig seien.

Die Gemeindeleiterin führte noch andere Texte an, die mit dem Heiligen Geist und dem Zungenreden zu tun hatten. Dann fragte sie, ob wir glaubten, was sie vorgelesen hatte. Als wir das bejahten, stand sie auf und führte uns wieder in den Gottesdienstraum. Die Kirche war fast leer. Nur im Altarraum standen einige junge Mädchen.

Wir mußten vor dem Geländer niederknien, während sich die Jugendlichen um uns herum gruppierten.

„Um die Gabe des Heiligen Geistes zu empfangen, müßt ihr Jesus für eure Rettung danken", wies uns die Gemeindeleiterin an. Sagt laut: ‚Danke, Jesus.' Wiederholt diesen Dank immer wieder, bis der Heilige Geist über euch kommt."

Ich schloß die Augen, faltete die Hände und betete leise: „Danke, Jesus, daß du mich errettet hast."

„Lauter. Und wiederhole es ständig!" ermutigte mich die Gemeindeleiterin.

„Danke, Jesus, daß du mich errettet hast. Danke, Jesus, daß du mich errettet hast", wiederholte ich.

„Hör nicht auf!" schaltete sich eine der jungen Helferinnen ein. „Wiederhole immer wieder: ‚Danke, Jesus. Danke, Jesus.'"

„Danke, Jesus. Danke, Jesus", schrie ich.

„Danke, Jesus. Danke, Jesus."

„Danke, Jesus. Danke, Jesus."

* Apostelgeschichte 2,4; 10,44-46

„Danke, Jesus. Danke, Jesus."

Ich stockte, denn irgendwann mußte ich ja auch wieder einmal Luft holen.

„Nicht aufhören!" rief eine andere Helferin. „Sag es immer weiter. Freust du dich nicht, daß Jesus dich errettet hat? Sei ihm dafür dankbar."

Ich wiederholte mehrmals: „Danke, Jesus. Danke, Jesus."

„Lauter!" rief ein anderes Mädchen. „Schrei, so laut du kannst. Sag Jesus, wie dankbar du ihm bist. Mach weiter, wiederhole immer wieder: ‚Danke, Jesus. Danke, Jesus.'"

Aus Leibeskräften schrie ich mit der anderen Kandidatin den „Dank" heraus, den man uns vorgesagt hatte. Die Assistentinnen führten sich inzwischen auf wie Fans, die ihre Mannschaft anfeuerten.

Plötzlich krachte es ganz in der Nähe. Ich riß erschrocken die Augen auf und sah, daß eine der Helferinnen im Eifer des Gefechts fast die Kanzel umgestoßen hätte. Dabei hatte sich das Holzkreuz von der Wand gelöst und war krachend auf den Steinboden geschlagen.

Ich schloß die Augen schnell wieder, um mit dem Dank für die Errettung von der Verdammnis fortzufahren. Die Mädchen feuerten uns weiter an, so daß ihre Rufe und unser Flehen sich miteinander vermischten und als undefinierbarer Lärm von den Kirchenwänden widerhallte.

Nach einiger Zeit wurde meine Stimme heiser und brüchig. Wie kann das eine „Gabe" Gottes sein, wenn man sie nur durch solch infernalisches Gebrüll bekommen kann? schoß es mir durch den Kopf. Aber dann schämte ich mich dieses Gedankens und dachte: Du hast dich in diese Sache eingelassen, deshalb bringe sie auch zu Ende. Also schrie ich weiter mit krächzender Stimme: „Danke, Jesus. Danke, Jesus. Danke, Jesus ..."

Die Gemeindeleiterin hatte doch gesagt, daß bisher jeder Kandidat in der „Kirche des Apostolischen Friedens" die Taufe durch den Heiligen Geist empfangen hatte. Warum sollte ausgerechnet ich eine Ausnahme sein? Sicher würde Gottes Geist auch über mich kommen, wenn ich weiterhin den Anweisungen der Helferinnen folgte.

Nachdem ich minutenlang mit den anderen im Sprechchor „Danke, Jesus" gerufen hatte, verkrampfte sich mein Kiefer.

Die Gemeindeleiterin und ihre Assistentinnen riefen aufgeregt: „Laß die Worte raus. Wehre dich nicht dagegen, laß sie raus!"

Ich versuchte zu sagen: „Danke, Jesus!" Aber meine Kehle war wie zugeschnürt und die Lippen zitterten unkontrolliert.

Meine Mitbewerberin um die Taufe des Geistes stieß plötzlich merkwürdige Laute in hoher Tonlage aus, die mich entfernt an Jodeln erinnerten.

„Mach weiter! Hör nicht auf!“ fuhr mich eine Helferin an, als ich mein Rufen unterbrach und meiner Mitstreiterin zuhörte.

Als ich mich wieder darauf konzentrierte, die Gabe des Geistes zu empfangen, spürte ich, wie sich der Krampf in meiner Kehle löste, bis ich ebenfalls undefinierbare Laute auszustoßen begann. Plötzlich konnte ich ohne jede Anstrengung in diesen eigenartigen Zungen sprechen. Ich fühlte mich wie beim Gruppenchanneling am „Erleuchteten Pfad“, nur daß ich jetzt die Nachricht in einer unbekannten Sprache weiterleitete. Ich hatte keine Ahnung, was die Worte bedeuteten, die ich aussprach. Vom Tonfall her klang es wie Russisch.

Ich war erleichtert und erschöpft zugleich, als schließlich alles vorüber war. In der Kirche war es still. Ich öffnete die Augen. Eine Helferin hob das Kreuz auf und hängten es wieder an die Wand.

Neben mir kniete die Gemeindeleiterin. Ich fragte sie, ob sie die Sprache des Heiligen Geistes verstanden habe.

„Nein“, antwortete sie ruhig. Dann fragte sie freundlich: „Was wirst du jetzt tun, Will?“

Ohne Zögern antwortete: „Ich tue das Werk des ‚Herrn‘. Wofür sollte ich mich sonst einsetzen?“ Dabei dachte ich an den Zeugnisdienst in der Mall, den „Jesus“ mir während der morgendlichen Meditation aufgetragen hatte. Ich stand auf und verließ die Kirche.

Während ich dieses Buch schreibe, schildere ich meine Erfahrungen in der „Kirche des Apostolischen Friedens“ so, wie sie sich zugetragen haben. Ich kann das, was mir damals widerfuhr, nicht mehr ändern, aber ich kann es mit meiner späteren Glaubenstaufe vergleichen. Die Zeremonie des Untertauchens erlebte ich nämlich einige Monate später noch einmal, nachdem der wahre Heilige Geist Satans Herrschaft über mich durchbrochen und das Netz der Verführung zerrissen hatte. Wie glücklich war ich, als Pastor Siegfried Neuendorff mich durch die Glaubenstaufe in eine wirkliche Beziehung zu Jesus, dem Sohn des lebendigen Gottes, führte.

Diesmal trieben mich keine Stimmen, ihr Werk zu tun, als ich in das Taufwasser stieg. Nach der Taufe geschahen keine spektakulären Dinge, aber ich spürte in mir eine nie gekannte Freude und den Frieden Gottes. Jetzt hatte ich wirklich erfahren, was es bedeutet, durch die Gnade erlöst zu sein – durch den Glauben an Jesus Christus.

Nachträgliche Einsicht

Inzwischen ist mir klar, daß mein Zungenreden in der „Kirche des Apostolischen Friedens" nicht das Werk des Heiligen Geistes gewesen sein kann, da ich zu dieser Zeit in Wirklichkeit noch ein Jünger Satans war.

Ganz abgesehen davon, daß die Methoden, mit denen man dort die „Taufe mit dem Heiligen Geist" zu erlangen sucht, unbiblisch sind. Das beschwörende Schreien eines einzigen Satzes steht im Widerspruch zu Jesu Ermahnung: „Wenn ihr betet, dann leiert nicht endlos Gebetsworte herunter wie die Heiden. Sie meinen, sie könnten bei Gott etwas erreichen, wenn sie besonders viele Worte machen. Ihr sollt es anders halten." (Matthäus 6,7.8 GN)

Möglicherweise fragen Sie jetzt, ob Satan tatsächlich die Macht hat, Gaben wie Zungenreden und Krankenheilung, die eigentlich ein Geschenk des Heiligen Geistes sind, nachzumachen oder vorzutäuschen. Ich bin davon überzeugt, denn sonst hätte Jesus nicht davor gewarnt. Er sagte nämlich: „Denn mancher falsche Christus und mancher falsche Prophet wird auftreten. Sie werden sich durch Wundertaten ausweisen, um, wenn es möglich wäre, sogar die irrezumachen, die Gott erwählt hat. Darum seid auf der Hut!" (Markus 13,22.23 GN)

Das ist übrigens nicht neu, sondern läßt sich schon in alter Zeit beobachten. Die ägyptischen Priester konnten einige der Wunder, die Mose auf Gottes Geheiß vor Pharao tat, nachmachen.* Dennoch scheinen der satanischen Nachahmungstaktik in alttestamentlicher Zeit engere Grenzen gesetzt worden zu sein, als das heute der Fall ist.

Während der Regierungszeit des israelitischen Königs Ahab forderte der Prophet Elia die Baalspriester zu einem Wettstreit auf dem Berg Karmel heraus, um zu beweisen, daß nicht Baal Gott ist, sondern Jahwe. Beide Parteien bauten einen Steinaltar, legten Holz darauf und schlachteten einen Stier. Wer nun Feuer vom Himmel schleudern und das Opfertier verbrennen würde, sollte der wahre Gott sein. Die Baalspriester riefen von morgens bis abends ihren Gott an. Sie tanzten, schrien und ritzten sich mit Messern, um ihren Götzen zum Eingreifen zu bewegen. Aber Baal schwieg.

Schließlich ließ Elia eimerweise Wasser auf seinen Altar gießen. Dann rief er Jahwe an: „Herr, du Gott Abrahams, Isaaks und Jakobs! Alle sollen heute erfahren, daß du der Gott Israels bist ...

* Vgl. 2. Mose 7 und 8.

Höre mich, Herr, erhöre mich! Dieses Volk soll erkennen, daß du, Herr, der wahre Gott bist und daß du sie wieder auf den rechten Weg zurückbringen willst." (1. Könige 18,36.37 GN) Und Jahwe blieb nicht stumm wie Baal, sondern handelte: „Da ließ der Herr Feuer herabfallen. Es verzehrte nicht nur das Opfer und die Holzscheite, sondern auch die Steine, die Erde ringsum und das Wasser im Graben."

Feuer konnte Satan damals offensichtlich nicht vom Himmel fallen lassen. Wäre ihm das möglich gewesen, hätten die Baalspriester gewiß nicht vergeblich darum gefleht.

Wenn ich die damalige Situation mit dem vergleiche, was die Bibel im Buch der Offenbarung über die Herrschaft des Antichristen und vom Tier aus der Erde sagt, scheint Satans Spielraum kurz vor Christi Wiederkunft größer zu sein.

Johannes beschreibt das lammähnliche Tier so: „Das zweite Tier tat große Wunder: Vor allen Menschen ließ es Feuer vom Himmel auf die Erde regnen. Durch die Wunder, die es im Auftrag des ersten Tieres tun konnte, wurden alle Menschen getäuscht, die auf der Erde leben. Das Tier überredete sie, ein Standbild zu Ehren des ersten Tieres zu errichten, das mit dem Schwert tödlich verwundet worden und wieder ins Leben zurückgekehrt war." (Offenbarung 13,13.14 GN)

Ich sehe in diesen Texten einen Hinweis darauf, daß es Satan in der letzten Phase der Weltgeschichte möglich sein muß, fast alle Gaben des Heiligen Geistes zu fälschen, oder den Menschen dämonisch gewirkte Wundertaten als Gottes Werk zu „verkaufen".

13 Geheime Unterwanderung

„Jesus“ hatte einen neuen Missionsauftrag für mich. Ich sollte unauffällig eine bestimmte christliche Kirche in Los Angeles unterwandern.

Seit ich meinen Zeugnisdienst am Strand und in der Mall begonnen hatte, waren einige Monate vergangen. Zunächst war mir gar nicht bewußt, daß mir eine neue Mission übertragen werden sollte. Die innere Stimme verlangte nur, daß ich mich einer bestimmten Glaubensgemeinschaft anschließen und an möglichst vielen ihrer Aktivitäten beteiligen sollte.

Ich tat, was mir befohlen worden war. Einige Wochen später folgten weitere Anweisungen. Ich sollte persönliche Kontakte zu Gemeindegliedern suchen und Freundschaften schließen. Sobald das gelungen war, sollte ich die Leute in das Konzept der christlichen Meditation einführen. Sie sollten die Meditation als Weg zu einer engeren Verbindung mit Gott begreifen lernen. Das eigentliche Ziel war die Einrichtung einer Meditationsgruppe in dieser Gemeinde.

Dieses neue „Missionsprojekt“ begann damit, daß ich während meines Zeugnisdienstes in der Mall einen engagierten Christen namens Wayne kennenlernte. Er fragte mich, welcher Kirche ich angehöre.

„Oh, ich gehöre zu keiner bestimmten Kirche“, antwortete ich. „Ich betrachte mich als Glied des Leibes Jesu, der sich aus den Gläubigen aller christlichen Kirchen zusammensetzt.“

„Gehst du manchmal in eine Kirche?“ fragte Wayne.

„Ja, ich bin schon in verschiedenen Gemeinden dieser Gegend gewesen. Ich besuche jeweils die Kirche, in die mich der Heilige Geist führt.“ Daraufhin lud mich Wayne ein, auch einmal in seine Gemeinde, das „Haus der Hoffnung“ in Hermosa Beach, zu kommen. Ich hatte von ihr schon gehört, sie aber noch nie besucht.

Während meiner Abendmeditation forderte mich die innere Stimme auf, das nachzuholen.

Das erste Mal erlebte ich sonntags einen Abendgottesdienst im „Haus der Hoffnung“ mit. Die Kirche war sehr voll. Es müssen an die zweitausend Besucher gewesen sein. Der Gottesdienst wurde von einer Musikgruppe und einigen Sängern mit zeitgenössischer christlicher Musik eröffnet.

Die anschließende Predigt hatte nach meinem Verständnis einen fundamentalistischen Hintergrund. Zweifellos war der Sprecher rhetorisch geschickt, aber mir schien, daß er im Blick auf die weiterführenden Ideen, die „Jesus“ der Welt anzubieten hat, noch etwas Nachhilfe brauchte.

Einige Tage später sagte mir die innere Stimme während der Meditation, ich solle das „Haus der Hoffnung“ regelmäßig besuchen. Den Einstieg fand ich durch eine Serie von Vorträgen für Freunde der Kirche. Anschließend nahm ich an einem Kurs teil, der Interessierte auf die Kirchenmitgliedschaft vorbereitete. Ken, Pastor der Gemeinde und Mitglied des Kirchenvorstandes, leitete die Gesprächsgruppe. Da er gebürtiger Brite, also ein Landsmann von mir war, fanden wir schnell Kontakt zueinander.

Bis dahin hatte ich meine Besuche in der Kirche als Weiterbildung betrachtet, die mein Wissen über die verschiedenen christlichen Gemeinschaften vervollständigen sollte. Ich sagte mir, daß solches Hintergrundwissen es mir erleichtern würde, mit den unterschiedlichen Leuten auf der Strandpromenade von Venice Beach über der Glauben zu sprechen. Doch jetzt teilte mir die innere Stimme mit, daß ich einen speziellen Auftrag „Jesu“ in dieser Kirchengemeinde auszuführen hätte.

Ginger, eine bezaubernde junge Frau um die Dreißig, war das erste Gemeindeglied im „Haus der Hoffnung“, mit dem ich näheren Kontakt bekam. Sie spielte elektrische Violine in der Kirchenband.

Da ich mich schon früher für elektrische Geigen in Rock'n Roll Bands begeistert hatte, interessierte ich mich sehr für Gingers Spieltechnik. Eines Abends ging ich nach dem Schlußlied auf die Bühne, um mich für ihr Spiel zu bedanken. Dabei wechselten wir auch einige Worte über ihre Geige.

Einige Wochen später begegnete ich Ginger nach der Abendandacht auf einem Flur. Nachdem wir ein wenig über unsere gemeinsame Vorliebe für die Rockmusik der sechziger und siebziger Jahre geplaudert hatten, kamen wir auf unser geistliches Leben zu sprechen. Ganz unvermittelt ermutigte mich meine innere Stimme: „Erzähl ihr von deinen Meditationstechniken.“

„Ginger, ich weiß nicht, wie Sie das sehen, aber für mich ist Meditation die wichtigste geistliche Übung", sagte ich zögernd.

„Oh, ich meditiere auch!" antwortete Ginger fröhlich. „Ich würde durchdrehen, wenn ich das nicht regelmäßig täte."

Ich war erfreut, daß wir auch in dieser Hinsicht gleicher Meinung waren, obwohl weder sie noch ich darüber gesprochen hatten, was jeder unter „Meditation" verstand. Wahrscheinlich dachte sie an fernöstliche Praktiken, während ich so meditierte, wie ich es am „Erleuchteten Pfad" kennengelernt hatte. Das spielte aber im Augenblick keine Rolle; wichtig war nur, daß sie Interesse an der Meditation hatte. Deshalb schlug ich spontan vor, gemeinsam mit ihr in ihrer Kirche eine christliche Meditationsgruppe aufzubauen. Ginger meinte, das sein eine ausgezeichnete Idee.

In diesem Moment trat Ken, der Pastor der Kirche, zu uns. Obwohl wir uns vom Gesprächskreis her kannten, zögerte ich, die Unterhaltung über die Meditation fortzusetzen. Einen Augenblick lang lauschte ich in mich hinein, ob mein Höheres Selbst mich warnte, weiterzureden. Da das nicht der Fall war, setzte ich das Gespräch fort.

„Ken, wir haben gerade die Idee erörtert, in dieser Gemeinde einen Meditationskreis zu gründen", sagte ich.

„Hmmm, nun, eh ..., eh ...", murmelte Ken als Antwort auf meinen Vorschlag.

Ich ergänzte: „Sie wissen, daß im Alten Testament viel über Meditation gesagt wird. David bediente sich der Psalmen, um mit Gott in Verbindung zu treten und die Stimme des Heiligen Geistes zu hören. Im Mittelalter war das Meditieren in den Klöstern selbstverständlich. Später ist diese Kunst des Stillewerdens und Hörens auf Gottes Stimme der Hektik des modernen Lebensstils zum Opfer gefallen."

Ken schien nicht sonderlich interessiert zu sein. Eher beiläufig erwiderte er: „Gut, wenn Sie meinen, daß es etwas bringt, dann können Sie ja versuchen, einige Leute für diesen Kreis zu begeistern."

Jetzt schaltete sich auch Ginger ein: „Es gibt in unserer Gemeinde bestimmt Christen, die wie Will und ich Freude am Meditieren haben. Für mich jedenfalls ist es immer wieder eine beglückende Erfahrung, mich hinzusetzen, zu entspannen und mir Zeit zu nehmen, mich in Gott zu versenken."

Der Gedanke, im „Haus der Hoffnung" eine Meditationsgruppe einrichten zu können, beflügelte mich. Das konnte ein erster Schritt zu dem Ziel hin sein, Menschen in eine wirkliche Beziehung zu „Christus" zu führen, so wie ich sie damals verstand.

Da ich davon überzeugt war, ein wiedergeborener Christ zu sein, der in einer besonders engen Verbindung zu „Jesus“ lebte, wollte ich auch anderen Christen den Weg weisen, den ich bereits ging. Ich glaubte nämlich, daß sich das Evangelium schnell ausbreiten und das neue Zeitalter bald anbrechen würde, wenn möglichst viele Menschen auf „Jesu“ Stimme hörten.

Obwohl ich mich für einen wiedergeborenen Christen hielt, war ich nach wie vor dem New Age-Denken verfallen. In Wirklichkeit war mein Glaubensgut nichts weiter als ein Gemisch aus christlichen Elementen und New Age-Ideen. Mir selbst erschien es aber damals noch als „volles Evangelium“ oder „höheres Wissen“.

Wenn ich kritische Bücher über das New Age las, drängte es mich jedesmal, die Autoren davon zu überzeugen, daß Christentum und New Age einander keineswegs ausschließen, sondern nur zwei verschiedene Arme „Gottes“ sind, die er ausstreckt, um sich mit der Menschheit zu versöhnen.

Im Grunde meiner Seele war ich trotz der christlichen Tünche immer noch ein Jünger des New Age. Allerdings verbot mir die innere Stimme, mich öffentlich dazu zu bekennen. Auf der Promenade am Venice Beach kamen oft Straßenhändler an meinem Stand vorbei, die New Age-Schmuck und CD's mit esoterischer Musik feilboten. Manchmal spürte ich den Drang, mich ihnen als Gesinnungsgenosse zu offenbaren, doch jedesmal warnte die innere Stimme: „Nein! Tu das nicht.“ Offensichtlich wollte „Jesus“, daß ich mich den Leuten als Christ präsentierte.

Bei meinen Besuchen im „Haus der Hoffnung“ wurde ich auch mit Jeff bekannt. Er war ein stattlicher Bursche Anfang Zwanzig, dem es sehr am Herzen lag, anderen Menschen von seinem Glauben an Jesus Christus zu erzählen. Er interessierte sich für die mystischen Erkenntnisse, die ich aus meinen Meditationen gewonnen hatte.

Wayne, der mich damals ins „Haus der Hoffnung“ eingeladen hatte, schien mir auch ein Christ zu sein, der sich in Richtung New Age beeinflussen lassen würde. Da er fast immer eine Bibel bei sich hatte, knüpfte ich an dieser Stelle an. Ich sagte ihm, daß auch ich viel von der Bibel hielte, aber inzwischen einen Weg gefunden hätte, zu Erkenntnissen zu gelangen, die über das schriftlich geoffenbarte Wort hinausgingen.

Er wurde aufgeregt, als ich ihm sagte, er könne „Gottes“ Gegenwart hautnah spüren und die Stimme des „Heiligen Geistes“ direkt in sich hören. Um ihm diesen Gedanken glaubhaft erscheinen zu lassen, erinnerte ich an ein Bibelwort, in dem Jesus seinen Jüngern erklärte, Gottes Königreich sei nicht irgendwo weit draußen, sondern in ihnen.

Marantz. Irgendwann war dieses Wort in mein Bewußtsein gedrungen, und ich wurde es nicht wieder los. Wenn ich morgens aufwachte, dachte ich: *Marantz*! Was ist *Marantz*? fragte ich mich; denn ich hatte diesen Begriff vorher nie gehört.

Während des Frühstücks hämmerte es in meinem Kopf: „*Marantz! Marantz! Marantz!* ..." Ich dachte: Vielleicht hast du das Wort auf einem Werbeplakat gelesen oder im Radio gehört. Wahrscheinlich ist es ein japanisches Automodell oder der Name eines neuen Produkts.

Abends ging ich zum Gottesdienst ins „Haus der Hoffnung". Als ich die Bekanntmachungen im Mitteilungsblatt der Kirche las, lief mir ein Schauer über den Rücken.

Marantz-Stereoanlage zu verkaufen ...

„Wahnsinn", dachte ich, „der ‚Heilige Geist' ist wieder am Werk gewesen!" Nur er konnte mir in der Nacht dieses Wort eingegeben haben. Offenbar war das ein Hinweis für mich, mit dem jungen Mann, der das Gerät verkaufen wollte, Kontakt aufzunehmen.

Ich rief ihn an, um mich nach der Stereoanlage zu erkundigen. Er sagte, sein Name sei Greg, und ich solle doch bei ihm vorbeikommen. Als ich die Wohnung betrat, schaute ich mich unauffällig um und suchte nach Anhaltspunkten – zum Beispiel New Age-Literatur –, um herauszufinden, warum der „Heilige Geist" mich zu Greg geschickt haben könnte. Auf dem Tisch lag ein dickes Buch über Indien. Hmmmm, dachte ich, das ist interessant.

Die innere Stimme befahl mir, die Stereoanlage nicht zu kaufen, sondern nur mit Greg Bekanntschaft zu schließen. Während unserer langen, fast freundschaftlichen Unterhaltung überlegt ich immer wieder, ob der junge Mann vielleicht auch dazu ausersehen war, in unserer geplanten Meditationsgruppe mitzumachen.

Doch dazu kam es nicht mehr. Bald nach meinem Besuch bei Greg, fand mein Auftrag, das „Haus der Hoffnung" mit New Age-Lehren zu unterwandern, ein plötzliches und unerwartetes Ende. Meine Eltern, die den Verdacht hegten, daß ich in zweifelhafte religiöse Aktivitäten verwickelt sein sollte, hatten seit langem für mich gebetet. Später erfuhr ich, daß auch eine mir völlig unbekannte Person während einer Evangelisation für mich gebetet hatte.

Heute weiß ich, daß es diese Gebete gewesen sind, die zu einer dramatischen Wende in meinem Leben führten. Die Wirkung war unvorstellbar. Meine zwölfjährige Beziehung zum New Age zerbrach von einem Tag auf den anderen, als Gott das betrügerische Netz des Mastermind zerriß.

14 Die Demaskierung des Mastermind

„Geh nicht!" mahnte die innere Stimme, als ich nach Arbeitsschluß eine bestimmte evangelistische Veranstaltung besuchen wollte. „Heute abend mußt du für mich in der Mall Zeugnis ablegen", befahl sie. Aber ich war fest entschlossen, an dem Treffen teilzunehmen, deshalb hörte ich nicht auf die Stimme.

Seit Wochen hatte sich in mir eine merkwürdige Spannung aufgestaut. Ich spürte, daß „Christus" noch mehr Einsatz im Zeugnisdienst erwartete. Zugleich wuchs aber auch mein Widerstand, so als wirke eine andere Kraft dem entgegen.

Ich ging zur Evangelisation, obwohl mich meine innere Stimme davor gewarnt hatte. Die Vorträge fanden im großen Hörsaal eines nahegelegenen Colleges statt.

Während der Veranstaltung saß ich neben einer Frau, die ich auf Mitte Dreißig schätzte. Am Ende des Vortrags fragte sie mich freundlich: „Hat Ihnen die Verkündigung gefallen?"

„Ja", antwortete ich, „der Evangelist spricht sehr gut. Allerdings fand ich seine Ansichten an verschiedenen Stellen ziemlich einseitig."

Eigentlich war das nicht die Wahrheit, denn ich hatte mich während des Vortrags über die althergebrachten Vorstellungen des Predigers geärgert. Deshalb entschloß ich mich, offen zu meinen New Age-Anschauungen zu stehen, falls ich danach gefragt würde. Ich fand, daß es an der Zeit sei, dem fundamentalistischen Gedankengut, das hier im Namen meines Herrn verkündigt wurde, Paroli zu bieten.

Die Frau fragte ruhig: „Welche religiösen Ansichten haben Sie denn?"

„Ich bin ein New Age-Christ", platzte ich heraus.

Es war das erste Mal, daß ich mich einem gläubigen Christen gegenüber so geäußert hatte. Aber nach diesem Vortrag war ich so wütend, daß ich einfach nicht schweigen konnte.

Zu meiner Überraschung ließ sich die Frau von meiner Antwort nicht abschrecken. „Oh", kommentierte sie verständnisvoll, „bevor ich zu Christus fand, war ich auch ins New Age verwickelt."

Aus der Art, wie sie darüber sprach, schloß ich, daß sie inzwischen mit dieser Bewegung gebrochen hatte.

„Nun", sagte ich, „deshalb sollten Sie sich keine grauen Haare wachsen lassen. Im traditionellen New Age gibt es zwar viele interessante Ideen und ein gutes Stück Wahrheit, aber die meisten Anhänger haben keine Beziehung zu ‚Jesus Christus' und seiner Kraft."

Da sie schwieg, fragte ich etwas zugänglicher: „Zu welcher Kirche gehören Sie?"

„Zur ‚Kirche unterwegs'", antwortete sie.

„O ja", warf ich ein, „die Kirche von Jack Hayford. Ich bin zwar noch nicht dort gewesen, aber ich höre Jack manchmal im Radio."

„Was Ihr New Age-Christentum angeht", sagte die Frau, „hätten Sie etwas dagegen, wenn ich jetzt für Sie bete? Ich weiß nicht, was Sie wirklich glauben, aber ich würde gern für Sie beten."

„Warum sollte ich etwas dagegen haben?" antwortete ich. Vielleicht konnte ich von ihr ja etwas für meine Missionsarbeit lernen.

Während die Frau für mich betete, hielt sie meine Hände. „Lieber himmlischer Vater", begann sie. „Ich bitte dich darum, daß du diesen Bruder erkennen läßt, was Wahrheit und was Irrtum ist. Laß ihn dein Wort richtig verstehen. Wirke durch den Heiligen Geist an ihm, daß er Jesus Christus, den Sohn Gottes, erkennt. Ich bitte es im Namen Jesu. Amen."

Wie schön, daß jemand für mich gebetet hat, dachte ich, als ich den Hörsaal verließ. Auch wenn ich schon in einer engen Beziehung zu „Jesus" stand, war ich daran interessiert, immer mehr von seiner Kraft und Wahrheit zu erfassen.

Seit dieser Begegnung war etwa eine Woche vergangen. Als ich von der Arbeit nach Hause kam, sagte meine innere Stimme: „Geh heute nicht wie geplant in die Bibliothek, sondern lege in der Mall Zeugnis ab!"

Ich tat so, als hätte ich nichts gehört, aber die Stimme gab keine Ruhe. „Du mußt mein Werk tun! Die Zeit läuft uns davon. Du mußt deine Anstrengungen verdoppeln", befahl „Jesus" streng.

Mein Widerstand wuchs, und ich ignorierte die Stimme hartnäckig. Für diesen Abend hatte ich mir nämlich vorgenommen, ein bestimmtes Buch, von dem ich gehört hatte, aus der Bibliothek zu entleihen. Daran wollte ich mich unter keinen Umständen hindern lassen, schon gar nicht durch meine innere Stimme. Ich hatte also keine Zeit für den Zeugnisdienst in der Mall.

Vor einiger Zeit war ich in Gordon Meltons „Enzyklopädie der Amerikanischen Religionen" auf einen interessanten Abschnitt gestoßen, in dem von einer Frau die Rede ist, die angeblich in der Mitte des neunzehnten Jahrhunderts göttliche Visionen gehabt haben sollte. Die Vorstellung, daß bereits vor Madame Blavatski und Alice Bailey eine christliche Mystikerin gelebt hatte, weckte mein Interesse. War sie möglicherweise eine New Age-Christin gewesen, bevor es überhaupt das New Age gab? Um der Sache nachzugehen, lieh ich mir in der Bibliothek das Werk von Rene Noorbergen aus: „Ellen G. White, Prophet of Destiny".

Das Buch begann mit der Beschreibung einer Vision, in der Ellen White* das Erdbeben von San Francisco im Jahre 1906 mehrere Tage vor der tatsächlichen Katastrophe vorausgesehen hatte. Diese spirituelle Fähigkeit beeindruckte mich und ließ mich interessiert weiterlesen.

Es folgte eine allgemeine Abhandlung über den Unterschied zwischen spiritueller Fähigkeit und prophetischer Gabe. Der Autor analysierte spiritistische Medien wie zum Beispiel Edgar Case, Jeane Dixon und Peter Hurkos auf der Grundlage eines Vergleichs zwischen ihren Lehren und den biblischen Schriften. Dann folgten einige biographische Daten über Frau White.

Ganz besonders interessierte mich das Kapitel „Die Demaskierung des Mastermind", in dem eine Vision Ellen Whites aus dem Jahre 1858 beschrieben wird.**

Ellen White hatte geschrieben:

„Bei dem, der nächst Christus von Gott am meisten geehrt worden war, hatte die Sünde ihren Anfang. Vor seinem Fall nahm Luzifer offenbar die höchste Stelle in der Engelwelt ein und wirkte in unmittelbarer Nähe Gottes ... Dieser Engelfürst hätte eine Stütze des Guten sein können, wenn er seinen Einfluß, seine Intelligenz und seine Macht im Sinne Gottes eingesetzt hätte. Aber es kam anders ... Offenbar war Luzifer mit der Stellung, die Gott ihm zugewiesen hatte, nicht zufrieden. Ihn verlangte nach der Ehre, die Gott der

* Ellen G. White war die Tochter eines methodistischen Laienpredigers. Ihren Angaben zufolge empfing sie 1844 ihre erste Vision von Gott. 1863 gehörte sie zu den Mitbegründern der Freikirche der Siebenten-Tags-Adventisten.

** Im amerikanischen Raum bekannt als „Great Controversy Vision".

Vater seinem Sohn gegeben hatte, und er wollte auch die Macht, die allein Christus zustand ... Die Verehrung, die ihm von der gesamten Engelwelt zuteil wurde, tat ihm zwar wohl, aber er litt darunter, daß es außer Gott noch einen gab, der über ihm stand: Christus. Er konnte es offensichtlich nicht ertragen, daß Gott seinen Sohn an allen Entscheidungen teilhaben ließ, während er selbst nicht bei allem zu Rate gezogen wurde."*

Ich fragte mich, ob es den kosmischen Rebellen Satan und seine himmlischen Helfershelfer wirklich gab. Möglicherweise war an dieser Darstellung etwas dran, denn auch Muriel hatte gelegentlich von Satan und dämonischen Mächten gesprochen. Sie schien ebenfalls zu glauben, daß diese Wesen existierten. Andererseits hatte Djwhal Khul das Dasein eines kosmischen Gegners Gottes ausdrücklich abgelehnt. Er stempelte das Gerede vom Teufel als Einbildung oder Märchen ab.

In den Aufzeichnungen von Ellen White heißt es weiter:

„Ehe das Böse eindrang, herrschten Friede und Harmonie im Universum. Alles lebte in Übereinstimmung mit dem Willen Gottes ... Da ihm [Gott] nichts an erzwungenem Gehorsam liegt, billigte er allen vernunftbegabten Wesen die Möglichkeit freier Willensentscheidung zu. An dieser Stelle nahm das Verhängnis seinen Lauf, denn es fand sich einer, der die Freiheit mißbrauchte ... Luzifer verließ seinen Platz in der unmittelbaren Nähe Gottes und säte Unzufriedenheit in der Engelwelt. Dabei hütete er sich zunächst, offen gegen Gott aufzutreten ... Gott gestattete es ihm, seine Aktivitäten fortzusetzen, bis der Geist der Unzufriedenheit zum offenen Aufruhr heranreifte. Das ist nur zu verstehen, wenn man dahinter Gottes Absicht erkennt, an diesem exemplarischen Beispiel für alle Zeiten deutlich werden zu lassen, wohin die innere Entfremdung von Gott und die Rebellion gegen den Schöpfer letztlich führen ... Als Gott den aufrührerischen Engelfürsten dann aus seiner Gegenwart entfernte, bewies er seine Macht über das Böse und seine Gerechtigkeit, die nicht tatenlos zuschauen konnte, daß seine Herrschaft in Frage gestellt wurde."**

Langsam glaubte ich, daß es diesen rebellischen Engelfürsten möglicherweise wirklich gab. Vielleicht existierte Satan irgendwo

---

* Siehe E. G. White, „Der große Kampf", Advent-Verlag Lüneburg, 1994, S. 304f.

** ebd., S. 303.305.308.

auf unserem Planeten in unbekannten spirituellen Sphären. Ich las weiter:

„Die ursprünglich sündlos erschaffenen bösen Geister waren ihrer Natur, ihrer Macht und Herrlichkeit nach den heiligen Wesen gleich, die jetzt Gottes Boten sind. Doch gefallen durch die Sünde, sind sie miteinander verbündet, Gott zu schmähen und die Menschen zu verderben. Mit Satan bei seiner Empörung vereint und mit ihm aus dem Himmel verstoßen, haben sie während der ganzen folgenden Zeit mit ihm in seinem Streit wider die göttliche Gewalt zusammengewirkt. Die Heilige Schrift spricht von ihrem Bündnis, ihrer Führung und ihren verschiedenen Ordnungen, von ihren Fähigkeiten, ihrer Verschlagenheit und ihren heimtückischen Anschlägen gegen den Frieden und das Glück der Menschen."*

Ich legte das Buch aus der Hand und dachte über das Gelesene nach. Wenn es wirklich so war, warf das ein beunruhigendes Licht auf manches, was ich in der Vergangenheit erlebt hatte. In dem Buch hieß es weiter:

„Nachdem Satan im Himmel Aufruhr gestiftet hatte, wollte er auch die Bewohner der Erde dazu bringen, sich mit ihm im Streit gegen Gottes Herrschaft zu verbünden. Ursprünglich lebten Adam und Eva in Übereinstimmung mit Gottes Willen. Und sie waren dabei glücklich ... Geschickt lockte Satan die ersten Menschen in die Falle, indem er ihnen vorgaukelte, sie würden ungeahnte Erkenntnisse gewinnen, eine höhere Daseinsebene erreichen und am Ende gar sein wie Gott. Nur zugreifen müßten sie und sich selbst aneignen, was der Schöpfer ihnen vorenthalten wolle. Eva glaubte der Schlange, gab der Versuchung nach und brachte auch Adam dazu, sich auf den Ungehorsam einzulassen. Aber fast nichts von dem, was Satan ihnen angekündigt hatte, traf ein."**

Was ich dort las, erinnerte mich an den Religionsunterricht, den ich als Junge in der Kirche meiner Eltern besucht hatte. Dort war auch von Adam und Eva die Rede gewesen und vom Paradies, in dem die Geschichte der Menschheit angefangen haben sollte. Damals hatte ich das so hingenommen, aber später hielt ich die biblischen Berichte von der Schöpfung, dem Paradies und dem Sündenfall der Menschen nur noch für Sagen oder Mythen. Vielleicht deshalb, weil ich nicht daran glauben *wollte*, daß Satan eine real exi-

* ebd., S. 516 (Ausgabe Hamburg, 1975).

** ebd. S. 330f.

stierende, machtvolle Persönlichkeit ist. Mir war es einleuchtender, den „Sündenfall“ als einen Prozeß zu deuten, der sich in der Seele des Menschen abspielt und seine Ursache in der Unwissenheit oder Dummheit der Leute hat.

Mir fiel ein, daß Muriel einmal gesagt hatte, sie glaube an den biblischen Bericht vom Sündenfall im ersten Buch Mose. Indem sie sich auf eine persönliche Mitteilung „Jesu“ berief, erzählte sie damals, daß Evas Griff nach der verbotenen Frucht fürchterliche Folgen gehabt habe und der Grund für alles Leid auf dieser Erde sei.

Ich nahm das Buch von Rene Noorbergen, in dem er Ellen Whites Vision beschreibt, wieder zur Hand und las weiter:

„Dann teilte Christus den im Himmel verbliebenen Engeln mit, daß er gemeinsam mit seinem Vater einen Weg zur Rettung der Menschen gefunden habe. Er wolle sich selbst als Lösegeld anbieten und das Todesurteil, das die Menschen getroffen hatte, auf sich nehmen, damit den Sündern Vergebung zuteil werden könne. Nur durch seinen Gehorsam und Tod könnten die Menschen wieder in die Gemeinschaft mit Gott zurückkehren und ewiges Leben erlangen.

Die Engel waren entsetzt, denn Christus hatte ihnen auch nicht die dunklen Seiten des Erlösungsplans verheimlicht. Er sprach nämlich nicht nur von Vergebung und Erlösung für die Sünder, sondern auch vom eigenen Leiden und Sterben mit all den schrecklichen Begleiterscheinungen: Ablehnung, Verrat, Schmach und Schande.“

Das war es also, was Jesus Christus auf sich genommen hatte, um die Menschheit zu erlösen: Er bot sich an, das Karma der Welt zu tragen, und als Preis dafür sein Leben hinzugeben. Unbegreiflich! Ich war gespannt, wie es weitergehen würde.

„Gottes Sohn verließ die Herrlichkeit des Himmel, um uns gleich zu werden und die satanischen Versuchungen verstehen zu können, denen die Menschen seit dem Sündenfall ausgesetzt sind. Doch er wollte sie nicht nur verstehen, sondern ihnen aus der Verlorenheit heraushelfen. Das werde die unversöhnliche Feindschaft Satans und seiner Helfershelfer nur noch anstacheln, teilte Christus den Engeln mit, und schließlich mit seinem Tod enden. Um des Heils der Menschen willen müsse er anstelle der Sünder zwischen Himmel und Erde am Kreuz hängen. Die Sündenlast der ganzen Welt werde auf ihm ruhen und ihm unvorstellbare seelische und körperliche Qualen bereiten ...

Aber Christus sprach auch von seiner Auferstehung und der folgenden Herrlichkeit. Die Engel sollten wissen, daß Satan und seine

Getreuen eines Tages vernichtet werden. Dann werde er, Christus, seine ewige Herrschaft aufrichten und wieder Gerechtigkeit und Frieden schaffen auf Erden.“

Es dauerte eine Weile, bis ich die Tragweite dieser Worte begriffen hatte. Aber je mehr ich davon verstand, desto größer wurde meine Ehrfurcht und Bewunderung. Ich fragte mich allerdings: Was wird am Ende aus Satan und den Seinen werden? Dazu hatte sich Ellen White so geäußert:

„Zuerst wurde mir gezeigt, was Satan einst war: Ein glücklicher, erhabener Engelfürst. Dann sah ich, was er jetzt ist: immer noch ein Wesen von königlicher Gestalt und edlem Aussehen; denn er ist ein Engel – wenn auch ein gefallener. Sein Gesicht drückte Kummer und Sorge aus, aber auch Unzufriedenheit, Haß und Bosheit ... Seine Augen erschienen mir durchdringend und verschlagen ... Als er mir gezeigt wurde, schien er in Gedanken versunken zu sein. Er lächelte zwar, aber dieses Lächeln ließ mir das Blut in den Adern ‚gefrieren‘, denn es war nicht Ausdruck von Freundlichkeit oder Güte, sondern zeugte eher von Bosheit und Verschlagenheit.“

Vor meinem inneren Auge entstand das Bild Satans, wie Frau White es beschrieben hatte. Plötzlich durchzuckte mich die Erkenntnis: „Das ist er! Das ist mein Meister!“ Ich begriff, daß ich jahrelang ein Jünger Satans gewesen war. Das machte mich fassungslos. Mir war, als würde ich ohne Fallschirm aus einem Flugzeug gestoßen und im freien Fall auf die Erde stürzen.

Der Gedanke, daß ich mich von Satan hatte mißbrauchen lassen, um für ihn New Age-Lehren zu verbreiten, christliche Lehren zu verfälschen und anderen Menschen ein falsches Evangelium zu bringen, war entsetzlich.

„Oh, Gott!“ stöhnte ich gequält, „Djwhal Khul und der Meister ‚Jesus Christus‘ sind dämonische Engel. Sie haben mich all die Jahre getäuscht.“

Während ich geglaubt hatte, Gott zu dienen, war ich ein Handlanger Satans gewesen. Wie Schuppen fiel es mir von den Augen, daß New Age und pseudochristliches Gedankengut nur der Versuch sind, die echte christliche Botschaft von der Wiederkunft Christi und seinem ewigen Reich verächtlich zu machen, besser noch: zu verdrängen. Für mich gab es keinen Zweifel, daß Satan sein Erscheinen als Messias vorbereitet, um sich als Retter in der Not feiern zu lassen. Aber was die Massen für die Wiederkunft Christi halten, wird nur das Erscheinen des Antichristen sein.

Ein Bibeltext schoß mir durch den Sinn: „Denn mancher falsche Christus und mancher falsche Prophet wird auftreten ..., so daß sogar die von Gott Erwählten getäuscht werden könnten – wenn das überhaupt möglich wäre.“ (Matthäus 24,24 GN)

Ich war wie gelähmt, weil mich eine entsetzliche Einsicht nach der anderen überfiel: Satan und seine Engel hatten mich zu einem falschen Propheten gemacht und ich war ihr williges Werkzeug gewesen. Keiner der „Meister der Hierarchie“ hatte je als reinkarnierter Mensch in Tibet oder anderswo gelebt. Sie und die anderen führenden Geister des New Age sind Dämonen, die sich nur als Botschafter Gottes oder Engel des Lichts ausgeben.

Ich dachte zurück an den nächtlichen Besuch Djwhal Khuls vor ungefähr sechs Jahren und erkannte, wie leichtgläubig ich gewesen war. Ich hatte mich von der glanzvollen Erscheinung täuschen lassen und dem Anspruch geglaubt, er sei ein tibetanischer Guru, der nach 350 Jahren durch viele „Wiedergeburten“ hindurch zur Unsterblichkeit gelangt war.

Der Gedanke, daß Djwhal Khul in Wirklichkeit ein satanischer Engel war, erschreckte mich. Aber es leuchtete mir ein, daß Dämonen über die Fähigkeit verfügen, von einer Daseinsform in die andere überzuwechseln. Offenbar können sie die Gestalt eines Menschen annehmen, aber auch als himmlisches Lichtwesen erscheinen.

Mir war, als hätte mir gerade jemand die Nachricht vom Tode eines geliebten Menschen gebracht. Ich mußte daran denken, wieviel Zeit und Geld ich für die New Age-Bewegung geopfert hatte, wieviel Stunden ich mit Meditieren und Studieren verbracht hatte. Und nun war alles umsonst. Schlimmer noch: Da ich mich mit der Hölle eingelassen hatte, würde ich auch im Höllenfeuer verbrennen. Alle Bemühungen, Menschen über das New Age-„Christentum“ zu „Jesus“ zu bringen, erwiesen sich nun als satanisches Konzept, Leute in die Verdammnis zu treiben.

Gott sei Dank! Nun war mir der wirkliche Jesus Christus begegnet, und ich nahm ihn als meinen Erlöser an. Dieser Vorgang läßt sich in etwa mit dem vergleichen, was die Apostelgeschichte über spontane Bekehrungen berichtet.* Zu Pfingsten entschlossen sich nach einer Predigt des Petrus mehr als dreitausend Menschen, Jesus als den Messias anzunehmen. Saul von Tarsus bekehrte sich auf dem Weg nach Damaskus, nachdem ihm Jesus erschienen war.

* Apostelgeschichte 2,41; 9,1-31; 16,19-40.

Und ein Gefängnisaufseher in Philippi wurde Christ, obwohl er nur ein paar Worte mit dem Apostel Paulus gewechselt hatte.

Stundenlang saß ich in mich versunken da. Wie nach einem Dammbruch überfluteten mich Erinnerungen, die ich längst vergessen glaubte. Mein ganzes Leben zog wie in einem Film an meinem geistigen Auge vorüber. Ich erkannte, wie ich mich in meiner Jugend Schritt für Schritt vom christlichen Glauben entfernt und dem Mystizismus und Okkultismus zugewandt hatte. Ich fragte mich, wie es dazu hatte kommen können.

Plötzlich erinnerte ich mich an einen Kinobesuch. Ich hatte mir damals einen Film über Teufelsanbetung angesehen, ohne mir dabei etwas zu denken. Ich hatte später nie mehr an diesen Film gedacht, so als wäre er völlig aus meinem Gedächtnis getilgt, aber jetzt war mir alles wieder gegenwärtig. Offenbar waren diese Eindrücke nur im Unterbewußtsein vergraben gewesen und kehrten nun durch das Trauma meiner dramatischen Flucht aus dem New Age ins Bewußtsein zurück.

Damals war ich fünfzehn Jahre alt und fand das Leben überaus langweilig. Die Helden, denen man im Fernsehen oder Kino begegnete, schien alle ein dynamisches und interessantes Leben zu führen. Mein Sinn stand auch nach Spannung und Action. Der alltägliche Trott machte mich krank.

In der Nähe unserer Schule gab es ein Kino, das sich auf Gruselfilme vom Typ „Frankenstein" spezialisiert hatte. Die Plakate zogen jedesmal unsere Aufmerksamkeit auf sich und weckten den Wunsch, sich diese Film anzusehen, die zu gruselig waren, um im Fernsehen gezeigt zu werden. Meine Eltern verboten mir zwar den Kinobesuch, aber ich hielt mich nicht daran.

Die Tatsache, daß ich mich nach so vielen Jahren plötzlich wieder an Einzelheiten dieses Films erinnerte, machte mich betroffen. War es möglich, daß die damaligen Eindrücke meinen Einstieg in die Welt des Okkultismus markierten?

Der Film lief unter dem Titel „Vom Teufel geritten" und hatte mich der geheimnisvollen Handlungen und Symbole wegen tief beeindruckt. Darüber hinaus war er auch noch spannend gewesen.

Während ich dasaß und mein Leben überdachte, wurde mir klar, daß damals ein unheilvoller Same in meine empfängliche Seele gelegt worden sein mußte, der später – durch andere Eindrücke genährt – zu einer bösen Ernte herangewachsen war. Offenbar hatte Satan damals damit begonnen, das Netz zu knüpfen, in dem er mich fangen wollte.

Wahrscheinlich hatte ich eine unsichtbare Schwelle überschritten, indem ich mystische Ideen als eine Möglichkeit kennengelernt und akzeptiert hatte, Macht zu gewinnen und auszuüben. Damit war vermutlich der Grundstein dafür gelegt, später auf okkultistische Ideen oder die New Age-Metaphysik hereinzufallen.

Wenn ich an das denke, was heute in den Kinos gezeigt wird, läuft es mir kalt über den Rücken. Okkulte und mystische Filme sind längst nichts Außergewöhnliches mehr. Heute werden die Zuschauer geradezu von einer okkulten oder esoterischen Welle nach der anderen überflutet. Selbst so harmlos erscheinende Streifen wie „E. T." oder „Krieg der Sterne" sind mit mystischen Gedanken durchsetzt.

Die meisten Leute wissen gar nicht, daß George Lucas, der Schöpfer der Filmtrilogie „Krieg der Sterne", von Carlos Castanedas Erzählung „Tales of Power" beeinflußt worden ist.* Dieses Buch über einen mexikanischen Schamanen** hatte mich seinerzeit angeregt, in Los Angeles nach New Age-Schamanen zu suchen.

Der Teufel ist sehr geschickt, wenn es darum geht, sich und seine Absichten zu verbergen. Er sieht es gern, wenn man ihn als bizarres Ungeheuer oder als Witzfigur mit Hörnern, Schwanz und Pferdefuß darstellt. Solche Vorstellungen tragen nämlich dazu bei, Satan als Phantasiegestalt abzutun, anstatt in ihm einen gefallenen Engel oder die Verkörperung des Bösen zu sehen.

Obwohl ich im christlichen Glauben erzogen worden war, glaubte ich nicht an das Dasein Satans. Nur wenige Menschen sind sich darüber im klaren, daß Satan eine himmlische Lichtgestalt ist, die Jesus Christus nicht viel nachsteht.

Wer das nicht weiß und wer nicht auf dem sicheren Fundament des Wortes Gottes steht, wird sich täuschen lassen, wenn Satan als strahlender Engel erscheint. Die Massen werden von dem Glanz und den äußeren Begleiterscheinungen so beeindruckt sein, daß ihnen nicht auffällt, daß Satans Botschaft nicht Christi Botschaft ist und seine Ziele nicht Christi Ziele sind.

New Age-Anhänger und andere fragwürdige Heilslehrer werden sich dann nur noch mehr veranlaßt sehen, irreführende Philosophien unter die Leute zu bringen. Ich denke beispielsweise an Paramahansa Yogananda, den Gründer und Guru der in den USA

---

* N. L. Geisler/J. Y. Amano, „The Reincarnation Sensation", Tyndale House, 1986, S. 16.

** Schamane = Zauberer, Magier, Geistheiler. Mittler zwischen Menschen und Göttern oder Geistern.

ansässigen hinduistisch-christlichen Sekte „Self Realization Fellowship".* Als ihm eine Lichtgestalt erschien, die sich für „Jesus Christus" ausgab, gründete er eine religiöse Gemeinschaft, in der sich hinduistische Elemente mit christlichem Glaubensgut vermischen. Dieses religiöse Gemenge erscheint vor allem abendländischen Menschen annehmbarer als das traditionelle Christentum oder der reine Hinduismus. Und Yogananda ist beileibe nicht der einzige, der auf diese Weise auf Seelenfang geht.

Was soll man davon halten, wenn laut einer Umfrage des Gallop-Instituts 54 Prozent der Geistlichen einer bedeutenden amerikanischen Konfession nicht an die Existenz des Teufels glauben?** Wer das Dasein Satans leugnet, muß notgedrungen übernatürliche religiöse Zeichen und Wunder Gott zuschreiben. Wer sollte sie auch sonst gewirkt haben?

Und selbst wenn man an die Existenz Satans glaubt, besteht immer noch die Gefahr, von fragwürdigen übernatürlichen Erscheinungen so geblendet zu werden, daß man ihre Botschaften kritiklos hinnimmt.

Ich hatte fälschlicherweise geglaubt, daß mir die Hinwendung zum „mystischen Christentum" Frieden und eine vertiefte Frömmigkeit bescheren würde. Das Gegenteil war der Fall. Ich geriet nur tiefer in den Irrtum und in satanische Bindungen hinein.

Mir graut, wenn ich daran denke, was mit mir bei der Wiederkunft Christi geschähe, wenn Christus mich nicht von meinem Irrweg zurückgeholt hätte. Ich mag gar nicht darüber nachdenken, und doch drängen sich mir manchmal solche Vorstellungen auf. Wahrscheinlich würde ich beim Erklingen der Posaune Gottes und beim Erscheinen seiner Engel glauben, bereit zu sein für den Himmel. Aber dann würde mich das schreckliche Wort Jesu treffen. „Ich kenne dich nicht!" Ich würde verzweifelt rufen: „Herr, habe ich nicht in deinem Namen gepredigt? Sind nicht Zeichen und Wunder in meinem Leben geschehen?" Stellen Sie sich den Schock vor, dann hören zu müssen: „Das bildest du dir nur ein. Du hast nicht meine Arbeit getan, sondern die des Teufels. Geh weg von mir, du Übeltäter!"

Vielleicht können Sie sich nun vorstellen, wie glücklich ich darüber bin, daß der wirkliche Jesus Christus mich aus der satanischen Finsternis herausgeholt und in das Licht seiner Gnade gestellt hat. Keine Frage, ich war jahrelang ein falscher Prophet, doch diese Zeit

---

* Freundeskreis für Selbstverwirklichung.

** Gallop survey, veröffentlicht in „Christianity Today", 6. Juni 1980.

ist endgültig vorbei. Meine Schuld ist getilgt, und ich habe mich inzwischen einer christlichen Gemeinschaft angeschlossen.

Soweit das möglich war, habe ich bei denen, die ich auf den Weg des Verderbens geführt hatte, entschuldigt. Manche von ihnen staunten, als ich meine wahre Identität preisgab und von meinem esoterischen Werdegang erzählte. Sie wollten es nicht fassen, daß jemand Jünger Satans sein konnte, obwohl er ständig mit der Bibel umging. Keine der christlichen Gemeinden, mit denen ich Kontakt aufgenommen hatte, war je auf den Gedanken gekommen, sie könne Ziel einer dämonischen Invasion sein.

Die Zeit, in der ich mich von allen satanischen Bindungen löste, war sehr schwierig für mich. Ich hätte den Ausstieg wohl nicht geschafft, wenn mir nicht christliche Pastoren und Lehrer beigestanden hätten. Wenn Satan einen Menschen beherrscht, gibt er ihn nicht so ohne weiteres frei. Es dauerte einige Wochen, bis mein Vertrauen in die befreiende Kraft Christi so groß war, daß mich die Angriffe und Einschüchterungsversuche Satans nicht mehr ängstigten.

Besonderen Dank schulde ich Pastor Siegfried Neuendorff. Der gebürtige Berliner war mir in dieser schweren Zeit eine geistliche Stütze, auf die ich nicht hätte verzichten können. Wenn ich ihn brauchte, war er da. Er betete für mich und studierte mit mir die Bibel; er spendete Trost, gab praktische Hinweise und vermittelte mir das Gefühl, geliebt und angenommen zu sein.

Ganz merkwürdig empfand ich die Erfahrung, daß meine Befreiung aus dem Gebundensein an dämonische Mächte nicht nur geistliche und geistige Veränderungen bewirkte, sondern auch physiologische Auswirkungen zu haben schien. Lassen Sie mich das an einem simplen Beispiel deutlich machen.

Ich hatte mich immer gewundert, daß die teure Stereoanlage in meinem neuen Auto kaum Baß-Frequenzen wiederzugeben schien. Deshalb hatte ich das System in einer Spezialwerkstatt überprüfen lassen, aber die Fachleute hatten mir versichert, daß alles in Ordnung sei.

Einige Wochen nachdem ich meine Meditationen und alle anderen metaphysischen Aktivitäten aufgegeben hatte, fiel mir plötzlich auf, daß aus meinem Autoradio satte Baßtöne zu hören waren. An meiner allgemeinen Hörfähigkeit hatte sich nichts geändert, deshalb nehme ich an, daß die okkulten Einflüsse mein Wahrnehmungsvermögen nicht nur in geistlicher, sondern auch in physiologischer Hinsicht eingeengt hatten. Offenbar hatte Jesus Christus mich nach meiner Bekehrung in mehrfacher Weise aus der Enge in die Weite geführt.

Inzwischen ist mir klar, daß die angeblich bewußtseinserweiternden Techniken des New Age auf den Geist und die Seele des Menschen wie eine Droge wirken und nicht selten auch körperliche Folgen haben. Beispielsweise reagierte ich nach meiner Bekehrung noch etwa einen Monat lang überempfindlich auf äußere Reize. Bereits der ganz normale Geräuschpegel eines gut besetzten Restaurants verursachte mir Unbehagen. Offenbar litt ich damals an ähnlichen Entzugserscheinungen, wie man sie von Drogenabhängigen kennt, obwohl ich nie Rauschmittel genommen habe.

Ich kann mir das nur so erklären, daß der ständige Umgang mit bestimmten Meditationspraktiken auch physiologische Veränderungen in meinem Gehirn bewirkt hatte. Erst nach einigen Monaten waren diese Folgeerscheinungen verschwunden.

Mein Verstand hatte mir gesagt, ich müsse mich bekehren, und mein Wille hatte die Bereitschaft zur Umkehr in die Tat umgesetzt, aber die Umstellung des Denkens war ein sehr langwieriger Prozeß. Eigentlich scheue ich mich, an dieser Stelle von „Umprogrammierung“ zu sprechen, weil das den Eindruck erwecken könnte, es sei nur ein Programm durch ein anderes ersetzt worden. So ist es nicht, denn der christliche Glaube ist mehr als ein bloßes Programm. Aber irgendwie macht dieses Bild deutlich, welche Veränderungen bei einem Menschen vor sich gehen, der jahrelang im Bannkreis von Okkultismus, Methaphysik und Esoterik gelebt hat. Es passierte mir immer wieder, daß ich manchmal nicht wußte, ob ein bestimmter Gedankengang biblisch fundiert war oder noch alten, esoterischen Vorstellungen entsprang.

Dennoch war es ein beglückendes Gefühl, gerettet zu sein. Lange Zeit hatten Satans Engel mich unter Kontrolle gehabt. Sie beherrschten mein Gewissen und regierten mich durch die innere Stimme; sie beeinflußten mein Denken und manipulierten meine Gefühle. Ohne es zu merken, war ich zu einem willenlosen Werkzeug ihrer Machenschaften geworden. Doch nun ist die Herrschaft Satans gebrochen, und ich kann wieder frei wählen und entscheiden.

Ich kann Gott nicht genug dafür danken, daß er mich durch seinen Geist bewegte, ein Buch zu lesen, das mir die Augen öffnete und das Verlangen weckte, Satans Herrschaft abzuschütteln. Ich führe dieses Eingreifen des Heiligen Geistes auf die Fürbitte meiner Eltern und die Gebete anderer Christen zurück. Dabei denke ich auch an die junge Frau, die nach jener Evangelisation meine Hände in die ihren genommen und für mich gebetet hatte. All diesen treuen Betern bin ich von Herzen dankbar.

Natürlich haben nicht sie mich gerettet, sondern Christus hat mich in seiner unendlichen Gnade zu sich gezogen und angenommen, aber sie haben gewiß Anteil an meiner Bekehrung. Ich danke Gott für sein Wort und für die Macht des Gebets, denn beides hat letztlich in meinem Leben der Wahrheit zum Sieg verholfen. Ich danke ihm auch dafür, daß ich trotz meiner unrühmlichen Vergangenheit die Gewißheit habe, ein erlöstes Gotteskind zu sein, das in der Hoffnung auf den wiederkommenden Christus und sein ewiges Reich leben darf.

Ich habe erlebt, wie sich Jesu Zusage an mir erfüllt hat: „Dann werdet ihr die Wahrheit erkennen, und die Wahrheit wird euch frei machen.“ (Johannes 8,32 GN) Deshalb glaube ich auch mit dem Apostel Paulus daran: „... und er [Gott] wird mich auch künftig vor allen bösen Anschlägen retten und mich sicher in sein himmlisches Reich bringen. Gepriesen sei er für immer und ewig! Amen.“ (2. Timotheus 4,18 GN)

Anhang 1

Perspektiven der New Age-Bewegung

Wie sieht ein ehemaliger Anhänger des New Age, der inzwischen Christ geworden ist, diese Bewegung?

Aufs Ganze gesehen halte ich das New Age für ein verführerisches religiöses System, dessen sich Satan als Alternative zum bibelorientierten Christentum bedient. Er möchte die Kirchen vom Wort Gottes wegführen, um es Christen und New Age-Anhängern gleichermaßen möglich zu machen, den Antichristen als endzeitlichen Messias anzuerkennen. Das New Age ist nach meiner Einschätzung so etwas wie der Wegbereiter des Antichristen.

Die meisten New Age-Lehren sind hindu-buddhistischen Ursprungs, wurden aber westlichem Denken und abendländischer Kultur angepaßt, um sie für Europäer und Amerikaner interessant und akzeptabel zu machen. Der traditionelle Hinduismus strotzt nur so von Göttern und Geistern, die den Menschen angst einjagen und durch Opfer und Rituale beruhigt oder gnädig gestimmt werden müssen.

Da Satan ein geschickter Stratege ist, hat er solche abstoßenden Elemente ausgeschieden, denn der westliche Mensch will Bewußtseinserweiterung, neue Erkenntnisse und mystische Erfahrungen, aber keine angst machende Religiosität oder archaischen Rituale. Deshalb kennt das New Age im Gegensatz zum Hinduismus nur einen einzigen Gott, der als derselbe Gott ausgegeben wird, dem auch in der jüdisch-christlichen Tradition Verehrung gezollt wird.

Im Grunde ist das New Age ein Gemisch aus hindu-buddhistischen Lehren, pantheistischem[1] Gedankengut, zeitgenössischem Okkultismus, spiritistischen Praktiken und christlichen Ele-

---

[1] Pantheismus (gr.) = Allgottlehre. Gott wird als unpersönliches Prinzip aufgefaßt, daß allem Existierenden innewohnt.

menten. Das macht diese religiöse Strömung für viele Kreise interessant und annehmbar.

Die heidnischen Elemente schließen die Astrologie, die Numerologie,[1] das Tarot,[2] Teile der Kabbala[3] und eine Reihe von Wahrsagungsmethoden ein. Viele dieser Praktiken stammen ursprünglich aus dem antiken Babylon und Ägypten und werden in der Bibel ausdrücklich untersagt.

Die zeitgenössischen okkulten Elemente des New Age kommen aus solchen Quellen wie der Theosophie[4] und dem Rosenkreuzertum,[5] die beide stark von heidnischen Vorstellungen geprägt sind.

Der New Age-Okkultismus vermischt sich zunehmend mehr mit pseudowissenschaftlichen Aktivitäten und paßt sich jeweils dem aktuellen Trend an. So spielen zur Zeit eine Art Kristall-Lehre, UFOs, Parapsychologie (PSI) und die sogenannte menschliche Aura[6] eine Rolle.

Das spiritistische Element, speziell das Vermitteln von Geistbotschaften, verleiht dem New Age zusätzlich den Reiz des Ungewöhnlichen und Geheimnisvollen. Die angebliche Fähigkeit spiritistischer Medien, direkten Kontakt mit den Seelen Verstorbener oder mit Geistern aufnehmen zu können, überzeugt viele New Age-Anhänger davon, daß es tatsächlich eine Geisterwelt gibt. Und das stimmt ja auch, denn die Bibel vertritt dieselbe Auffassung. Der Haken an der Sache ist nur: Die Geister, mit denen spiritistische Medien in Verbindung treten, sind nicht die Seelen Verstorbener oder wohlgesinnte Überirdische, sondern dämonische Geistwesen und Helfershelfer Satans.

Viele New Age-Organisationen beschränken sich auf ein Gebiet oder wenige ausgewählte Bereiche des weitverzweigten New Age-Wissens. Gelegentlich vertreten New Age-Gruppen auch entgegengesetzte Positionen, aber das bringt Satans Strategie nicht durchein-

---

1 Esoterische Lehre, die sich mit der okkulten Bedeutung von Namen, die in Zahlen verschlüsselt sind, aber auch mit Zahlen selbst befaßt.

2 Okkultes Kartenspiel, dessen Symbole ursprünglich zum Wahrsagen benutzt wurden.

3 Jüdische Geheimlehre, die sich mit der übernatürlichen Welt und magischen Praktiken befaßt.

4 Mystische Gotteslehre, in der sich okkultistische und pantheistische Anschauungen mit christlichen Vorstellungen verbinden.

5 Bewegung verschiedener okkulter Gemeinschaften und geheimer Orden, die das pythagoräische Gedankengut wiederbeleben möchten.

6 Unsichtbare Hülle, die den menschlichen Körper umgeben soll, aber angeblich nur von Hellsichtigen wahrgenommen werden kann.

ander. Weil diese Lehren so oder so in die Irre führen, versteift sich Satan nicht auf eine bestimmte Richtung. Wichtig ist nur, daß die Menschen irgendeine Philosophie anziehend finden und so in die esoterische Falle tappen.

Die New Age-Bewegung ist keine eindeutig definierte Organisation. Sie ist eher ein Sammelbegriff für alle möglichen Organisationen und Personen, die sich für die Verbreitung der New Age-Philosophien einsetzen. Sie hat auch keine zentrale Führung, wie das in der Regel bei modernen Sekten und Neureligionen der Fall ist.

Satan weiß, daß sich eine klar definierte Einzelorganisation mit übereinstimmender Philosophie, nachteilig auf seine Absichten auswirken könnte. Kritiker könnten eine eindeutig faßbare Bewegung leichter als betrügerisches religiöses System entlarven. Um das zu vermeiden, scheint das New Age bewußt als Netzwerk organisiert zu sein. Es gibt unzählige Gruppierungen und Organisationen, die sich mit dem New Age identifizieren, aber untereinander keinerlei Verbindung haben. Jede dieser Gruppen stellt auch das Lehrgebäude, dem sie sich verpflichtet fühlt, in eigener Verantwortung zusammen.

Manche Organisationen haben aufgrund ihrer Lehre und Glaubenspraxis ein unverkennbares New Age-Gepräge, zählen sich aber selbst nicht zu dieser Bewegung. Ich denke da an Gruppierungen wie: „Unity School of Christianity“, „Christliche Wissenschaft“, „Kirche Christi“ oder „Scientology“.

Die New Age-Bewegung verfügt über eine solche Vielfalt von Lehren und Praktiken, daß jeder in ihr etwas finden kann, was ihn anspricht und seine Bedürfnisse stillt. Wer gesellschaftlichen oder beruflichen Erfolg sucht, fühlt sich in einschlägigen Seminaren, die meist von tüchtigen Leuten geleitet werden, gut aufgehoben. Manche Menschen interessieren sich nicht für außersinnliche Wahrnehmungen oder mystische Erfahrungen, sind dafür aber von Hatha-Yoga-Übungen begeistert. In der Regel führen solche Aktivitäten früher oder später zu einer Art Meditation und machen anfällig für dämonische Einflußnahme. Auf welche Weise er Menschen in seine Gewalt bekommt, ist Satan unwichtig, ihm kommt es nur auf das Ergebnis an.

Vielleicht fragen Sie an dieser Stelle, warum Satan so viel Aufwand treibt, um Menschen in eine falsche Religiosität zu verwikkeln. Wäre es nicht einfacher und konsequenter, sie zu Atheisten zu machen?

Mir scheint, daß es für diese Taktik mehrere Gründe gibt. Zum einen könnte es eine verzweifelte Verzögerungs- oder Überlebensstrategie sein. Satan kennt ja auch das Wort Jesu: „Wer aber bis zum Ende standhaft bleibt, wird gerettet. *Zuvor* wird die Gute Nachricht in der ganzen Welt verkündet werden, damit alle Menschen die Einladung in Gottes neue Welt hören. *Dann erst* kommt das Ende." (Matthäus 24,13.14 GN) Irreführende religiöse Systeme wie New Age und andere sind tatsächlich ein ernst zu nehmendes Hemmnis für die weltweite Verkündigung der christlichen Heilsbotschaft. Möglicherweise spekuliert Satan mit dem obskuren Gedanken, die Endabrechnung so auf den Sankt-Nimmerleins-Tag verschieben zu können.

Einleuchtender erscheint mir allerdings die Begründung, die der Prophet Jesaja für Satans Tun gibt: „In deinem Herzen hattest du beschlossen: Ich steige immer höher, bis zum Himmel. Dort oben will ich meinen Thron errichten, ich will noch höher sein als Gottes Sterne ... Ich steige höher als die Wolken reichen, dann endlich gleiche ich dem Allerhöchsten." (Jesaja 14,13.14 GN)

Satan giert offenbar nach Macht und Anbetung. Die Heilige Schrift sagt aber, daß Anbetung allein dem Schöpfer und Erlöser zusteht. Pseudochristliche Kulte scheinen Satan die Möglichkeit zu geben, sich wenigstens durch die Hintertür Anbetung zu erschleichen.

In diesem Zusammenhang halte ich es für bezeichnend, daß sowohl im Hinduismus wie auch im New Age die Auffassung vertreten wird, der Mensch könne bis zur Göttlichkeit aufsteigen. Offenbar versucht Satan seine eigenen Wünsche auf die Menschen zu übertragen, um sie so für seine Ziele einzuspannen zu können. Schon die ersten Menschen köderte er mit der Aussicht: Wenn ihr auf mich hört, „werden euch die Augen aufgehen, ihr werdet alles wissen, genau wie Gott" (1. Mose 3,5).

Wenn ich das richtig sehe, bot er ihnen genau das an, was heute in esoterischen Kreisen als „Erleuchtung" oder „kosmisches Bewußtsein" propagiert wird. Immer wieder habe ich in der New Age-Bewegung gehört, daß auf den Gläubigen letztlich die Gottähnlichkeit warte, und daß die indischen Gurus und Meister durchweg in menschlichem Fleisch reinkarnierte Götter seien.

In dieser Hierarchie ist sogar Platz für Jesus Christus. Offenbar versucht Satan den Gottessohn mit allen Mitteln auf seine eigene Ebene herunterzuziehen, indem er ihm den Status eines Hauptführers zubilligt. Hauptführer sind Supergurus, die auch als Avataras bezeichnet werden. Einige New Age-Priester halten sich selbst für Götter und fühlen sich deshalb auch frei, eigene Regeln für Moral und Glauben aufstellen.

Das New Age-„Christentum“

Um das New Age für Christen annehmbar zu machen, gleicht Satan die esoterischen Lehren so weit wie möglich der christlichen Botschaft an. Zumindest greift er auf christliche Elemente zurück, die im Sinne des New Age verfälscht werden. Deutlich wurde mir das besonders daran, daß „Jesus“ Muriel, der Leiterin des „Erleuchteten Wegs“, befahl, unserem Meditationszentrum ein christliches Mäntelchen umzuwerfen, um es für Christen attraktiver zu machen.

Allerdings sollte man nicht damit rechnen, daß nach und nach alle New Age-Gruppierungen in „christliche“ Gemeinschaften umgewandelt werden. Die meisten werden vermutlich ihr typisches New Age-Gepräge behalten, denn es gibt ja auch Zielgruppen, die nur an Esoterik, alternativen religiösen Lehren und Meditation interessiert sind, aber nichts mit dem Christentum zu tun haben wollen.

Was den „Erleuchteten Weg“ betraf, so hielt Satan es wohl für geraten, ihn unter christlicher Tarnung arbeiten zu lassen, um ganz bestimmte Leute beeinflussen zu können. Die Täuschung ist ihm gelungen, denn wir alle hielten uns trotz der unbiblischen Anschauungen für echte Christen. Keiner wäre auf den Gedanken gekommen, daß Satan unser eigentlicher Herr war und nicht Christus.

Wenn von Satan die Rede war, dann sahen wir ihn ganz woanders am Wirken: im Atheismus, in geheimen okkulten Gruppen, in der Drogenszene oder in den sogenannten Satanskirchen. Wer käme auch auf den Gedanken, daß er sogar in „christlichen“ Organisationen sein Unwesen treibt.

Selbstverständlich hatte ich während meiner Zeit als New Age-„Christ” immer wieder Bibeltexte gelesen, die vor Irrlehren und falschen Propheten warnen, aber ich hatte nie daran gedacht, daß ich selbst zu ihnen gehören könnte. Ich war für die Verführung wohl deshalb so anfällig, weil ich nicht glauben wollte, daß die *ganze* Bibel Gottes Wort ist und so verstanden werden muß, wie Gott es offenbart hat. Diese Haltung machte es mir leicht, Kompromisse zu schließen und falsche Lehren anzunehmen, obwohl ich wußte, daß sie der biblischen Lehre widersprachen.

Lassen Sie uns für unsere Familien und Gemeinden beten, damit uns nicht widerfährt, was der Apostel Paulus für die Endzeit vorausgesagt hat: „Denn es wird eine Zeit kommen, da werden sie die wahre Lehre unerträglich finden und sich Lehrer nach ihrem Geschmack aussuchen, die ihnen nach dem Munde reden. Sie werden nicht mehr auf die Wahrheit hören, sondern sich fruchtlosen Spekulationen zuwenden.“ (2. Thessalonicher 4,3.4 GN)

Anhang 2

Was ist von christlicher Meditation zu halten?

Vor einiger Zeit hielt ich einen Vortrag in einem Medienzentrum, in dem christliche Fernseh- und Rundfunkprogramme produziert werden. Ich war verwundert, als mir anschließend ein Mitarbeiter erzählte, daß kurz zuvor ein Dozent eines Priesterseminars über die Vorzüge der Meditation zu ihnen gesprochen hatte. Die Zuhörer waren aufgefordert worden, die Augen zu schließen und auf die „Stimme des Heiligen Geistes" zu lauschen.

Ein anderer Geistlicher empfahl das Meditieren mit den Worten: „Wenn Sie eine Stunde beten, sollten Sie auch eine Stunde meditieren, um Gottes Antwort zu hören."

Von einem bekannten Wunderheiler weiß ich, daß er die Meditation als Achtgeben auf die innere Stimme „Gottes" versteht.

Bevor ich erkläre, warum ich solche „christlichen" Formen des Meditierens für gefährlich halte, möchte ich etwas über das Wesen der introspektiven[1] Meditation sagen.

Bei einem New Age-Seminar, das von einem christlichen Referenten gehalten wurde, hörte ich, daß die New Age-Anhänger in ein „verändertes Bewußtsein" eintreten, wenn sie meditieren. Die Vorstellung, daß man durch Meditation in einen „veränderten Zustand" gelangt, wird auch von den Vertretern fernöstlicher Religionen propagiert. Ich glaube, daß diese Ansicht richtig ist, möchte aber hinzufügen, daß dieses „veränderte Bewußtsein" nicht unbedingt gleichbedeutend ist mit einem „mystischen Zustand".[2]

Selbstverständlich kann man gelegentlich während einer Meditation mystische Erfahrungen machen und sich dabei spürbar in ei-

---

[1] introspektiv = nach innen gewandt.

[2] Mystik = Suchen nach Gott; eine Form religiösen Lebens, bei der der Gläubige schon im jetzigen Dasein die zeitweise Einheit mit Gott zu erleben sucht.

nem veränderten Bewußtseinszustand befinden. Doch muß ich aus eigener Erfahrung und im Blick auf die Erlebnisse anderer New Age-Anhänger sagen, daß solche mystischen Erfahrungen nicht die Regel sind. Ich kenne Leute, die trotz jahrelanger Meditationspraxis nie ein „mystisches“ Erlebnis hatten.

Ich betone das deshalb, weil Christen oft argumentieren, daß Meditieren durchaus akzeptabel sei, solange es als Entspannungsübung genutzt und nicht als Versuch gesehen wird, in mystische Bereiche vorzudringen.

Meiner Meinung nach liegt die Gefahr der introspektiven Meditation – ob sie nun als Entspannungsübung oder als Durchgangsstation zu mystischen Erfahrungen praktiziert wird – darin, daß der Meditierende sich unkontrollierbaren Einflüssen öffnet, die bestimmte Eindrücke in seinem Denken und Fühlen hinterlassen. Aus eigener Erfahrung weiß ich, daß dämonische Mächte dem Menschen Gedanken eingeben können, selbst wenn er nur zur Entspannung meditiert. Der Meditierende empfindet diese eingeschleusten Vorstellungen und Erkenntnisse dann als Weisungen seines „Höheren Selbst“, wobei er davon überzeugt ist, daß dieser Teil seines Bewußtseins in direkter Beziehung zu Gott steht.

Ich bezweifle, daß jemand mit Sicherheit sagen kann, ob eine „Erkenntnis“, die er während der Meditation empfangen hat, wirklich von Gott kommt oder aus anderer Quelle stammt. Ich weiß, daß Satan jede Art von Meditation benutzt, um Menschen zu manipulieren und zu verführen. Deshalb ist er ständig bemüht, das Meditieren auch in christlichen Kreisen salonfähig zu machen?

In der Rückschau kann ich sagen, daß mein Zeugnisdienst in der Mall und am Strand eigentlich nur ein Ziel hatte: Ich sollte Menschen dazu bringen, sich in sogenannte „christliche Meditation“ einzulassen.

Auch im „Haus der Hoffnung“ ging es nur darum, dort eine kirchliche Meditationsgruppe aufzubauen. Damals versuchte ich, diesen Auftrag guten Gewissens auszuführen, da ich davon überzeugt war, daß die Leute während der Meditation in sich die Stimme „Gottes“ hören würden. Das wiederum sollte ihnen den Weg zu weiteren New Age-Erkenntnissen öffnen.

Was sagt die Bibel über das Meditieren?

Um Menschen von den Vorzügen der Meditation zu überzeugen, hatte ich auf Befehl meiner „inneren Stimme“ eine kleine Broschüre über „christliches“ Meditieren geschrieben. Anfangs hatte ich gedacht, genügend biblische Belege zur Unterstützung meiner Thesen zu finden. Als ich dann solche Texte suchte, stellte ich erstaunt fest, daß es keine gibt. Nirgendwo spricht die Bibel von Menschen, die meditierend auf die Stimme Gottes gelauscht hätten.

Zwar gibt es in der Heiligen Schrift Begriffe, die dem vergleichbar sind, was heute als Meditation bezeichnet wird, aber sie werden ausschließlich auf das Nachdenken über das *geschriebene Wort Gottes* oder das *Sich-mit-Gott-Beschäftigen* angewendet. Die meisten Belege dafür finden sich in den Psalmen.

Ich will an dieser Stelle nur ein praktisches Beispiel anführen. Im 119. Psalm befaßt sich David in dichterischer Form mit dem Gesetz Gottes. Etwa in der Mitte des Psalms formuliert er: „Ich aber *sinne nach* über deine Befehle." (Vers 78) Der Textzusammenhang schließt es völlig aus, daß David in stiller Selbstversenkung auf innere Weisungen wartete; vielmehr versuchte er zu verstehen, was Gott längst in seinem Wort (hier: im Gesetz) offenbart hatte.

Im Alten Testament wird zwar an verschiedenen Stellen erwähnt, daß auserwählte Menschen Gottes Stimme hörten, aber nie ist die Rede davon, daß sich die Propheten meditierend in sich selbst zurückgezogen hätten, um göttliche Botschaften zu empfangen. Immer ging die Initiative von Gott aus und nicht von Menschen. Er ging direkt auf die Propheten zu, ohne den Umweg über meditative Praktiken.

Das paßte natürlich nicht in mein Konzept. Deshalb riß ich in meiner Broschüre über „christliche" Meditation Bibeltexte aus dem Zusammenhang, um meine Ansichten biblisch zu untermauern. Ich wußte zwar, daß diese Methode nicht korrekt ist, dachte aber, daß der Zweck die Mittel heilige.

Später merkte ich, daß ich mir die Arbeit mit der Broschüre hätte sparen können. Ich entdeckte nämlich in einer christlichen Buchhandlung, daß es bereits eine Veröffentlichung gab, die „christliche" Meditation wärmstens empfahl.[1] Wie ich später erfuhr, wird diese Broschüre als Lehrbuch an theologischen Seminaren benutzt. Inzwischen sind davon mehr als 100 000 Exemplare im Umlauf. Sinnigerweise enthält dieses Buch zahlreiche Hinweise auf New Age-Schriftsteller.

Beispielsweise erwähnt Kelsey in seiner Autorenliste an erster Stelle Roberto Assagioli, M. D. Assagioli ist der Begründer der

---

[1] Morton T. Kelsey, „The Other Side of Silence: A Guide to Christian Meditation" (Die andere Seite der Stille: Ein Führer zur christlichen Meditation).

sogenannten Psychosynthese, einem bevorzugten Thema in New Age-Workshops, und zugleich ein New Age-Aktivist. Er zitiert in seinen Werken häufig Alice Baileys Bücher mit den okkulten Lehren Djwhal Khuls.

Wer sich unvoreingenommen mit dieser Materie befaßt, wird sehr schnell feststellen, daß es im Christentum für östliche Meditationspraktiken weder eine biblische noch eine historische Begründung gibt. Soweit mir bekannt ist, gibt es keinerlei Belege dafür, daß die Apostel, die Kirchenväter oder Reformatoren wie Luther, Calvin, Tyndale und Wesley sich der Meditation bedient hätten.

Meiner Meinung nach ist das introspektive Meditieren so etwas wie ein „heißer Draht“ zu dämonischen Mächten. Ich bezweifle nicht, daß die meisten christlichen Pastoren, die das Meditieren empfehlen, davon überzeugt sind, daß der Gläubige auf diese Weise eine engere Beziehung zu Gott gewinnen könne. Das ändert aber nichts an der Tatsache, daß sie in der Gefahr stehen, Handlanger Satans zu werden, wenn sie es nicht schon sind.

Für mich gibt es nur eine angemessene christliche Andachtspraxis, nämlich die in der Bibel empfohlene: Nachdenken über die Heilige Schrift und Gebet.

Mystische Erfahrungen

Ich glaube nicht, daß New Age-Anhänger meditative mystische Erlebnisse – wenn sie denn welche haben – so steuern können, daß sie einen veränderten Bewußtseinszustand erreichen. Vielmehr scheint es mir so zu sein, daß dämonische Mächte ihrerseits psychische Energie auf die Meditierenden ausstrahlen.

Diese von außen kommende Kraftwirkung erzeugt dann die mystischen Effekte, z. B. das Wahrnehmen von Lichtgestalten oder das unbeschreibliche Gefühl des Friedens und der Freude. Meiner Meinung nach sind mystische Erfahrungen eher von der Handlungsbereitschaft übersinnlicher Wesen abhängig, als vom Willen des Meditierenden.

Viele New Age-Anhänger meditieren stundenlang in der Hoffnung, irgendwann den Zustand des Nirwana[1] oder der Glückseligkeit zu erreichen. Sie warten vergeblich, es sei denn, Satan vermittelt ihnen für kurze Zeit solche Glücksgefühle, um ihren „Glauben“ zu stärken.

---

[1] Nirwana = Zustand völliger Loslösung von Zeit und Raum; endgültige Ruhe oder Erlösung (hindu-buddhistisch).

Okkulte Meditation in christlichem Gewand

Durch Bücher wie Kelseys „Guide to Christian Meditation“ angeregt, haben sich viele Christen auf Meditationspraktiken eingelassen, die nach Form und Inhalt christlich erscheinen.

Als der „Erleuchtete Weg“ sich ein christliches Mäntelchen umwarf, wurde das okkulte Meditationsritual aufgegeben. Statt dessen praktizierten wir eine Meditation mit christlichem Anstrich. Beispielsweise stellten wir uns vor, wir säßen in einem wunderschönen Garten und ließen uns von der Sonne bescheinen. Dann kam die Anweisung: „Lade ‚Jesus Christus‘ in deinen Garten ein. Er beschützt dich vor bösen Einflüssen. Sprich mit ihm über deine Bedürfnisse. Sage ihm alles, was dein Herz bedrückt.“

Zum Schluß der Meditation wurden wir aufgefordert, daß Vaterunser zu beten oder folgendes Gebet zu sprechen: „Vater, ich bin dein Kind. Du hast meinen Namen ins Buch des Lebens geschrieben, bevor der Grundstein der Welt gelegt worden ist. Danke, Vater, in Jesu Namen. Amen.“

Der Durchschnittschrist wird wahrscheinlich nichts Verwerfliches an diesem Gebet entdecken. Dennoch ist es nicht Anbetung Gottes, sondern satanische Täuschung. Es kommt nämlich nicht nur auf die frommen Worte an, sondern auf den Zusammenhang, in dem wir dieses „Gebet“ sprachen. Der war zweifellos okkult. Nur wenige Menschen würden sich auf eine solche Sache einlassen, wenn sie wüßten, daß Satan dahintersteckt. Deshalb verstellt er sich und erweckt mit frommen Formulierungen den Eindruck, als spräche Christus oder der Heilige Geist zu ihnen. Diese Taktik ist bis heute erfolgreich.

Wölfe im Schafspelz

Die endzeitliche Verführung bewegt sich auf den kritischen Punkt zu. Unbemerkt dringen immer mehr Elemente des New Age in die Christenheit ein.

Die „Los Angeles Times“ veröffentlichte im Februar 1989 einen interessanten Artikel von Russel Chandler, der diesen Trend verdeutlicht. Chandler berichtete über die „Los Angeles Whole Life Expo“, eine jährlich wiederkehrende New Age-Ausstellung, die von etwa 30 000 Leuten besucht wird. Der Bericht zitierte Aussagen von Charles Thomas Cayce, die er während der Expo in Vorträgen geäußert hatte. Cayce ist Methodist und Enkel von Edgar Cayce, einem im Jahre 1945 verstorbenen spiritistischen Medium.

Wie in dem Artikel ausgeführt wird, beschäftigt sich Charles T. Cayces Organisation, die „Vereinigung für Forschung und Erleuchtung“, intensiv mit Fragen der Trance-Deutung, der Traumanalyse und mit übersinnlichen Phänomenen. Christen und Juden, die sich von ihrem Glauben nicht lösen möchten, werden mit Begriffen wie Wiedergeburt, natürliche Heilmittel oder christliche Meditation geködert.

Charles T. Cayce, übrigens ein promovierter Kinderpsychologe, wird in dem erwähnten Artikel wie folgt zitiert: „Die Leute, die am meisten interessiert sind, versuchen auf zwei Hochzeiten zu tanzen.“ Von seinem Großvater, dem Medium Edgar Cayce, einem presbyterianischen Gemeindeleiter und Sonntagsschullehrer, heißt es, er habe über telepathische und hellseherische Fähigkeiten verfügt. Über vierzig Jahre lang legte sich Edgar Cayce zweimal täglich hin, um in Trance zu geraten und von dem „Universellen Christusbewußtsein“ der Menschheit nützliche Informationen zu empfangen.

Harmon H. Bro, Gastdozent an der Harvard Divinity School, schrieb eine Biographie über Edgar Cayce. Darin führt er aus: „Sein [Cayces] Trancezustand war sein erweitertes Gebetslebens.“ Dieses Buch ist „ein Versuch, ihn in den Schoß der Kirche und zum biblischen Glauben zurückzubringen, ohne dabei die Tatsache zu verleugnen, daß er in seinen Veröffentlichungen die Position der Reinkarnation vertreten hat.“

Wer ein wenig hinter die Kulissen schaut, wird feststellen, daß die Aktivitäten von Harmon H. Bro und der „Association for Research and Enlightenment“ Bestandteil einer geschickt eingefädelten New Age-Unterwanderung des Christentums sind.

Besonders ein New Age-Werk, der aus mehreren Bänden bestehende „Kurs für Wunder“ (A Course in Miracles), gehört in manchen christlichen Kreisen der USA zur Standardliteratur. Der Kurs beschreibt ein Verfahren, wie Menschen ihr Leben ändern und in eine engere Beziehung zu Gott gelangen können. In Anzeigen für diesen Kurs sind Arbeitsgemeinschaften aufgeführt, die sich in verschiedenen christlichen Kirchen treffen.

A „Course in Miracles“ wurde von Helen Schucman, einer jüdischen Psychologieprofessorin an der Columbia University, geschrieben.[1] Sie behauptet, daß ihr „Jesus Christus“ den Inhalt des Werkes seit Anfang 1965 direkt ins Bewußtsein diktiert und sie es stenographisch in ein Notizbuch geschrieben habe. Wenn behauptet wird,

---

1 John White, „A Course in Miracles: Spiritual Wisdom for New Age“, „Science of Mind“, März 1986, S. 10-14. 80-88.

daß dieses Buch von Jesus inspiriert wurde, muß die Frage erlaubt sein, warum darin Aussagen enthalten sind, die völlig im Widerspruch zur Bibel stehen? Zum Beispiel die Behauptung: „Der Gottessohn ... ist nicht Jesus, sondern unser vereintes Christus-Bewußtsein."

Heute passen sich sogar christliche Prediger dem aufklärerischen Trend an und behaupten, Jesus von Nazareth sei *nicht wirklich* Gottes Sohn gewesen. Kenneth Copeland äußerte sich während seiner „Victory Campaign" in Dallas nach einer persönlichen „Offenbarung" ähnlich.[1] Angeblich soll Jesus durch ihn hindurch gesagt haben: „Sie haben mich für die Behauptung gekreuzigt, daß ich Gott sei; aber ich habe nur gesagt, daß ich mit Gott lebte und er in mir war. Halleluja!"

Ich halte es für eine Tragödie, daß ein so begabter christlicher Prediger daran glaubt, daß eine Aussage, die der Bibel widerspricht, aus göttlicher Quelle stammt. Als ich Copelands „Prophetische Offenbarungen" las, erinnerte ich mich an die Warnung des Apostels Paulus: „Gott hat durch Propheten unter uns klar und deutlich voraussagen lassen, daß in den letzten Tagen dieser Welt manche den Glauben preisgeben werden. Sie werden sich Leuten anschließen, die sie mit ihren Eingebungen betrügen, und werden den Lehren dunkler Mächte folgen." (1. Timotheus 4,1 GN)

Ich hoffe und bete, daß Kenneth Copeland sich von diesen verführerischen Geistern nicht in die Irre führen läßt. Er ist übrigens nicht der einzige, der von sich behauptet, daß Gott durch ihn spricht. Wie soll man auf solche Ansprüche reagieren?

Ich denke, daß wir nichts anderes tun können als das, was schon die Christen in Beröa taten: Wir müssen alles, was Menschen verkündigen, am Maßstab der Heiligen Schrift prüfen! Wenn jemand sagt: „Der Herr hat zu mir gesprochen", seine Botschaft aber dem Wort der Bibel widerspricht, ist er kein Gesandter Gottes, sondern ein Irrlehrer. Wichtig ist nicht, wie fromm oder interessant die Worte klingen, sondern ob sie wahr sind. Und was wahr ist, läßt sich nur anhand der Heiligen Schrift feststellen. Stimmen, die nicht mit Gottes Wort übereinstimmen, sind nicht Gottes Stimme.

„Christliche" New Age-Kirchen

Wir sollten uns darüber im klaren sein, daß inzwischen viele „christliche" New Age-Gemeinschaften existieren. Ich weiß zum

[1] Kenneth Copeland Ministries, „Voice of Victory", Februar 1987.

Beispiel von einer Gruppe in Südkalifornien, die sich „Metaphysische Christuskirche" nennt. Dort sieht alles aus wie in einer normalen christlichen Kirche: der Pastor und die Chormitglieder tragen schöne Gewänder; freskenartige Gemälde mit Szenen aus dem Leben Jesu schmücken die Wände der Kirche; zu den sonntäglichen Gottesdiensten werden christliche Choräle gesungen. Aber an den Abenden finden in dieser Kirche Kurse über Astrologie, außersinnliche Wahrnehmungen und Tarot statt oder man studiert Alice Baileys Bücher und andere New Age-Literatur.

Eine andere Kirche in meiner Nachbarschaft nennt sich „Unterweisung durch den inneren Christus". Sie gehört zu einer internationalen Organisation, die ihren Sitz in San Diego hat.

Ich habe früher einmal eine spiritistische Kirche besucht, die sich den Namen „Kirche der Wahrheit" gegeben hatte. Dort hörte ich einen Priester der Episkopalkirche, er wurde als ehemaliger Schiffskaplan der „Queen Mary" vorgestellt, über die baldige Wiederkehr des Messias Maitreya predigen.[1] Während seiner Rede zitierte er mehrfach Alice Baileys okkulte Bücher von Djwhal Khul und sprach sich begeistert für die New Age-Lehren aus.

Eine Reihe amerikanischer Gemeinschaften geben sich nach außen den Anschein, eine christliche Kirche zu sein, sind aber von ihrer Lehre her ganz eindeutig auf dem Weg des New Age.

Ich erinnere mich an einen Gottesdienst in einer ziemlich neuen „Unity"-Kirche. Die etwa zweihundert Besucher machten den Eindruck, als wären sie konservative Christen. Es geschah an diesem Sonntag absolut nichts, was die Vermutung nahegelegt hätte, daß diese Gemeinde alles andere als eine gewöhnliche christliche Kirche war.

Doch wer sich genauer mit dieser Gemeinschaft befaßt, stellt bald fest, daß die „Unity School of Christianity" ihren Ursprung in den hinduistisch beeinflußten Lehren von Phineas Parkhurst Quimby hat, dem Mann, dessen Lehren auch zum Glaubensgut anderer pseudochristlicher Gemeinschaften gehören: „Christliche Wissenschaft", „Neues Denken" und die „Kirche der religiösen Wissenschaft".[2]

Zum Glaubensgut dieser „Kirchen" gehört die Lehre von der Reinkarnation, und in ihrer Glaubenspraxis findet sich die introspektive Meditation.

---

1 Maitreya ist der Name für den Buddha, der noch in diesem Zeitalter auf der Erde wiedergeboren werden soll.

2 Siehe: Dr. Walter Martin, „Kingdom of the Cults", Bethany House.

Einige New Age-Philosophien sind so faszinierend, daß man sich ihnen nur schwer entziehen kann. Als ich zum ersten Mal Alice Baileys Bücher las, war ich erstaunt, daß ein Mensch solche Gedanken formulieren konnte. Heute weiß ich, wer der eigentliche Urheber dieser Schriften ist. Wir sollten nie vergessen, daß Luzifer einmal der mächtigste Engelfürst im Universum war. Obwohl er und seine Engel nicht mehr in Gottes Gegenwart leben, verfügen sie bis heute über ein unvorstellbares Wissen und besitzen große Macht. Das alles setzen sie skrupellos ein, um Menschen zu täuschen und ins Verderben zu stürzen.

Nicht alles, was Satan unter die Leute bringt, ist falsch. Einige der New Age-Ideen sind durchaus akzeptabel. Ich denke beispielsweise an die ganzheitliche Sicht des Menschen und an bestimmte Gesundheitsideale. Kein Wunder also, daß sich viele Menschen durch das geschickt geknüpfte Netz von Irrtum und Wahrheit täuschen und von Satan einfangen lassen.

Lassen Sie uns beten und Gottes Wort studieren, um diesem Schicksal zu entgehen.

Anhang 3

Das Erscheinen des Antichristen

Wird der New Age-Abfall in der Bibel vorhergesagt? Läßt sich möglicherweise belegen, daß New Age eine der geistigen Strömungen ist, die dem Antichristen den Weg bereiten?

Benjamin Creme, eine führende Persönlichkeit des New Age und Anhänger von Alice Baileys Lehren, gab 1982 ganzseitige Anzeigen in den bedeutendsten Zeitungen der Welt auf. Darin teilte er mit, daß „Christus“ in einem physischen Körper auf die Erde zurückgekehrt sei. Angeblich lebt er in London und wird sich als der „Messias“ offenbaren, sobald die Umstände dafür günstig sind. Obwohl Creme für „Christus“ den Namen *Maitreya* verwendet, behauptet er, es handele sich um den Jesus Christus, der vor zweitausend Jahren in Palästina gekreuzigt worden ist.

Am 23. Oktober 1988 erschien in der angesehenen britischen Zeitung „Sunday Times“ ein interessanter Artikel über Benjamin Creme. Darin heißt es unter der Überschrift „Der Messias lebt in London und es geht ihm gut“:

„Ein Journalist der ‚Kenyan Times‘ befaßte sich vor Ort mit der Sache. Job Mutungi hatte eine unglaubliche Geschichte zu erzählen. Im Juni war er Teilnehmer einer Gebetsversammlung, zu der etwa 6000 Leute gekommen waren. Plötzlich war am Himmel ein heller Stern erschienen. Schließlich sahen die Gläubigen eine bärtige Gestalt in weißem Gewand, die einige Minuten zu ihnen sprach und dann wieder verschwand. ‚Wir waren davon überzeugt, daß dieser geheimnisvolle Mann niemand anderes als Jesus Christus gewesen sein konnte‘, erzählte Mutungi.

Als Mutungi von Benjamin Creme hörte, flog er nach London, um nachzuprüfen, ob dessen Behauptungen, daß der Messias dort wohnt, stimmt. Er brachte ein Foto von der Gestalt mit, die in Kenia erschienen war. Mrs. Pitchon – eine Frau, die behauptet, 1982 während eines Vortrags von Creme eine Vision von dem ‚Christus‘

Maitreya gehabt zu haben – bestätigte, daß der Mann auf dem Photo identisch sei mit dem, den sie in Brick Lane [London] gesehen hatte."

In einer anderen Quelle[1] heißt es, daß diese *Christuserscheinung* in der Nähe der Bethlehemkirche in Nairobi stattgefunden habe. Falls diese Berichte wahr sind, scheint es so, als ob der Christenheit weisgemacht werden sollte, daß der geheimnisvolle Besucher im weißen Gewand Jesus Christus war.

Über Jahrhunderte hinweg glaubten Christen aufgrund biblischer Aussagen daran, daß eines Tages der Antichrist als Messias getarnt in die Welt kommen werde. Mancher Gläubige fragte sich deshalb angesichts der in Kenia erschienenen weißen Gestalt, ob das wirklich Christus war oder eher der Antichrist? Ähnliche Fragen ergeben sich auch hinsichtlich des angeblich in London lebenden Maitreya.

Der Antichrist in der Bibel

Der Ausdruck „Antichrist" kommt nur in den Johannesbriefen vor. An einer Stelle heißt es: „Ihr Kinder, es ist die letzte Stunde! Und wie ihr gehört habt, daß der Antichrist kommt, so sind nun schon viele Antichristen gekommen; daran erkennen wir, daß es die letzte Stunde ist." (1. Johannes 2,18)

Johannes verweist hier auf eine den Antichristen betreffende Weissagung, die den damaligen Christen bekannt gewesen sein muß. Offensichtlich lag ihm daran, den endzeitlichen Antichristen von den Gottesfeinden abzugrenzen, die bereits damals ihr Unwesen trieben. In Vers 22 werden diese Gegner als Widerchristen bezeichnet, weil sie leugneten, daß Jesus von Nazareth der Christus (Messias) ist.

Johannes hatte begriffen, daß das Kommen des Antichristen im Zusammenhang mit der letzten Zeit gesehen werden muß, obwohl er irrtümlich annahm, daß diese „letzte Stunde" der Weltgeschichte bereits damals angebrochen war. Dieser Sicht begegnet man übrigens auch beim Apostel Paulus (vgl. 1. Thessalonicher 4,13-18 mit 2. Thessalonicher 2,1-4).

In Vers 27 bringt Johannes den Antichristen mit einer falschen Salbung in Verbindung, die er als Gegenstück zur Salbung der Gläubigen durch den Heiligen Geist versteht: „Euch aber hat Christus seinen Geist gegeben. Solange dieser Geist in euch bleibt, habt

---

1 „Whole Life Times", Februar 1989.

ihr keinen anderen Lehrer nötig. Denn er belehrt euch über alles. Was er sagt, ist wahr und keine Lüge. Tut darum, was der Geist euch lehrt: Bleibt mit Christus verbunden!" (GN)

Im 2. Thessalonicherbrief (2,1-3) schildert Paulus ausführlich, was vor der Wiederkunft Christi auf religiösem Gebiet zu erwarten ist: „Ihr wartet darauf, Brüder, daß Jesus Christus, unser Herr, kommt und wir mit ihm vereinigt werden ... Laßt euch durch nichts und niemand täuschen: Erst müssen viele ihrem Glauben untreu werden, und der Feind Gottes muß auftreten, der alles Böse in sich vereint und zum Untergang bestimmt ist." (GN)

Die Worte des Apostels klingen so, als habe er eine bestimmte Person im Auge, die er „Mensch der Sünde" oder „Sohn des Verderbens" (Lutherbibel) nennt. Da Paulus das Auftreten dieses Gottesfeindes mit der Wiederkunft Christi verknüpft, kann es sich nur um eine endzeitliche Macht oder Person handeln. Christus ist noch nicht wiedergekommen, also kann auch *der* Antichrist noch nicht erschienen sein, selbst wenn sein Kommen schon lange vorher „in der Luft liegt". Damals war die Zeit dazu noch nicht reif, und es gab jemand, der seinem Auftreten entgegenwirkte: „Die Macht der Auflehnung ist zwar schon am Werk; doch erst muß der den Weg freigeben, der sie bisher noch zurückhält. Dann wird der Feind Gottes offen hervortreten, aber Jesus, der Herr, wird ihn mit dem Hauch seines Mundes töten. Er wird ihn durch sein bloßes Erscheinen vernichten." (2. Thessalonicher 2,7.8 GN)

Da sich Johannes und Paulus gleichermaßen auf die „letzte Stunde" beziehen, ist anzunehmen, daß sie beide den endzeitlichen Antichristen im Blickfeld hatten. Offenbar sind der „Mensch der Bosheit" und der „Antichrist" ein und dieselbe Person oder Macht.

Paulus beschreibt darüber hinaus den Anspruch und das Wirken des Gottesfeindes: „Er wird sich gegen alles auflehnen und sich über alles erheben, was als göttlich und verehrungswürdig gilt. Ja, er wird seinen Thron im Tempel Gottes aufstellen und wird behaupten, er sei Gott!" (2. Thessalonicher 2,4 GN)

Manche Bibelausleger denken in diesem Zusammenhang buchstäblich an einen Tempelneubau in Jerusalem. Doch Paulus meinte durchaus nicht immer ein Gebäude aus Stein, wenn er vom Tempel Gottes sprach. Beispielsweise nannte er den Körper des Gläubigen einen „Tempel des Heiligen Geistes".[1] Wenn im Zusammenhang mit dem Antichristen vom „Tempel" die Rede ist, muß damit nicht zwangsläufig ein Bauwerk gemeint sein. Ich glaube vielmehr, daß

[1] 1. Korinther 3,16.

der Begriff „Tempel Gottes“ symbolisch zu verstehen ist und die Christenheit meint, die ja so etwas wie das „Haus Gottes“ ist.

Paulus verwendete für „offenbaren“ ein griechisches Wort, das soviel wie „auf übernatürliche Weise aufdecken“ bedeutet. Genau dieses Begriffs bediente sich auch Lukas, als er auf die Wiederkunft Jesu hinwies (Lukas 17,30). Das könnte bedeuten, daß dem Antichristen daran gelegen ist, das Kommen Christi vorzutäuschen oder zu verfälschen.

Wenn der falsche Messias noch nicht richtig zum Zuge gekommen ist, dann liegt das daran, daß ihn jemand zurückgehalten hat. Allerdings nennt Paulus die Identität desjenigen nicht, der ihn zurückhält. Deshalb wissen wir nicht, ob damit ein Engel, der Heilige Geist oder eine irdische Macht gemeint ist.

Schließlich macht Paulus deutlich, daß der Antichrist nicht auf „eigene Rechnung“ arbeitet, sondern seine Befehle und die Macht von Satan bekommt. Sichtbar wird das in den Zeichen und Wundern, die er tut. Damit drückt Paulus mit anderen Worten und Bildern dasselbe aus, was Johannes meinte, als er von der falschen Salbung sprach.

Einige protestantische Theologen glauben, daß der „Mensch der Bosheit“ gleichzusetzen ist mit dem Papsttum. Sie sehen im Papsttum eine Institution, die sich in Gottes Tempel (die Kirche) gesetzt hat und den Anspruch erhebt, im Namen Gottes zu sprechen. Das ist besonders augenfällig, wenn Päpste kraft ihres Amtes „ex cathedra“ (auf dem [Lehr-]Stuhl sitzend) Dogmen verkünden.

Paulus nennt den „Menschen der Bosheit“ in einem Atemzug mit dem Abfall. Trifft diese Charakterisierung auf das Papsttum zu? Aus der Kirchengeschichte wissen wir, daß das Papsttum über weite Strecken – vor allem in der Zeit von 867 bis 1048 ein schreckliches Bild der Verwahrlosung bot. So machte sich Papst Johannes XII. „fast jeden Verbrechens schuldig; er schändete Jungfrauen und Witwen, Vornehme und Einfache; er lebte mit der Geliebten seines Vaters zusammen, machte den päpstlichen Palast zu einem Bordell und wurde von einem wütenden Ehemann erschlagen, als der ihn beim Ehebruch mit seiner Frau erwischte.“[1]

Zur Zeit Luthers war Leo X. Papst. Leos unchristliches Leben im besonderen und der Abfall der mittelalterlichen Kirche vom Evangelium im allgemeinen, waren Anlaß zu dem Proteststurm der Reformation. Leo X. wurde mit acht Jahren Erzbischof und mit dreizehn war er Kardinal. Er machte die Religion zur Handelsware,

---

[1] „Halleys Bible Handbook“, Regency/Zondervan, S. 774.

verschacherte Kirchenämter und ernannte Kardinäle, die oft nicht älter als sieben Jahre alt waren. „Dieser Lüstling bestätigte sogar das ‚Una Sancta ...', in dem erklärt wird, daß die Erlösung jedes Menschen vom römischen Papst abhängig ist. Er stellte gegen festgesetzte Gebühren Ablaßbriefe aus und erklärte, daß die Verbrennung von Ketzern gottgewollt sei."[1]

Es ist nicht zu leugnen, daß die biblischen Hinweise auf den „Menschen der Bosheit" und den Abfall in mancher Hinsicht auf das historische Papsttum zutreffen. Dennoch bezweifle ich, daß diese Passagen nur diese eine Blickrichtung zulassen. Ich möchte dafür vor allem folgende Gründe nennen: Erstens trifft auf das Papsttum nicht zu, daß es Zeichen und Wunder tut; zweitens ist das Auftreten des Antichristen ein Ereignis der „letzten Stunde", während das Papsttum seit Jahrhunderten existiert.

Manche neueren Bibelausleger bringen den Antichristen mit dem New Age und der „Rückkehr" seines Geist-Führers, dem „Christus" Maitreya, in Verbindung. Paßt diese Sicht zu dem, was Paulus vorausgesagt hat?

Paulus spricht davon, daß sich der Betrüger erheben und in den „Tempel Gottes" setzen wird. Die Wendung „Tempel Gottes" läßt auf eine christliche Institution schließen. Im Gegensatz dazu ist Maitreya ein New Age-„Christus", der in Verbindung mit einer New Age-Institution gesehen werden muß.

Alice Baileys Lehrsätze besagen, daß der „Christus" des New Age *keine* spezifisch christliche Persönlichkeit sein wird, sondern eher eine Figur, die über die Qualitäten eines Politikers, Soziologen und interkonfessionellen geistlichen Führers verfügt. Was Benjamin Creme über Maitreya schreibt, bestätigt diese Darstellung.

Der Creme/Bailey-Maitreya wurde durch die New Age-Anhänger im Rahmen des New Age-Okkultismus „offenbart". Dazu würde die Beschreibung „Tempel Satans" besser passen als der Begriff „Tempel Gottes".

Ich sehe den passenden Hintergrund für die Offenbarung des endzeitlichen Antichristen eher in den Aktivitäten pseudochristlicher Kirchen wie dem „Neuen erleuchteten Weg" und ähnlicher Gruppierungen. Alles, was sie im Namen „Jesu Christi" tun, dient nur dem einen Ziel, das Erscheinen des Antichristen in einer christlichen Umgebung vorzubereiten.

Ich erinnere in diesem Zusammenhang an das, was nach dem mysteriösen Besuch „Jesu" bei Muriel am „Erleuchteten Weg" ge-

[1] ebd., S. 780.

schah. Unser metaphysisches Zentrum wandelte sich zu einer Organisation, die den Anspruch erhob, eine christliche Kirche zu sein. Unser „Evangelium" war hinfort die Botschaft von der baldigen Wiederkehr „Jesu Christi".

Wir wurden belehrt, daß „Jesus" wirklich der eingeborene Sohn Gottes sei und bald auf die Erde zurückkehren werde, um sein tausendjähriges Königreich aufzurichten. Die Geister erklärten uns, daß „Jesus" nicht so kommen würde, wie es die Kirchen aufgrund ihres „falschen Bibelverständnisses" lehren. Wir predigten deshalb, daß „Jesus" nicht mit Heerscharen von Engeln und Trompetenschall vom Himmel herabkommt, sondern als menschliches Wesen erscheinen wird, das über Charisma, Kraft und Weisheit verfügt. Wir verkündeten, daß der biblische Begriff „mit den Wolken" so zu verstehen sei, daß seine Füße von ätherischen, wolkenähnlichen Nebeln umgeben sind.

Der Antichrist in der Offenbarung

Die Offenbarung bringt mehr Licht in die Vorhersage des Apostels Paulus über den Antichristen. Johannes beschreibt ein Tier mit zwei Hörnern, das wie ein Lamm aussieht, sich aber wie ein Drache gebärdet.

„Dann sah ich ein anderes Tier aus der Erde kommen. Es hatte zwei Hörner wie ein Lamm, aber es redete wie ein Drache. Im Auftrag des ersten Tieres übte es dessen ganze Macht aus. Es zwang die Erde und alle, die auf ihr lebten, das erste Tier mit der geheilten Wunde anzubeten." (Offenbarung 13,11.12 GN)

Im biblischen Sprachgebrauch wird das Lamm häufig als Symbol für Christus verwendet. So wird Christus beispielsweise als Opferlamm dargestellt, das zur Vergebung der Sünden getötet wurde. Wenn vom Drachen die Rede ist, geht es dagegen um Satan (vgl. Offenbarung 20,2).

Das Tier aus der Erde vereinigt beide Elemente in sich: Es sieht aus wie Christus, spricht aber mit der Stimme Satans. Es wirft seine ganze Autorität und Macht in die Waagschale, um die Anbetung des sogenannten „ersten Tieres" durchzudrücken.

Wenn wir die Aussagen des Apostels Paulus über den Antichristen mit den Angaben der Offenbarung über das lammähnliche Tier zusammenführen, ergibt sich folgendes Bild: Der Antichrist wird die Wiederkunft Jesu vortäuschen (aussehen wie Christus); er wird sich dazu übernatürlicher Kräfte bedienen (reden und handeln wie Satan); er wird den Menschen vorschreiben, wen und was sie anzubeten haben. Um die Parallelen auch optisch deutlich zu machen, stellen wir zwei Schriftabschnitte zum Vergleich nebeneinander.

OFFENBARUNG	2. THESSALONICHER
Das zweite [lammähnliche] Tier tat große Wunder: Vor allen Menschen ließ es Feuer vom Himmel auf die Erde regnen. Durch die Wunder, die es im Auftrag des ersten Tieres tun konnte, wurden alle Menschen getäuscht, die auf der Erde lebten. Das Tier überredete sie, ein Standbild zu Ehren des ersten Tieres zu errichten, das mit dem Schwert tödlich verwundet worden und wieder ins Leben zurückgekehrt war. (Offenbarung 13,13.14)	Der Feind Gottes wird vom Satan unterstützt, so daß er aufsehenerregende Taten und Wunder vollbringen und die Menschen damit blenden kann. Alle, die verlorengehen, wird er durch seine bösen Künste täuschen. Das ist die Strafe dafür, daß sie ihr Herz nicht der Liebe zur Wahrheit geöffnet haben, die sie retten könnte. (2. Thessalonicher 2,9.10)

Die Übereinstimmungen zwischen dem lammähnlichen Tier und dem Antichristen sind auffallend. Beachten Sie jedoch, daß der Symbolismus sowohl auf den Antichristen als Person wie auch auf seine Institution angewandt werden kann. Offenbarung 13,15 liefert zusätzliche Informationen, um den Antichristen identifizieren zu können: „Das zweite Tier konnte sogar das Standbild des ersten Tieres beleben, so daß dieses Bild sprechen konnte und dafür sorgte, daß alle getötet wurden, die es nicht anbeteten."

Manche Theologen meinen, daß dieses Bild im wahrsten Sinne des Wortes eine große Statue sein wird oder ein Abgott, der zu den Menschen sprechen kann und befehlen wird, ihn anzubeten. Ich halte diese Auslegung für zu vordergründig, weil es höchst zweifelhaft ist, daß ein „sprechendes Götterbild" Christen von heute dazu bewegen könnte, irgend jemand oder irgend etwas anzubeten. Meiner Meinung nach steckt hinter dem „Bild des ersten Tieres" etwas anderes.

Bevor wir dem nachgehen, müssen wir fragen, wer eigentlich das leopardartige „erste Tier“ ist, dessen tödliche Wunde wieder geheilt ist. Die Gelehrten sind sich in der Auslegung dieser symbolischen Darstellung nicht einig. Ich möchte mich hier auf eine in der protestantischen Theologie bekannte Interpretation beziehen. Luther und spätere Kommentatoren waren davon überzeugt, daß dieses „erste Tier“ eine symbolische Darstellung des Papsttums ist.

Wie bereits erwähnt, wurde diese religiöse Institution im Laufe der Jahrhunderte immer korrupter. Um des Machtzuwachses und Machterhalts willen schloß die Papstkirche zu allen Zeiten mit Politikern und Wirtschaftsmächten Abkommen und Verträge, die mit dem Geist Jesu unvereinbar waren.[1] Wer sich den Interessen der Kurie entgegenstellte, wurde rücksichtslos ausgeschaltet.

Um Mißverständnisse zu vermeiden, möchte ich an dieser Stelle betonen, daß kritische Äußerungen sich nicht auf katholische Gläubige an sich beziehen, sondern lediglich auf die katholische Kirche als religiöse Institution. Ich habe weder die Absicht noch das Recht über Personen und ihren Glauben zu urteilen. Überlegungen, die hier im Zusammenhang mit der neutestamentlichen Prophetie über die katholische Kirche geäußert werden, betreffen ausschließlich das Papsttum als Institution, das Lehren und Praktiken in sein religiöses System aufgenommen hat, die im Widerspruch zur Bibel stehen.

Ich erhebe auch nicht den Anspruch, daß meine Erkenntnisse der Weisheit letzter Schluß sind. Da die Zeit nicht stehenbleibt, halte ich es durchaus für möglich, daß zur Zeit nicht absehbare Entwicklungen es nötig machen könnten, andere Deutungen zu finden. Doch für den Augenblick möchte ich Sie bitten, sich mit der hier dargelegten Auslegung auseinanderzusetzen.

Angenommen, das leopardähnliche Tier stellt das Papsttum dar, was könnte dann das „Bild des Tieres“ bedeuten? Ich halte es für wahrscheinlich, daß mit dem „Bild“ ein neues verfälschtes Religionssystem gemeint ist, das in vielen Dingen dem teilweise nicht mehr evangeliumsgemäßen Religionssystem ähnelt (Abbild), das vom „ersten Tier“ (Papsttum) vertreten wird. Ich denke, daß die Unterwanderung des Christentums durch das New Age mit seinen neuheidnischen Ideen dazu beiträgt, dieses „Bild“ aufzubauen.

Einer ähnlichen Entwicklung ist übrigens auch die frühe Kirche zum Opfer gefallen. Als sie damit begann, heidnischem Gedanken-

[1] ebd., S. 731-733.

gut und weltlichen Bräuchen Eingang zu gewähren, geriet sie auf einen verhängnisvollen Weg, der geradewegs zur mittelalterlichen Papstkirche führte.

Die zu erwartende endzeitliche Religionsvermischung wird meiner Meinung nach zu einem pervertierten, am New Age orientierten Christentum führen, das über eine ähnliche Macht verfügen könnte wie die Papstkirche zur Zeit der Inquisition.

Bis zur Verlegung des päpstlichen Stuhls von Rom nach Avignon im Jahre 1304 herrschten die Päpste fast unumschränkt. Diese Machtfülle bröckelte zwar im Laufe der Jahrhunderte ab, aber erst im Gefolge der Französischen Revolution fügten die Franzosen dem Papsttum den bewußten tödlichen Schlag zu.

Im Jahre 1798 verhaftete der napoleonische General Berthier Papst Pius VI. Darüber schrieb der Historiker Henry Halley: „Durch die Hand Napoleons erfuhr das Papsttum seine verheerendste Demütigung und den größten Prestigeverlust, von dem es sich nie wieder erholt hat. Er machte der politischen Macht des Papstes in Europa ein Ende."[1] Möglicherweise war das die „tödliche Wunde", von der in Offenbarung 13,3.12 die Rede ist.

Falls wir davon ausgehen, daß es sich bei dem „ersten Tier" um das Papsttum handelt, ist es interessant, daß die Offenbarung voraussagt, daß der Antichrist (oder seine Institution) die Menschen erneut dazu bewegen wird, das Papsttum anzubeten: „Es zwang die Erde und alle, die auf ihr lebten, das erste Tier mit der verheilten Wunde anzubeten."

Mir scheint, daß Anbetung hier nicht unbedingt als feierlicher Gottesdienst oder als kniefällige Huldigung vor dem Papst verstanden werden muß. Damit könnte auch gemeint sein, daß dem Papst in besonderer Weise Respekt, Ehre, Anerkennung und Zustimmung gezollt wird. Ich könnte mir vorstellen, daß dabei den modernen Massenmedien eine nicht zu unterschätzende Bedeutung zukommt. Vielleicht hat das „Anbeten des ersten Tieres" etwas damit zu tun, daß sich die katholische Reliquien- und Heiligenverehrung mit okkulten Praktiken und Ideen des New Age zu einer scheinbar neuen Religiosität vermischt.

Das Papsttum hat die Heilige Schrift nie für überflüssig erklärt, allerdings mißachtete oder veränderte es biblische Aussagen je nach Bedarf und ergänzte sie durch die Tradition. Ähnlich geht heute der betrügerische „christliche" Zweig der New Age-Bewegung

---

[1] ebd., S. 279.

vor. Es bleibt abzuwarten, in welcher Form das religiöse System, das aus der Verschmelzung des New Ages mit dem Christentum entsteht, die Hand nach politischer Macht ausstrecken und wie es diese Macht gebrauchen wird, die Heiligen zu vernichten, um seine unbiblischen Lehren und Gottesdienste ungestört durchsetzen zu können. Ich habe den Eindruck, daß dieses Szenario gut zu den Ereignissen der „letzten Stunde" passen könnte, die in Offenbarung 13,12-15 angekündigt werden.

Eine Reihe christlicher Autoren[1] warnt vor einer möglichen diktatorischen Weltregierung, die mit Hilfe der Vereinten Nationen und unter dem Einfluß der New Age-Philosophie entstehen könnte. Dave Hunts und T. A. McMahons Enthüllungen[2] zeigen, wie zur Zeit New Age-Philosophien in bestimmte christliche Kreise eingeschleust werden.

Vielen erscheint es unmöglich, daß das New Age tatsächlich die Kontrolle über die christlichen Kirchen gewinnen könnte. Vergessen wir aber nicht, daß in der Frühkirche auch niemand geglaubt hätte, daß aus der Gemeinde Jesu einmal eine institutionalisierte Kirche mit einer heidnisch überfremdeten Dogmatik und teilweise antichristlichen Praktiken entstehen würde.

Die Bibel sagt voraus, daß die antichristliche „Kirche" der Endzeit ihren rasanten Aufstieg vor allem großen Zeichen und Wundern verdankt. Welche Form diese Zeichen auch annehmen mögen, sie werden vermutlich ihren Höhepunkt erreichen, wenn der Antichrist persönlich und mit großem Aufwand auf Erden erscheinen und sich zum „Christus" proklamieren lassen wird. Ich könnte mir denken, daß dieses Finale der Verführung dem entspricht, was der Apostel Paulus im 2. Thessalonicherbrief vorausgesagt hat.

Der Antichrist erscheint den Namenschristen

Die „Christuserscheinung" bei der Bethlehemkirche in Kenia war meines Wissens der erste öffentliche Auftritt eines mystischen Antichristen. Mich hat überrascht, wie viele sogenannte Christen damals fest daran glaubten, Jesus begegnet zu sein, obwohl die Heilige Schrift ganz eindeutig vor solchen Erscheinungen warnt.

---

1 Texe Marrs, „Dark Secrets of the New Age", Crossway Books, 1987 und „Mystery Mark of the New Age", Crossway Books, 1988. Dave Hunt, „Peace, Prosperity and the Coming Holocaust", Harvest House, 1983.

2 „The Seduction of Christianity", Harvest House, 1985 („Die Verführung der Christenheit", CLV, Bielefeld).

Anläßlich einer christlichen Zeltversammlung erzählte mir die Frau des Leiters dieser Veranstaltung, daß sie vor einem Jahr während eines Spaziergangs am Michigan See „Jesus“ gesehen habe. Damals trauerte sie gerade um ihre kurz zuvor verstorbene Tochter. Sie erzählte mir, daß „Jesus“ auf einem Baumstumpf gesessen habe. Er habe sie angesprochen und gesagt, sie solle sich keine Sorgen um ihre Tochter machen, die im Himmel sehr glücklich sei. Nach diesen Worten habe sich Jesus wieder in Nichts aufgelöst.

Auf mein Nachfragen erfuhr ich, daß die Frau nach wie vor nur unregelmäßig in ihre Kirche ging. Ihren Äußerungen nach schien sie lediglich eine Namenschristin zu sein. Ich fragte mich natürlich: Ist es möglich, daß ein Mensch Jesus begegnet, ohne daß sich dadurch in seinem geistlichen Leben etwas ändert? Ich halte das für sehr fraglich und glaube deshalb, daß die Erscheinung im Wald – was immer sie auch gewesen sein mag – nicht Jesus Christus war.

Ich vermute, daß der Antichrist zunehmend mehr Namenschristen erscheinen wird, so daß ihn viele Menschen bei seinem spektakulären Erscheinen als den „Christus“ erkennen und bezeugen werden: „Der Herr ist da! Christus ist gekommen!“

Die Tatsache, daß immer mehr Menschen „Christuserscheinungen“ haben, bedeutet freilich nicht, daß Satan den endgeschichtlichen Zeitplan festlegt. Gott entscheidet letztlich, wann der Menschensohn kommt und wann der, „der ... [das Böse] jetzt noch aufhält, weggetan wird“ (2. Thessalonicher 2,7). Da Satan den Ablauf dieser Ereignisse nicht kontrolliert, muß er immer auf seine große Gelegenheit vorbereitet sein, als falscher Christus aufzutreten. Die Offenbarung beschreibt, wie der Antichrist oder seine Institution jeden dazu zwingen wird, sich ein Kennzeichen auf Hand oder Stirn drücken zu lassen, ohne das jemand weder kaufen noch verkaufen kann (siehe Offenbarung 13,16.17).

Dieses Kennzeichen, allgemein als Zeichen des Tieres bekannt, ist der Name des Tieres oder die Zahl seines Namens (666). Es wird auch beschrieben, was am Ende mit denen geschieht, die das Tier und sein Bild anbeten und sein Kennzeichen annehmen: „Wer das Tier und sein Standbild verehrt und dessen Zeichen auf seiner Stirn oder seiner Hand anbringen läßt, der wird den Wein Gottes trinken müssen. Es ist der Wein seiner Entrüstung, den er unverdünnt in den Becher seines Zorns gegossen hat. Wer das Tier verehrt, wird vor den Augen des Lammes und der heiligen Engel mit Feuer und Schwefel gequält.“ (Offenbarung 14,9.10 GN)

Von den wahren Kindern Gottes wird erwartet, daß sie trotz existentieller Bedrohung das Tier und sein Bild nicht anbeten. Sie werden vielmehr ermutigt, dem wahren Christus treu zu bleiben und durchzuhalten: „Das Volk Gottes, das Gott gehorcht und treu zu Jesus hält, braucht hier Standhaftigkeit." (Offenbarung 14,12 GN)

Weil der Abfall und die Offenbarung des Antichristen vor dem Kommen Christi und der Vereinigung der Gläubigen mit ihrem Herrn stattfinden wird, müssen die Heiligen zum Ende hin mit Not und Trübsal rechnen. Namenschristen werden dieser Bedrohung nicht gewachsen sein.

Paulus erklärt, warum viele abfallen und sich den Irrlehren des Antichristen zuwenden werden: „Alle, die verlorengehen, wird er durch seine bösen Künste täuschen. Das ist die Strafe dafür, daß sie ihr Herz nicht der Liebe zur Wahrheit geöffnet haben, die sie retten könnte. Darum liefert Gott sie dem Irrtum aus, so daß sie der Lüge Glauben schenken." (2. Thessalonicher 2,10.11 GN)

Diese Warnung macht deutlich, daß allein die in der Heiligen Schrift geoffenbarte Wahrheit Grundlage des Glaubens und Handelns sein kann. Zeichen und Wunder, Traditionen, Prophezeiungen und neue Theologien sind nur akzeptabel, wenn sie mit der Bibel übereinstimmen.

Nicht umsonst rief der Prophet Jesaja sein Volk dazu auf: „Haltet euch an die Weisungen des Herrn und an seine Warnungen! Das ist die einzig gültige Antwort. Gegen Gottes Ankündigungen richten Beschwörungen nichts aus!" (Jesaja 8,20 GN)

Wer ist Maitreya?

Falls der Maitreya des New Age nicht der Antichrist selbst ist, wer ist er dann? Ich könnte mir vorstellen, daß er ein Lockvogel ist. Satan weiß genau, daß die Christen einen Antichristen erwarten. Deshalb scheint er mehrere antichristliche Persönlichkeiten ins Rennen zu schicken, um Verwirrung zu stiften. Maitreya könnte einer von ihnen sein.

Der Sektenführer Sun Myung Moon von der Vereinigungskirche scheint ein weiterer zu sein. Moon behauptet nämlich, als Sechzehnjähriger eine Vision gehabt zu haben, in der ihm Jesus Christus erschienen sei. Seitdem nimmt dieser Sektenführer für sich in Anspruch, der endzeitliche Retter zu sein. Ich halte auch ihn für einen Lockvogel des Antichristen.

Das New Age scheint in Satans Strategie zwei Aufgaben zu haben. Zum einen fördert es den Abfall im Christentum und bereitet viele (Namens-)Christen darauf vor, die Lehren des Antichristen als göttliche Wahrheit anzunehmen. Parallel dazu läßt Satan einen antichristlichen Lockvogel – den Herrn Maitreya des New Age – auftreten, um davon abzulenken, wo der eigentliche Feind Gottes sitzt. Damit bietet Satan der Christenheit eine Persönlichkeit an, die sie als Antichristen identifizieren kann, ohne dabei zu merken, daß der wahre Antichrist sich unbemerkt in christlichen Kirchen und Gemeinschaften entfaltet.

Wenn man die Entwicklung in unserer Welt aufmerksam betrachtet, könnte man zu dem Schluß kommen, daß Satan die Menschheit auf zweierlei Schienen in seinen unausweichlichen Untergang hineinziehen möchte. Einerseits stiften dämonische Mächte die Menschen an zu Verbrechen, Gewalt, Drogenmißbrauch, moralischer Entartung, politischen Unruhen und allem, was man sich sonst noch an Bösem vorstellen kann. Andererseits versucht er, religiös gebundene Menschen, die sich auf diese Weise nicht beherrschen lassen, durch falsche Gottesdienste und Lehren zu verführen und so auf seine Seite zu ziehen.

Seine letzte Trumpfkarte wird der wirkliche Antichrist sein. Satan wird das Auftreten dieses majestätischen und strahlenden Wesens – möglicherweise ist er es selbst – so inszenieren, daß es von der echten Wiederkunft Christi kaum zu unterscheiden ist. Übernatürliche Geschehnisse, Heilungswunder und frommes Vokabular werden die Verführung perfekt machen. Nur diejenigen, die fest auf dem Grund des Wortes Gottes stehen, werden Irrtum und Wahrheit auseinanderhalten können. Das Paradoxe an diesem satanischen Endzeitszenario ist, daß sich der Urheber allen Elendes und allen Übels scheinheilig als Erlöser der Welt präsentiert.

Unter denen, die Satan als den Retter der Welt begrüßen, werden auch viele irregeleitete Christen sein. Den Moslems wird er sich als der seit langem erwartete Imam Mahdi anbieten; die Buddhisten wird er glauben machen, „Jesus Christus" sei der fünfte Buddha, und die Hindus werden meinen, er sei die Verkörperung des Gottes Krishna. Dann wird Satan endlich erreicht haben, was er seit jeher wollte: Von aller Welt als Gott angebetet zu werden. Wie heißt es doch beim Propheten Jesaja? „Ich steige höher als die Wolken reichen, dann endlich gleiche ich dem Allerhöchsten!" (Jesaja 14,14 GN)

Die ganze Welt wird vor ihm niederfallen und ihn anbeten – ausgenommen die Heiligen Gottes. Sie werden sich nicht täuschen lassen, sondern geduldig auf den wirklichen Erretter warten. Sie wissen, wie Christus wiederkommen wird: „Denn der Menschensohn wird plötzlich und für alle sichtbar kommen, wie ein Blitz, der von Ost nach West über den Himmel zuckt ... Dann wird das Zeichen des Menschensohnes am Himmel sichtbar werden. Die Völker der ganzen Welt werden klagen, wenn sie den Menschensohn auf den Wolken des Himmels mit großer Macht und Herrlichkeit kommen sehen." (Matthäus 24,27.30 GN)

Und Jesus selbst hat verheißen: „Gebt acht! Ich bin schon auf dem Weg! Ich werde euren Lohn mitbringen. Jeder empfängt das, was seinen Taten entspricht. Ich bin der, der alles erfüllt, der Erste und der Letzte, der Anfang und das Ende." (Offenbarung 22,12 GN)

Glossar
der esoterischen Begriffe

Akashische Aufzeichnungen (auch: Akashachronik)
Theosophische Bezeichnung für astrales Gedächtnis: Eine fiktive Weltchronik, in der alle Taten und Gedanken gleichsam als Weltäther aufgezeichnet sind. Von dort sollen sie auf medialem Weg abgerufen werden können, um etwas über die Vergangenheit und Zukunft zu erfahren. Eine Möglichkeit, parapsychologische Phänomene zu erklären.

Ashram (auch: Asrama)
Ursprünglich hinduistisches Kloster, Einsiedelei, Schule oder Kollegium. Aufenthaltsort für Asketen. Heute meistens ein Ort, an dem sich ein Guru mit seinen Jüngern dem spirituellen Leben widmet. Außerdem Bezeichnung für eine Periode der Anstrengung, des Strebens im religiösen Leben.

Astralebene (auch: Astralwelt)
Form der Realität, die der materiellen sehr ähnlich ist, nur weniger dicht. Dorthin gelangt die Seele angeblich unmittelbar nach ihrem Tode, wo sie sich weiterentwickelt und zu höheren Ebenen aufsteigt, bis sie in die Himmelswelt gelangt.

Astralleib (auch: Astralkörper)
Bezeichnung für die normalerweise unsichtbare Hülle des irdischen Körpers, der unsere Gefühle, Emotionen und Charaktereigenschaften trägt. Er soll den physischen Körper im Schlaf verlassen können und Träger der Trance, des Traumes und aller magischen Kräfte sein.

Äther
Bezeichnung für feinstofflichen Körper, eine Art höherer Zustand der Materie, der noch subtiler als die Luft ist.

Ätherische Visionen (auch: Ätherilisation)

Eine Vorstufe der Materialisation. Nur besonders Hellsichtige können solche feinstofflichen Gebilde oder Körper wahrnehmen.

Aura

Die den Menschen umgebende und entströmende feinstoffliche Hülle. Sie hat verschiedene Färbungen, die auf den Gemüts- und Gesundheitszustand des Menschen hindeuten und sich dementsprechend verändern können. Gurus, Propheten und Heilige sollen eine besondere Aura (Heiligenschein) besitzen.

Gleichgewicht

Ausgewogenheit zwischen der menschlichen Seele und kosmischen Energien.

Bioenergetik

Eine Psychotherapie, die auf der Organlehre basiert. Ein großer Teil der Lebensenergie wird zum Schutz und Abwehrerhalt gegen die Umwelt eingesetzt. Das führt zu seelischen und körperlichen Spannungen. Um diese Energieblockade aufzuheben, wird eine intensive Atemtherapie gelehrt.

Chakra

Energiezentren im Körper in der Nähe von Organen. Sie sind durch Kanäle miteinander verbunden. Man geht von sieben Haupt-Chakras entlang der Wirbelsäule aus. Durch diese Zentren gelangt angeblich kosmische Energie in den Körper. Den Chakras werden auch die Farben des Regenbogens zugeordnet.

Chakra Balancing

Harmonisieren der (sieben Haupt-)Chakras.

Channeling

Paranormale Fähigkeit des modernen Mediumismus. Im klassischen Spiritismus ging es hauptsächlich um die Kommunikation mit den Seelen verstorbener, während man beim Channeling eine Verbindung mit kosmischen Intelligenzen sucht. Das Medium zapft in leichter bis tiefer Trance das universelle Weltbewußtsein (die Akashischen Aufzeichnungen) an und übermittelt anschauliche Botschaften, die seine eigenen Möglichkeiten oft bei weitem übersteigen.

Energie

Im Universum Grundlage aller Lebensformen, wobei man von der Annahme ausgeht, daß der Kosmos von einer hohen Energie durchdrungen ist. Diese Auffassung findet sich in allen Lebensbereichen östlicher Traditionen wieder. Man spricht in der Esoterik auch von Schwingungen bzw. Schwingungsebenen.

Externalisation

Annahme einer konkreten äußeren Gestaltwerdung eines geistigen Prinzips.

Ganzheitlichkeit

Geht von der Vorstellung aus, daß der Kosmos aus vollkommenen Systemen besteht. Das Ganze ist mehr, als die Summe seiner Teile. Daraus ergibt sich eine umfassendere Wirklichkeit der Gesamtschau.

Karma

Kernbegriff des Hinduismus und Buddhismus. Auswirkungen von Handlungen einer früheren Inkarnation auf ein späteres Leben als Summe aller Taten, aller Gedanken und Gefühle in diesem und allen früheren Leben. Das Karma bestimmt die nächste Wiedergeburt, da der Mensch durch seine Taten in diesem Leben die Voraussetzungen und Bedingungen für seine nächste Inkarnation schafft.

Mastermind

Bezeichnung für Luzifer, der personifizierten Genialität des Herrschers in der Dämonenhierarchie.

New Age-Channeler

Bezeichnung für ein spiritistisches Medium der modernen Esoterik, das nicht zu einem Verstorbenen Kontakt aufnimmt, sondern zu einer höheren Wesenheit.

Primal Therapie

Therapieform, die sich mit unbewußten Einflüssen des frühen Geschehens auf den Menschen beschäftigt.

Psychische Chirurgie

Form des übernatürlichen Heilens, durch die begabte Menschen mit Hilfe kosmischer Energie Krankheitssymptome verändern können.

Rebirthing

Form der Psychotherapie, mit deren Hilfe die Geburt noch einmal durchlebt werden kann. Durch besondere Atemtechniken, meistens im warmen Wasser, werden die Ängste, die Ursache vieler Krankheiten sind, wiedererlebt und überwunden. Das Wiedererleben der eigenen Geburt ist ein Akt der Befreiung.

Reiki

Japanische Bezeichnung für universelle Lebensenergie, die das ganze Universum erfüllt und die ursprüngliche schöpferische Kraft allen Lebens repräsentiert. Darüber hinaus ist Reiki eine spirituelle Heilweise, die in Verbindung mit kosmischer Kraft auch zur Behandlung schwerer Erkrankungen eingesetzt wird.

Reinkarnation

Zentraler Begriff der indischen Religionen und der modernen Theosophie. Die Seele verbindet sich für die Dauer eines irdischen Lebens mit einem Körper, trennt sich nach dem Tod von ihm und verbringt einige Zeit in einem geistigen feinstofflichen Zustand, um dann wiedergeboren zu werden. Je nach den Taten im früheren Leben, steht eine gute oder schlechte Wiedergeburt bevor, die somit vom Höllenwesen bis zu den Göttern reicht.

Visualisierungsrituale

Unter entsprechenden Vorbereitungen, wie zum Beispiel Reinigungsritualen, erfolgt eine Selbstaktivierung, die darin besteht, dem Körper einen Wunsch, bzw. eine Vorstellung so zu vermitteln, daß die Körperfunktionen und das Verhalten davon bestimmt werden. Diese Methode wird zur Heilung und zur Entwicklung schöpferischer Kräfte eingesetzt.